王溢然 束炳如 主编

中学生物理思维方法丛书

图示与图像

王溢然 王 亮 编著

中国科学技术大学出版社

图书在版编目(CIP)数据

图示与图像/王溢然,王亮编著.—合肥:中国科学技术大学出版社,2015.11(2023.10重印)
(中学生物理思维方法丛书)
ISBN 978-7-312-03630-9

Ⅰ.图… Ⅱ.①王…②王… Ⅲ.中学物理课—教学参考资料 Ⅳ.G634.73

中国版本图书馆 CIP 数据核字(2015)第 220036 号

出版	中国科学技术大学出版社
	安徽省合肥市金寨路 96 号,230026
	http://press.ustc.edu.cn
	https://zgkxjsdxcbs.tmall.com
印刷	合肥市宏基印刷有限公司
发行	中国科学技术大学出版社
开本	880 mm×1230 mm 1/32
印张	10.5
字数	272 千
版次	2015 年 11 月第 1 版
印次	2023 年 10 月第 6 次印刷
印数	18001—22000 册
定价	28.00 元

如果一个特定的问题可以转化为一个图形,那么思想就整体地把握了问题,并且能创造性地思索问题的解法.

——斯蒂恩(美国数学家)

有了这个方法(指图像法——作者),许多物理学的问题,从前不能或不易解决的,现在都可以解决了.

——丹皮尔(英国科学家)

序 1

  在中学物理学习过程中,学生在获取知识的同时,还要重视从科学宝库中汲取思维营养,加强科学思维方法的训练.

  思维方法的范畴很大,包括抽象思维、形象思维、直觉思维等.以抽象思维而言,又有众多的方法,在逻辑学中都有较严格的定义.对于以广大中学生为主的读者群,就思维科学意义上按照严格定义的方式去介绍这众多的思维方法,显然是没有必要的.由王溢然、束炳如老师主编的这套丛书,不追求思维科学意义上的完整,仅选取了在物理科学中最有影响、中学物理教学中最常见的思维方法(包括研究方法)为对象,在较为宽泛的意义上去展开,立意新颖,构思巧妙.全套丛书各册彼此独立,都以某一类或两三类思维方法为主线,在物理学史的恢宏长卷中,撷取若干生动典型的事例,先把读者引入饶有兴趣的科学氛围中,向读者展示这种思维方法对人类在认识客观规律上的作用.然后,围绕这种思维方法,就其在中学物理教学中的功能和表现,及其在具体问题中的应用做了较为深入、全面的挖掘,使读者能从物理学史和中学物理教学现实两方面较宽广的视野中,逐步领悟到众多思维方法的真谛.

  这套丛书既不同于那些浩繁的物理学史典籍,也有别于那些艰深的科学研究方法论的专著,它融合了历史和方法,兼顾了一般与提高,联系了教学与实际,突出了对中学物理教学的指导作用,文笔生

动、图文并茂,称得上是一套融史料性、科学性、实用性、趣味性于一体的优秀课外读物.无论对广大中学生(包括中等文化程度的读者)还是对中学物理教师以及高等师范院校物理专业的学生,都不无裨益.

科学研究是一项艰巨的创造性劳动.任何科学发现和科学理论的诞生都是在一定的背景下,科学家精心的实验观测、复杂的思维活动的产物.在攀登科学道路上充满着坎坷和危机,并不是一帆风顺、一蹴而就的.科学家常常需及时地(有时甚至是痛苦地)调整自己的思维航向,才能顺利抵达成功的彼岸.因此,任何一项科学新发现、一种科学新理论的诞生,绝不会仅是某种单一思维活动的结果.这也就决定了丛书各册在史料的选用上必然存在某些重复和交叉.虽然这是一个不足之处,却也可以使读者的思维层次"多元化".不过,作为整套丛书来说,如果在史料的选用上搭配得更精细一些、在思维活动的开掘上更深刻一些,将会使全书更臻完美.

我把这套丛书介绍给读者,首先希望引起广大中学生的兴趣,能从前辈科学家思维活动中汲取智慧,活化自己的思维,开发潜在的智能;其次希望中学物理教师在此基础上继续开展对学生思维方法训练的研究,致力于提高学生的素质,以适应新时期的需要;最后我也真诚地希望这套丛书能成为图书百花园中惹人喜爱的花朵.

阎金铎

序 2

"中学生物理思维方法"是一个很诱人的课题.如果从我比较自觉地关注这个课题算起,要追溯到20世纪80年代.开始时,朴素的动因就是激发学生兴趣,丰富上课内容;后来,通过对许多科学研究方法论著作、思维学著作等的学习和教学实践,认识上逐步从传授知识层面提高到了对学生的学习能力乃至思维品质进行培养的高度.于是,在90年代中期,经过比较充分的积累,策划编写了这套思维方法丛书.

《中学生物理思维方法丛书》问世后,受到了广泛的关注,被列入国家新闻出版总署"八五"规划重点图书,还被推介到台湾出版了繁体字版(中国台湾新竹"凡异出版社").因此,作者受到了很大的鼓舞.

光阴荏苒,如今已进入21世纪.科学技术飞速发展,教学理念不断更新,教学的要求也随着时代前进的脚步有了很大的变化.当前,国际教育界大力提倡"科学的历史、哲学和科学"教育,希望借此更好地提高学生的科学素质.我国从新世纪开始试行的《高中物理课程标准》也明确提出同样的要求.中外教育家一致的认识——结合物理教学内容,回顾前辈科学家创造足迹,无疑是了解科学本质、培养科学精神的一个重要途径.

本丛书的新一版继续坚持"科学史料、思维方法、中学教学"三结合的内容特色,并补充了反映科学技术方面的新成果、新思想,尤其

在结合中学物理教学方面有了很大的进展——删去或淡化了与当前中学物理教学联系不够紧密的某些枝叶,突出了主干知识;撤换了相对陈旧的某些问题,彰显了时代风貌;调整了某些内容,强化了服务对象.值得说明的是,在新一版中还选入了相当数量的近年高考题,这些问题集中反射了各地专家、学者的智慧,格外显得光彩熠熠、耐人寻味.因此,新一版内容更为丰满多彩,也更为贴近中学教学和学生实际,更好地体现了科学性、方法性、应用性、趣味性.希望能够继续被广大读者喜欢,也希望能够更好地使读者受到启发,有所得益,有所进步!

今后,随着时代的发展和中学物理教学要求的不断更新,新思想、新成果和教学中的新问题势必会层出不穷,但前辈科学家崇高的科研精神、深邃的思想和创造性思维方法的光辉,必将永远照耀着人们前进的道路!

在新一版问世之际,首先要衷心感谢我的良师益友、苏州大学物理系束炳如教授.从萌发编写丛书的想法开始,束先生就给予作者极大的鼓励、支持.编写过程中,作者与先生进行了难以计次的深夜长谈,他开阔的思路、活跃的创见和对具体问题深刻的分析指导,都给了作者极为有益的启发和帮助,让作者从中得到了强大的精神力量,也给作者留下了永不磨灭的记忆.借此机会,同时衷心感谢两位德高望重的原顾问周培源先生[*]和于光远先生[**]以往对本丛书的关爱;衷心感谢为本丛书作序的阎金铎教授[***]对作者的鼓励;衷心感谢吴保让先生、倪汉彬先生、贾广善先生、刘国钧先生等曾为丛书审读初稿

---

[*] 周培源(1902—1993),著名物理学家,中国科学院院士,曾任中国物理学会理事长、中国科学技术协会主席、北京大学校长等.

[**] 于光远(1915—2013),著名经济学家,中国社会科学院哲学社会科学学部委员,曾任国家计划委员会经济研究所所长、中国社会科学院副院长等.

[***] 阎金铎,著名物理教育家,北京师范大学物理系教授、教科所所长,曾任中国教育学会物理教学研究会理事长等.

并提出了宝贵的修改意见;衷心感谢曾为丛书绘制精美插图的朱然先生;衷心感谢被引用为参考资料的原作者们;衷心感谢曾经对丛书大力支持的大象出版社;衷心感谢广大读者朋友对本丛书的厚爱.

本丛书相当于一个"系统工程",编辑、出版需要花费大量的人力、物力.新一版的问世,与中国科学技术大学出版社的鼎力支持是分不开的.在此,也代表所有作者对中国科学技术大学出版社和有关编辑室表示衷心的感谢.

不知哪位作家说过这样的话:写作的最大乐趣首先是在写作的过程中,作者与读者心灵交流;其次是作品出版后,能够被读者认可.虽然这套丛书不是文学创作的作品,我们也只是站立三尺讲台的中学老师,但是在编写过程中,内心时时有着一种极为强烈的冲动,有一个声音呼唤着:把我们在长期教学实践中所积累和思考的有关中学物理教与学的点滴认识、心得与中学物理教学界同行,尤其是广大的中学生朋友们进行交流、分享与探讨.实际上,书中有许多地方都包含着从以往学生的思维火花中演绎的方法.

本丛书的新一版,尽管我们思考了比较长的时间,编写中也都做了努力,但仍然难免会有疏漏乃至错误的地方,请读者发现后予以指正.

王溢然

2014年2月于苏州庆秀斋

前　　言

　　图示与图像是利用图形帮助人们分析和研究问题的一种思维方法.它是数与形、动与静、抽象与形象、数学与物理互相结合的产物.它具有形象、直观、简明、实用等优点.在物理学中常用它来显示实验结果,描述物理现象或过程,表达物理概念或规律,还常被用来比较、分析和计算、论证各种实际物理问题.图示与图像在物理学中有着极广泛的应用,它们与其他思维方法之间的配合、渗透、互补,往往能使思维力量得到最佳的发挥.

　　本书先通过典型史料,展示了图示与图像对科学发展的意义.接着,探讨了图示与图像的思维特点.然后,围绕中学物理教学,介绍了中学物理中常用的图示与图像,剖析了它们的教学功能.最后,通过列举丰富的典型实例,阐明了它们的具体应用.

　　我们希望本书能有助于加深读者对图示与图像的认识,激发读者对物理图示和图像的浓厚兴趣,并能创造性地应用物理图示和图像去分析、研究中学物理中的各种实际问题.

作　者
2014 年春

目 录

序 1 ·· (ⅰ)

序 2 ·· (ⅲ)

前言 ·· (ⅶ)

1 思维的工具——图 ·· (001)
　1.1 笛卡儿坐标 ··· (001)
　1.2 法拉第力线 ··· (009)

2 图示与图像的思维特点 ······································· (022)
　2.1 形与数的统一 ·· (022)
　2.2 动与静的结合 ·· (027)
　2.3 抽象与形象的联系 ······································· (035)
　2.4 过程和结果的交融 ······································· (043)

3 中学物理中常用的图示 ······································· (049)
　3.1 矢量图 ·· (049)
　3.2 力线图 ·· (053)
　3.3 流线图 ·· (058)
　3.4 谱线图 ·· (061)

3.5　能流图 ……………………………………………… (071)
3.6　流程图 ……………………………………………… (078)

4　中学物理中常用的图像 …………………………………… (092)
4.1　正比例函数图像 …………………………………… (092)
4.2　反比例函数图像 …………………………………… (095)
4.3　一次函数图像 ……………………………………… (098)
4.4　二次函数图像 ……………………………………… (102)
4.5　三角函数图像 ……………………………………… (105)

5　图示与图像对学习和运用物理知识的指导作用 ………… (110)
5.1　描述物理现象 ……………………………………… (110)
5.2　反映动态特性 ……………………………………… (114)
5.3　提供诠释基础 ……………………………………… (120)
5.4　启发科学思维 ……………………………………… (129)
5.5　充当实验助手 ……………………………………… (137)

6　物理图示在中学物理解题中的应用 ……………………… (146)
6.1　力三角形 …………………………………………… (147)
6.2　力多边形 …………………………………………… (157)
6.3　速度三角形 ………………………………………… (164)
6.4　电场的图示 ………………………………………… (171)
6.5　径迹图 ……………………………………………… (182)
6.6　光路图 ……………………………………………… (187)
6.7　电压三角形 ………………………………………… (194)

7　物理图像在中学物理解题中的应用 ……………………… (200)
7.1　位移图像 …………………………………………… (201)
7.2　速度图像 …………………………………………… (209)

- 7.3 加速度和力的图像 ·· (232)
- 7.4 恒定电流的图像 ·· (241)
- 7.5 电磁感应和交流电的图像 ·· (263)
- 7.6 分子动理论和理想气体的图像 ··································· (278)
- 7.7 振动图像和波动图像 ·· (287)
- 7.8 光电效应的图像 ·· (301)
- 7.9 透镜成像的图像 ·· (308)

参考文献 ··· (316)

后记 ··· (318)

1 思维的工具——图

图,在人类思维发展史上不仅扮演过启蒙者的角色,还在新现象的发现和解释、新思想的诞生和发展中起过巨大的作用.数学史上笛卡儿引入坐标,创立解析几何,以及物理学研究中法拉第提出场的概念、用力线图形象化地描述场的特性,可以说是图对人类科学贡献的两座丰碑.

现在,让我们追寻着笛卡儿和法拉第的思维轨迹,回味一下这两段精彩的科学史及其历史功绩.

1.1 笛卡儿坐标

笛卡儿(René. Descartes,法国,1596—1650)是著名数学家、力学家和哲学家.他的数学才能的显现最初是一次偶然的机会.1617年5月间,是笛卡儿从军的战事停息阶段.一天,他在荷兰南部的街市上散步,见到一张荷兰文的招贴.他不识荷兰文,便请求站在旁边的人译成法文给他听.这人正好是哲学家毕克门(I. Beeckman,荷兰).原来这张广告是当时数学界盛行的一种难题征解.笛卡儿听后很感兴趣,不久就求出了解答.毕克门大为佩服.笛卡儿从此知道自己擅长数学,便萌发了致力于数学的念头.

1619年,在多瑙河畔的军营中,笛卡儿终日沉迷于对哲学和数学的深思之中.笛卡儿认为,希腊人的几何只研究一些非常抽象但看来无用的问题,束缚了人的想象力.他详细地考察了代数和几何的优缺点后说:"我决心放弃那个仅仅是抽象的几何.这就是说,不再去考虑那些仅仅是用来练习思想的问题.我这样做,是为了研究另一种几何,即目的在于解释自然的几何."他希望建立一种普遍的数学,使算术、代数、几何统一起来.据说,在这一年的11月10日晚,笛卡儿充满激情地入睡后曾连续做了三个梦.第二天,他就找到了建立解析几何的线索.因此,有些学者就把1619年11月10日定为解析几何的诞生日.

现在,让我们越过笛卡儿的神秘梦境,看一看笛卡儿带着对希腊几何批判的怀疑方法,经过长期的思考和研究,希望建立的"真正的数学""普遍的数学"是怎样一回事.

蜘蛛的位置

在笛卡儿之前,人们通过对天文和地理的研究,已形成了经纬制度,已懂得如何确切地说明一个物体在空间的位置.

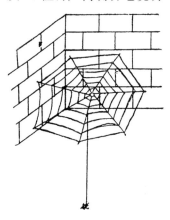

图 1.1 墙角的蜘蛛

例如,一艘船在茫茫大海中航行,表示它的位置需指出东经(或西经)多少度,北纬(或南纬)多少度.如果在墙角里有一张蜘蛛网,一只蜘蛛正悬吊在从网上放下的一根蜘蛛丝上(图 1.1),为了确切地说明这只蜘蛛的位置,就需要指出这只蜘蛛离开两边墙面的距离和它离开地面(或天花板)的高度.

笛卡儿的贡献在于他从这种经纬制度上实现了质的飞跃.

1 思维的工具——图

笛卡儿坐标

笛卡儿指出,平面上的点和实数对(x,y)对应.也就是说,每一对实数都可以用平面上的一个点来表示.反之,平面上的每一个点都对应着一对(x,y)值.由此出发,笛卡儿进一步考虑了二元方程$f(x,y)=0$的性质.满足这个方程的(x,y)值有无穷多对.当x变化时,y也跟着变化.每一对(x,y)值对应着平面上的一个点,无数对(x,y)值对应着平面上无数的点,结果便形成了一条线——直线或曲线(图1.2).

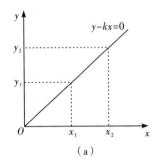
(a)

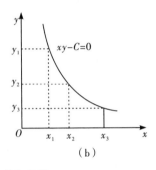
(b)

图 1.2 平面上的直线和曲线

这样一来,一个方程就可以用在直角坐标中画出的几何图形的直观方法表示出来.反过来,也可以离开几何图形,用代数的方法研究直线或曲线的性质.

笛卡儿不仅引入了坐标*,用坐标平面上的点表示数,而且把坐标平面上的点的变动形成线的观点具体应用到曲线方程中去,这就是解析几何的基本思想.

一个实例

现在我们回到蜘蛛位置的问题上来.

---

* "坐标"一词,是莱布尼茨(G.W.Leibniz,德国,1646—1716)在1692年首先使用的."横坐标""纵坐标"的名称笛卡儿也没有用过.y轴是笛卡儿后一百多年的克拉美(G.Cramer,瑞士,1704—1752)正式引入的.但由于笛卡儿对引入坐标和变量创建解析几何的突出贡献,人们习惯上都把直角坐标称为笛卡儿坐标.

引入一个空间直角坐标系,蜘蛛的位置可以用一组坐标 (x,y,z) 来表示.蜘蛛停在空中某个位置时,对应着这个坐标系中的一个定点(图 1.3 中 P 点).蜘蛛爬行时,相当于这个点变动(动点).蜘蛛爬行所经过的路径,就是动点在这个直角坐标系中的轨迹——直线或曲线.

为简单起见,设蜘蛛沿着水平的蜘蛛网爬行,这样就转化为二维平面上动点轨迹的问题.假定这只蜘蛛从某点开始保持跟两墙面对称的方向爬行,那么这只蜘蛛在以起点为原点的平面直角坐标系中画出的就是一条直线:$y=x$(图 1.4).

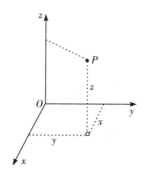

图 1.3 空间的点

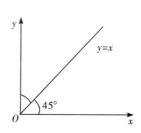

图 1.4 点的轨迹(直线)

如果这只蜘蛛沿着一个圆柱以一定的速率一边绕行、一边上升,则它在空间的路径如图 1.5 所示.建立这只蜘蛛的运动方程后,就可确定它在空间的轨迹*.

现在,我们撇开蜘蛛这样一个具体的客体,那就可以看到平面或

---

* 设柱子半径为 R,蜘蛛绕柱的角速度为 ω,在 $t=0$ 时它位于图中 A 点,则其运动方程为

$$x = R\cos\omega t, \quad y = R\sin\omega t, \quad z = \frac{h}{2\pi}\omega t$$

消去 t 即得 $x^2+y^2=R^2$,$y=R\sin\dfrac{2\pi z}{h}$,这两个柱面方程的交线就是蜘蛛的运动轨迹,它是一条螺旋线.螺距为 h.

空间的一条线(直线或曲线)可以代替动点的一种运动,它对应着一个代数方程.因此,无论是直接通过对几何图形的研究或代数方程的研究,都可以同样确定这种运动的特征.

笛卡儿仿佛做了"月老",使代数和几何这对分离的"恋人"终于结合在了一起,并且诞生了完美的继承两者优势的后代——解析几何.

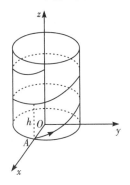

图 1.5　点的轨迹(曲线)

> 运动进入数学

虽然笛卡儿的《几何学》作为解析几何的书是不完整的,但笛卡儿引入坐标和变数的新思想方法,在数学史上却是一项划时代的变革.恩格斯对笛卡儿的革新思想曾给予极高的评价:"数学中的转折点是笛卡儿的变数,有了变数,运动进入了数学.有了变数,辩证法进入了数学……".事实也正是这样,我们根据笛卡儿的思想方法,可以很方便地研究物体在空间的运动规律.

例如,在水平地面上某处以初速 v_0、射角 α 发射一颗炮弹.不计空气阻力时,可认为炮弹在水平方向不受力,做匀速直线运动;竖直方向仅受重力作用,做匀变速运动(相当于竖直上抛运动).若以抛射点为坐标原点,取水平方向和竖直向上方向分别为 x 轴、y 轴建立直角坐标,则炮弹的运动方程可写成

$$x = v_0 \cos\alpha \, t \qquad ①$$

$$y = v_0 \sin\alpha \, t - \frac{1}{2}gt^2 \qquad ②$$

从式 ① 解出 t 代入式 ②,即得炮弹运动的轨道方程

$$y = x\tan\alpha - \frac{g}{2v_0^2 \cos^2\alpha}x^2 \qquad ③$$

这是一个抛物线方程,画出的轨迹如图 1.6 所示.

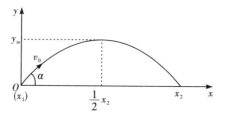

图 1.6 炮弹运动的抛物线轨迹

根据这个抛物线方程很容易确定这颗炮弹运动的一些特性.
令 $y=0$,得

$$x_1 = 0$$

$$x_2 = \frac{2v_0^2}{g} \cdot \sin\alpha\cos\alpha = \frac{v_0^2}{g}\sin 2\alpha$$

其中一个值(x_1)对应着发射点,另一个值(x_2)就是炮弹的射程 x. 由 x_2 的表达式可知,当射角 $\alpha=45°$ 时,落在与发射点同一水平面上的炮弹有最大射程.

将 $x = \frac{1}{2}x_2 = \frac{v_0^2}{2g}\sin 2\alpha$ 代入式 ③,得抛物线顶点的 y 坐标,即炮弹的射高

$$y_m = \frac{v_0^2 \sin^2\alpha}{2g}$$

这样,我们就可以通过对物体运动方程(或轨道方程)的研究,用代数的研究方法了解几何图形的性质,这正是笛卡儿创建解析几何的独到之处.

坐标变换

对物体运动的研究中,坐标系就是参照物的数学抽象.通过坐标系之间的变换,就可以很方便地研究一个物体相对不同参照物的运动情况.

假设有一艘航空母舰在静止的海面上航行,舰上有一辆小车,研

究舰和车的运动时我们可建立两个坐标系——固定在海面的坐标系为 $Oxyz$，固定在舰上的坐标系为 $O'x'y'z'$. 为简单起见，设各轴互相平行，且 Ox 与 $O'x'$ 重合，舰速 v 沿 Ox 方向，如图 1.7 所示. 以 P 点表示车的位置，则

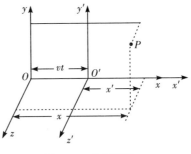

图 1.7 坐标变换

$$x = x' + vt$$
$$y = y'$$
$$z = z'$$

在经典力学中，人们认为同一事件在两个坐标系中发生的时间是相同的，即

$$t = t'$$

上面这一组关系式就称为伽利略变换. 若左右同除以 t，即得经典的速度关系式

$$v_x = v'_x + v$$
$$v_y = v'_y$$
$$v_z = v'_z$$

伽利略变换是在绝对时空观基础上建立的，认为对时间和空间的测量是不因参照物的运动而变化的. 当物理学进入 19 世纪末叶时，经典时空观受到了挑战，迈克尔逊-莫雷实验*宣告光速不遵守伽利略变换. 爱因斯坦(A. Einstein，德国，1879—1955) 革命性地提出两个假设**，并由此建立了新的狭义相对论坐标变换公式，即洛伦兹公式.

根据图 1.7 可知，对原点 O，在 $Oxyz$ 坐标系中总有 $x = 0$，但在

---

* 参见本丛书《猜想与假设》一册 54～58 页.

** (1) 一切彼此做匀速直线运动的惯性参照系，对于描述运动的一切规律是等价的；
(2) 在彼此相对做匀速直线运动的任一惯性参照系中，测得的真空中光速都相等.

$O'x'y'z'$ 系中观察时,在时刻 t' 的坐标为
$$x' = -vt'$$
或
$$x' + vt' = 0$$

因此在同一空间点上,数值 x 和 $x'+vt'$ 是同时变为零的.所以可以认为,在任何时刻 x 和 $x'+vt'$ 间存在一个比例关系,可表示为
$$x = k(x' + vt') \qquad ①$$

同样,对原点 O',在 $O'x'y'z'$ 中总有 $x'=0$,而在 $Oxyz$ 中时刻 t 的坐标为
$$x = vt$$
或
$$x - vt = 0$$

表示 x' 与 $x-vt$ 间也有一个比例关系,可表示为
$$x' = k'(x - vt)$$

根据狭义相对性原理,在两个匀速运动坐标系中的任何物理规律是等效的,$k=k'$,于是上式可表示为
$$x' = k(x - vt) \qquad ②$$

我们再设想一个光信号在 O 与 O' 重合时($t=t'=0$ 时)发出,沿 Ox 轴前进,在任一时刻 t(对 $Ox'y'z'$ 坐标系为 t')到达的位置分别为
$$x = ct \quad 和 \quad x' = ct'$$

把①、②两式相乘并考虑上式结果后,得
$$k = \frac{c}{\sqrt{c^2 - v^2}} = \frac{1}{\sqrt{1 - \left(\dfrac{v}{c}\right)^2}}$$

把上述 k 值代入①、②两式,得
$$x = \frac{x' + vt'}{\sqrt{1 - \left(\dfrac{v}{c}\right)^2}}, \quad x' = \frac{x - vt}{\sqrt{1 - \left(\dfrac{v}{c}\right)^2}}$$

或者,还可写成

$$t' = \frac{t - \frac{vx}{c^2}}{\sqrt{1 - \left(\frac{v}{c}\right)^2}}, \quad t = \frac{t' + \frac{vx'}{c^2}}{\sqrt{1 - \left(\frac{v}{c}\right)^2}}$$

上面四式就是著名的洛伦兹坐标变换公式.由此可以得出长度的测量和时间的测量都是相对的,即在不同坐标系中测量同一物体的长度和经历的时间会不同.而当 $v \ll c$ 时,上面 4 式可合并成

$$x = x' + vt', \quad t = t'$$

这就是伽利略变换.可见,经典时空观仅适用于对低速运动的描述.而在高速运动中,必须遵守洛伦兹变换.

利用笛卡儿坐标,根据爱因斯坦假设,得出了作为狭义相对论基础的重要关系式,充分显示了笛卡儿坐标对运动研究的重要意义.

1.2 法拉第力线

牛顿说:我尚不了解

牛顿(I. Newton,英国,1642—1727)在开普勒行星运动定律基础上,经过仔细的研究,于 1685 年至 1686 年间发现并完善了万有引力定律.他的内容可以简单地叙述为:任何两个质点都是相互吸引的,引力的大小与两质点质量的乘积成正比,与它们之间的距离平方成反比.用公式表示为

$$F = G \frac{m_1 m_2}{r^2}$$

牛顿的万有引力定律,揭示出宇宙间任何两个物体都有相互吸引力,并且这种力只与两者的质量和间距有关,与它们自身的物理状态、化学成分、有无生命以及中间是否有其他介质等均无关.

那么,产生这种引力的实质究竟是什么?两个质点(物体)间的

引力又是靠什么传递的呢？由于牛顿的万有引力公式中并不包含时间的因素，这是否意味着引力的传递不需要时间呢？

从牛顿提出万有引力定律开始，人们就对引力的实质及其传递机制（包括由此派生出来的"超距问题"）产生了浓厚的兴趣，展开了激烈的争论．

除神学家对牛顿的万有引力抱着虚无主义的观点外，当时欧洲大陆上的笛卡儿-惠更斯学派和莱布尼茨学派崇尚"以太说"．他们认为宇宙间充满着一种极为稀薄的看不见的物质——以太，由以太漩涡形成天体的相互作用，并由以太传递力的作用，实质上是不承认万有引力的存在．而以牛顿为代表，包括他的支持者和学生们的引力理论派，坚信引力的客观存在，引力可以通过虚空传递．

牛顿本人在万有引力定律发现的前后时期，也曾对这个问题先后做过多种可能的探讨．在形成引力思想的早期，牛顿曾以重力射线（rays of gravity）来说明重力的本质．他认为重力是由一种物质流引起的，它们可以通过空虚的空间发射到另一些物体上，从而产生作用．也就是说，可以不通过介质的传递．以后，牛顿也曾转向过以太效应，认为重力是由以太密度差产生的压力而引起的（不是笛卡儿等认为的是以太漩涡造成的）．但由于无法用实验验证和难以用数学论证，牛顿觉得也不可能．牛顿还设想过引力来自某种冲击．后来，牛顿还采用玻璃和琥珀产生的电力比拟地球的重力．他认为自然是简单的和非常自洽的，猜测在重力、电力和磁力背后可能存在普遍的某种或某些力，这种力及其传递的方式也就是重力、电力和磁力的存在和传递方式．而对于引力的"超距作用"，其实牛顿从未直接或间接地提出过，并曾明确地反对重力的"超距作用"．他在1693年2月25日给他的朋友本特雷（R. Bentley，1662—1742）的信中曾写道：

"如果重力是物质内固有的和本质的，以致一个物体可以通过真空而没有其他东西的中介，超距作用到另一个物体上，并且通过它们的作用或力可以经过真空从一个物体传到另一个物体上,对我来说是极其荒谬的,我相信没有一位在哲学上有思考能力的人,会陷入这种谬论之中."

牛顿对于引力实质及其传递机制的最后结论是坦率地宣称:"我尚不了解".在1713年出版的《自然哲学的数学原理》第二版的总释中,牛顿一再表示他对引力的原因是不了解的.但他坚信引力和重力是客观存在的,并且的确是按照万有引力定律所指出的"作用在一切物体上".牛顿认为,他虽然不能从现象层面了解这个定律的原因,然而它确是一个自然定律,这对于研究行星和彗星的运动是足够了.事实也正是这样,牛顿用万有引力定律经过理论计算做出了地球是一个扁球体的预言,哈雷(E. Hallcy,英国,1656—1742)根据牛顿的引力理论预报了哈雷彗星的回归,而当两个青年天文学家亚当斯(J. C. Adams,英国,1819—1892)和勒维烈(U. J. J. Le Verrier,法国,1811—1877)根据牛顿引力理论和运动定律经过复杂的计算预言了海王星,最后被伽勒(J. G.Galle,德国,1812—1910)证实的时候,牛顿的引力理论及运动定律不但在科学界确立了崇高的地位,甚至达到了神圣的地步.

孪生三兄弟

自然的造化真是奥妙无比.在牛顿发现万有引力定律100周年左右的1785年,物理学家库仑(C. A. Coulomb,法国,1736—1806)发现了两个静止点电荷之间的相互作用规律——两个点电荷之间的相互作用力的大小与它们电量的乘积成正比,与它们之间距离的平方成反比.用公式表示为

$$F = k \frac{q_1 q_2}{r^2}$$

这就是中学物理中介绍的库仑定律.它和牛顿的万有引力定律公式非常相像.并且电荷间的作用力也是一种"超距作用",能瞬间到达,不需要传递力的时间.不同的是,质点间永远是引力,而在库仑定

律中,电荷有正有负,电荷间的作用力可以是引力也可以是斥力.

质点间的引力和电荷间的库仑力两者为何像一对孪生兄弟,遵循着同样的规律,真耐人寻味.

然而,更令人称奇的还有第三种力——电流之间的相互作用力.

1820年,物理学家奥斯特(H. C. Oersted,丹麦,1771—1851)发现电流磁效应后,物理学家毕奥(J. B. Biot,法国,1774—1862)和萨伐尔(F. Savart,法国,1791—1841)通过实验,发现了直线电流对磁针作用的规律:电流对磁针的作用正比于电流强度,反比于它们之间距离的平方,作用力的方向则垂直于磁针到导线的连线,可用右手螺旋法则确定(如图1.8).

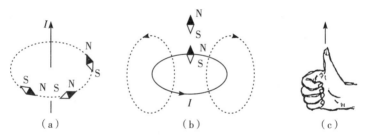

图1.8 电流对磁针的作用

小磁针N极的指向表示受力方向.如用大拇指表示电流方向,则四指围绕方向就是磁力方向;如用四指围绕方向表示电流方向,则大拇指所指就是磁力方向.

后来,物理学家安培(A. M. Ampere,法国,1775—1836)提出了分子电流假设,解释了磁现象的起因,把电流与磁铁之间的相互作用归结为电流之间的作用力,并通过精巧的实验总结出了两个电流元($I\Delta l$)之间相互作用的规律:两个电流元之间的相互作用力与每一个电流元的电流强度(I)和导线长度(Δl)成正比,与它们之间距离的平方成反比.当两个电流元在同一平面内且互相平行时,它们之间的相互作用力(称安培力)可用公式表示为

$$F = k' \frac{I_1 \Delta l_1 \cdot I_2 \Delta l_2}{r^2}$$

这就是著名的安培定律.

如果把万有引力、库仑力和安培力排列在一起,这岂不是像三个孪生兄弟吗?

表 1.1

万有引力	库仑力	安培力
$F = G\dfrac{m_1 m_2}{r^2}$	$F = k\dfrac{q_1 q_2}{r^2}$	$F = k'\dfrac{I_1 \Delta l_1 \cdot I_2 \Delta l_2}{r^2}$

我们看到,这三个力都是牛顿式的成正比(和两个物体质量的乘积、两个电荷电量的乘积、两个电流元($I\Delta l$)的乘积),都是牛顿式的成反比(与距离的平方),都是以粒子为力心的中心力,都是超距作用,相互间力的传递似乎不需要介质,不需要时间.这三种力从属于不同种物质:万有引力从属于质量粒子,库仑力从属于电荷粒子,安培力(磁力)从属于电流元.彼此独立,互不影响,却又十分和谐、协调,还有比"一母三胎"更相像的吗?

在牛顿力学已经足够辉煌的花环上,如今似乎又增添了两朵鲜艳的奇葩.用牛顿的宇宙图景可以统一电和磁的作用,其发现真是太伟大了.无怪乎当时许多物理学家自满了.著名物理学家亥姆霍兹(H. Helmholtz,德国,1821—1894)说:"因此,物理科学的任务,在我们看来,归根结底在于把物理现象都归结为不变的引力或斥力,而这些力的大小正和距离有关."

> 法拉第力线

牛顿式的宇宙图景,即宇宙是一个无限大的、固定不动的空间,里面有无数物质粒子做着各种运动.而没有粒子的地方是一无所有的真空,各种力——万有引力、库仑力、安培力都可以不必借助介质传递.

从牛顿万有引力开始,认为引力是超距作用,在电学和磁学的研究中又得到了进一步的强化,当时像富兰克林(B. Franklin,美国,1706—1790)、库仑、安培等著名物理学家,都对此深信不疑.

那么,"空间真的是一无所有吗?"法拉第对牛顿式的宇宙观感到怀疑.他根据自己对电与磁现象的多年实验研究的体会,凭借丰富的想象力,认为空间不可能真的像牛顿式的除了发生超距作用的粒子以外一无所有.

如果我们在一块玻璃板下放一根条形磁铁,在玻璃板上撒一些铁屑,轻轻敲击玻璃板,使铁屑在磁力作用下自由转动,可以发现铁屑会在磁铁周围排列成一条条曲线(图1.9).这是因为铁屑在磁铁周围被磁化,变成了一个个小磁针的缘故.这种呈圆形的图线深深地吸引了法拉第.

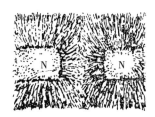
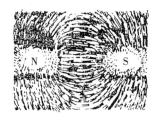

图1.9 磁体周围的铁屑

他想起了奥斯特在1820年发现电流的磁效应(当时他称为围绕电流的"电冲突")时曾经说的话:"……电的冲突不是局限在导体上的,它在邻近的空间散布得相当广……这种电冲突是圆形的……"法拉第决心用实验去精确确定电流磁力的形式.

1826年9月,他把一个小磁针放在载流导线周围进行试验,发现小磁针有环绕导线做圆周运动的倾向.后来,他又设计了一个实验.如图1.10所示,左侧一根圆柱形磁棒插入一个小银杯中,下端用导线连在铂条上.右侧磁棒固定于水银杯中,导线的上端可绕悬点自由转动.当通过水银槽接通电流后,左侧磁棒的上端会围绕导线的下端旋转,右侧导线的下端围绕磁棒的上端旋转.法拉第的这个电磁转动实验和奥斯特的磁针偏转实验一样,表现出来的磁力都是有转动倾向的"圆周力",这使法拉第立即直觉地意识到,环绕着载流导线存在着一种圆形的作用"线",就像铁屑在磁棒周围所呈现的曲线一样.他设想,载流导线周围的这种"线",是由于电流通过导线时在导线周围的介质中引起的某种"紧张"状态造成

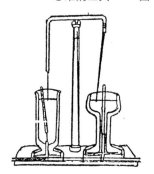

图 1.10 法拉第电磁转动效应的装置

的.并且这种状态能从张力的源头——载流导线向周围传播出去.法拉第把载流导线周围这种"线"称为力线.他认为,无论是一块磁铁或一段载流导线,它们的周围空间都应该分布着这种"力线",看似空空荡荡的空间也绝不可能是一无所有.

1831年法拉第电磁感应实验的成功,使力线的概念成了法拉第思想的中心.如图1.11(a)所示,使闭合电路的一部分导线在磁场中向下运动,电路中会产生电流;如果使导线向右平移,如图1.11(b)所示,电路中就不会产生电流.

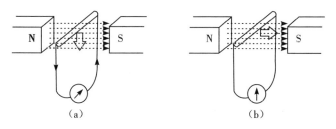

图 1.11 导线切割磁力线才会产生电流

法拉第很自然地想到,倘若两个磁极之间的空间果真是"一无所有"的,那么导线中的电流从哪里来呢? 为什么同样使导线运动——仅是方向不同,会表现出有无电流截然相反的差别呢? 显然,空间并不真是"空的",两个磁极之间的空间应该充满着力线,它们是实

实在在的,可以被切割的.图 1.11(a) 的运动导线由于切割了一根根力线,才感应出电流;图 1.11(b) 的运动导线,因为未曾切割到力线,因此不会感应出电流.法拉第还从实验中发现,只有在单位时间内切割的力线越多(即切得越快)时,产生的感应电动势越强,感应电流也越大.至此法拉第完全领悟了,过去奥斯特实验中所说的"圆形的电冲突"、沃拉斯顿(W. H. Wollaston,英国,1766—1828)认为电流周围有一圈圈圆形的"磁流体"等,其实讲的都是一个东西——力线.在磁体和电流周围的空间都充满着力线(图 1.12).法拉第超越了同时代人,冲破了牛顿式的宇宙图景,看到了"真空不空"的物理实质.

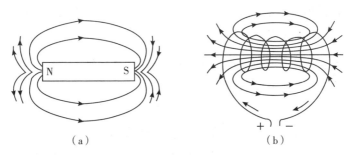

图 1.12　法拉第力线

最伟大的思想 —— 场

法拉第从可贵的直觉中总结出的力线概念,在以后的实验研究中进一步得到升华,形成了空前伟大的场的思想,并用力线图形象地描述了场.

1837 年,法拉第在研究介质对电力的影响时发现:用一块绝缘材料(电介质)隔开的两个导体板(平行板电容器),比被真空(或空气)隔开的两导体板,在同样情况下能够容纳更多的电荷.并且,两板间插入的绝缘材料不同,容纳的电量也不同.为了解释这个现象,他假设介质中的分子产生某种极化状态,两导体板上的电荷并不是超越它们之间的空间直接发生作用的,而是借助于两板之间的电介质内相互邻近的极化分子的作用逐点传递过去的.现在我们知道,原来一块正负电荷无规则分布的电介质(图 1.13(a)),把它插入带电平行金属板之间(设板间电场为 E_0),电介质中正负电荷受板上电荷的影响,正负电荷中心稍微相互分离*,使电介质板上出现正负表面电荷,从而形成电场 E'(图 1.13(b)).它与导体板上电荷产生的场强 E_0 方向相反,电介质中的合场强为(图 1.13(c))

$$E = E_0 - E' < E_0$$

因此,两板间电势差减小.只有当增加导体板上电荷后,才会保持与原来没有插入电介质时同样的电势差.换句话说,插入电介质后,两导体板(平行板电容器)在一定电压下容纳的电荷更多.

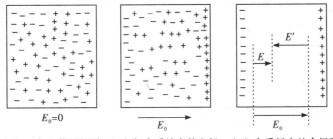

（a）正负电荷无规则　　（b）把介质放在外电场　　（c）介质板中的合场强
　　　分布的介质板　　　　　　E_0 中

图 1.13　电场中的电介质

法拉第根据这一假设,认为电荷之间的作用不可能像牛顿学派认为的是超距作用,而应该是"近距作用".中间介质在这种相互作用中起着传递力的作用.

1845 年 11 月,法拉第又有了新的发现.为了试验磁场对物质的影响,他把铁和重玻璃等物质都做成条状,然后用细线分别把它们悬吊在巨型电磁铁的两个磁极之间.通电以后,他发现铁、镍一类物质,长

---

* 电介质的极化有两种情况,这里指的是无极分子的极化.另一种有极分子的极化,是在外电场作用下使电偶极子的取向发生变化.

条的两端指向电磁铁的南北极,即取与磁感线一致的方向,并有移向磁力最强地方的趋势.而像重玻璃、铜、铋等物质,好像很"厌恶"磁性,转向与磁感线垂直的方向,并有移向磁力较弱地方的趋势.物质的抗磁性就这样被法拉第发现了*.他把前者称为"顺磁体"(paramagnetic),后者称为"抗磁体"(diamagnetic).他还用手边能得到的许多东西做试验:各种金属、盐、铅黄、硫黄、蜡、木头、牛肉、苹果、卷成筒形的纸、装在试管里的液体等.他发现,只有少数物质具有顺磁性,多数物质都具有抗磁性**.

法拉第用他所设想的磁感线概念对物质的顺磁性和抗磁性做了解释.他认为,无论是顺磁体还是抗磁体,都不存在像电介质在电容器里那样存在着作为磁感线终点的"磁极",而只是对磁感线的反应不同;顺磁体容易被磁感线通过,因此在顺磁体内磁感线变密;抗磁体是磁感线的不良导体,它会使磁感线趋于绕过抗磁体,因此在抗磁体中磁感线变得稀疏(图1.14).

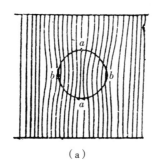
(a)

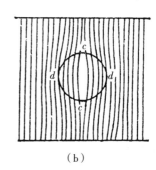
(b)

图 1.14　顺磁体和抗磁体

所有这些工作,都使法拉第更加坚定了自己的信念:自然界中各种现象都是相互关联的.电和磁的作用绝不是像牛顿学派所说的那

---

*　其实,早在1778年就有人发现过金属铋被磁铁排斥的现象.库仑也曾观察到木针横在磁场中的现象,只是他们都没能深入地研究下去.

**　现代一般把磁介质分为顺磁质、抗磁质和铁磁质三类.

种超距作用,可以没有中介地从一个物体传到另一个物体,而是要通过电荷或磁体周围一种特殊的介质来传递.法拉第运用他不同凡响的想象力,提出了一个全新的概念——场,他把电荷和磁体周围的这种特殊物质称为"电场"和"磁场".

1851年12月,法拉第发表了《论磁力线》一文,他类比于流体场,用力线的图像对场的物理图景做了直观描述.法拉第指出,场由力线组成,许多力线组成一个力管,它们将电性相反的电荷和极性相反的磁极联系起来(图1.15).力线上任何一点的切线方向就是该点的场强方向.力线密的地方,场强就强;力线疏的地方,场强就弱.场源不变时,力线图不变,场源运动时,力线也发生变化.他用力管有纵向收缩和横向扩张的趋势,解释了异性电荷(或磁极)相吸、同性电荷(或磁极)相斥等现象.

图 1.15　法拉第和他的力线

值得一提的是法拉第关于场的概念和用力线图描述场,与牛顿学派经典力学中关于场和力线的概念有着根本的区别.

首先,经典力学中把太阳周围的空间称为引力场,地球周围的空间称为重力场,仅是一种形象的语言,不用场的概念,同样可以计算行星绕太阳、月球绕地球的运行规律.两个天体间的力与场无关,依然是超距作用,把场取消,也就恢复了空间一无所有的真空的本来面

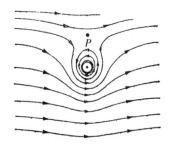

图 1.16 均匀外磁场中通电导线周围的磁力线

目.而法拉第引进的场和力线概念,绝不单纯是一种形象化的语言和图像,而是实实在在的,不是可有可无的.宇宙不是一个一无所有的真空,而是充满着力线.这些力线不仅可以表示力的方向、大小,而且像真实的橡皮条一样,可以变形、运动,可以被切割,切割时还会表现出阻力.图 1.16 画出了放在均匀外磁场(磁感应强度为 B_0)中的一根载流长导线附近的磁感线(电流 I 由图面流出).导线周围的磁感线就像拉紧的橡皮条一样被推向下方,因而载流导线下方的磁感应强度变强,上方的磁感应强度变弱.

图 1.17 表示一个闭合导线框在磁场中运动,这时不仅导线框中会感应出电流,而且我们手上还会感到有阻力存在,就像在水里运动时感到阻力一样.

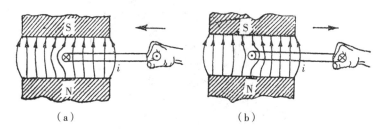

图 1.17 在磁场中拉出、推进线框时出现阻力

1851 年法拉第曾写道:"我不禁再一次表示我的信念,我深信我那个力线概念在磁作用方面所给出的表象是正确的.因为我所提出的要点,都是磁作用方面的实验所确定的.也就是说,所有这些都不是假设的,而都可以用力线概念完善而正确地表示出来."

可见,法拉第的力线有着十分丰富、实在的物理内涵.

其次,经典力学中的力线相对于场源是静止不动的,固定在场源上.就像自行车轮子上的辐条(钢丝)固定在钢圈上一样.力线随着场源运动,诚如钢圈转动时钢丝立即跟着转动,这就表明引力的传递是不需要时间的.而在法拉第的场中,力线相对于场源(磁体或电荷)是可以运动的.如果把场源比作一只湖上的小船,力线就像湖中的水波.我们坐在小船上用力划桨,使小船在湖中前进,水面的波纹也由近及远逐渐向远方传播.法拉第想象着,电力、磁力等力的传播就像水波那样,具有一定速度,因而电荷间、磁体间、电流间的作用都是需要时间的,绝不会是"超距"的.

法拉第从带电体和磁体周围介质的作用提出场的概念,这是物理学中重大的突破.法拉第首次把近距作用的观点引进了物理学,对于电磁学以及整个物理学的发展都产生了深远的影响.著名物理学家威廉·汤姆孙(W. Thomson,英国,1824—1907)对法拉第的力线评价极高.他说:"在法拉第的许多贡献之中,最伟大的一个就是力线概念了.我想借助于它,就可以把电场和磁场的许多性质,最简单而极富启发性地表示出来."物理学家劳厄(M. V. Laue,德国,1879—1960)盛赞法拉第,把他誉为"正确理解电磁现象的带路人."

法拉第还以他非凡的想象力和深邃的洞察力,于1832年3月12日给英国皇家学会写了一封信,预言了电磁波存在的可能性,预言了光可能是电磁振荡的传播等.这封信在档案馆里躺了一百多年,直到1938年才为后人所发现.而法拉第的伟大思想,早在19世纪中叶,就被杰出的物理学家麦克斯韦(J. C. Maxwell,英国,1831—1879)通过对法拉第力线的研究在理论上得到确认,并被物理学家赫兹(H. R. Hertz,德国,1857—1894)于1888年用实验做了验证.从而,法拉第的预言得到了证实.

法拉第关于力线的特征及用力线图像描述场的方法,一直沿用至今.运用电场线和磁感线的图像,给我们理解、分析和研究电磁现象问题带来了极大的方便.爱因斯坦(A. Einstein,德国,1879—1955)说过这样寓意深刻的话:"我相信,从法拉第的电磁场概念中,后世仍然可以学到许多东西,一点也不比前人学到的少."

2 图示与图像的思维特点

图示和图像能够成为人们思考问题、分析问题和解决问题的好帮手,能够作为一种重要的思维方法,这是与它自身所具有的思维特点分不开的.

图示与图像的思维特点,可以概括为以下几个方面.

2.1 形与数的统一

数的产生与发展和图形的研究是分不开的.人们为了耕作和丈量土地的需要,很早就积累了关于图形的许多知识,而后便发展成为几何学.到了公元前 7 世纪,希腊几何已经积累了异常丰富的资料,后经欧几里得(Euclid,古希腊,约前 330— 前 275)系统地整理成《几何原本》,一直流传下来成为广大学生的读本.

不过,当时把对形(图形)的研究与对数的研究作为分立的两个研究对象,"井水不犯河水".直到笛卡儿引入坐标和变量,创立了解析几何的新思想,才把过去分立的两个研究对象 ——"形"和"数"统一起来,才能通过图反映两个变量之间的某种函数关系.更深入地说,形与数的统一,不仅指初等数学中的函数与图形的对应关系,在现代数学中还可以泛指数学向各门有形的、具体的自然科学和工程技术等方面的不断渗透.这是一种更高层次上的形与数的统一.

2 图示与图像的思维特点

我国已故著名数学家华罗庚教授曾写过一首寓意深刻的小诗,提示形与数之间的关系:

"数与形,本是相倚依,焉能分作两边飞.数缺形时少直觉,形少数时难入微.数形结合百般好,割裂分家万事非."

在物理学习中,常常特别钟情于图示与图像,也正是由这种形数统一可以作为物理学研究的重要方法所决定的.下面,我们从物理学中选择几个问题加以说明.

力的分解

如图 2.1(a) 所示,在墙上有一个斜三角轻质支架 ABC,当在 C 点悬挂一个重为 G 的物体后,要求计算 AC 杆和 BC 受到的力,就是一个常见的力的分解问题*.

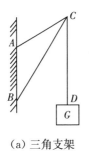 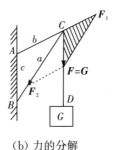

(a) 三角支架　　　　　　(b) 力的分解

图 2.1

由于 C 点悬挂重物后,对 AC 杆有拉伸趋势,对 BC 杆有挤压趋势,因此 AC 杆受到拉力,BC 杆受到压力.把悬线 CD 对 C 的拉力 $F = G$,沿 AC、BC 两方向分解,设两分力分别为 F_1、F_2,作出力的平行四边形,如图 2.1(b) 所示.

如果已知斜三角支架的边长 $BC = a$,$AC = b$,$AB = c$,由画出的平行四边形中的力三角形(用斜线表示部分)相似于几何三角形

---

* 当把 C 点作为研究对象时,就是一个共点力平衡问题.

ABC,得到比例式

$$\frac{F_1}{G}=\frac{b}{c}, \quad \frac{F_2}{G}=\frac{a}{c}$$

所以

$$F_1=\frac{b}{c}G, \quad F_2=\frac{a}{c}G$$

上述力分解的研究方法,概括起来就是:先根据实际问题中力的作用效果,进行物理抽象,作出表示力分解的平行四边形,然后把对力的计算转化为对平行四边形(或力三角形)中有关边、角的计算.整个问题的思维方式可表示如下:

图 2.2

显然,在画出的力的平行四边形(或力三角形)中,形与数完美地统一在一个整体中,因此,尽管不同的学生画出的力的平行四边形(或力三角形)的大小可以不同(图 2.3),但代表各个力的边长之间有着确定的关系.

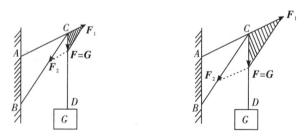

图 2.3 大小不同,关系确定

一些学生初次接触力的分解(或合成)的问题时,往往由于对这里的"形数统一"的寓意缺乏认识,常会发生错误.

例如,在一根长 $2l=10$ m 的水平绳子 AB 的中点 O 悬挂一个重

$G=600$ N 的物体,使绳子的中点下垂距离 $h=10$ cm,要求两段绳子 AO、BO 中受到的力(设 $h \ll l$).

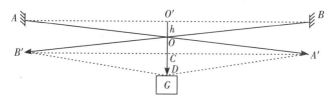

图 2.4　力的分解

许多初学者总喜欢画出如图 2.4 所示这么大的力的分解图.他们用 OA'、OB' 两矢量分别表示 AO、BO 两段绳子所受到的拉力.然后根据 $\triangle AOO' \backsim \triangle A'OC$,得

$$\frac{AO}{OO'}=\frac{OA'}{OC}$$

所以

$$F_1=F_2=OA'=\frac{AO}{OO'} \times OC$$

$$=\frac{\sqrt{AO'^2+OO'^2}}{OO'} \times OC$$

$$\approx \frac{l}{h} \times OC$$

至此,解法完全正确,可是在最后代入数据时,常会把 OC 用 $G=600$ N 代入,错算成

$$F_1=F_2=\frac{5}{0.1} \times 600 \text{ N}=3 \times 10^4 \text{ N}$$

这就是由于这些学生对力的平行四边形中"形数统一"缺乏深刻认识造成的.应该知道,在力的平行四边形(或力三角形)中,各条边长都按同一比例表示了力的大小.图 2.4 中用 OD 表示力 $G=600$ N,那么,$OC=\frac{1}{2} \times OD$,只表示 300 N 的力.因此正确结果是

$$F_1 = F_2 = \frac{5}{0.1} \times 300 \text{ N} = 1.5 \times 10^4 \text{ N}$$

抛体运动

如图 2.5(a) 所示,在一个倾角为 θ 的斜面上某处,以速度 v_0 水平抛出一个小球,那么它在斜面上的落点离开抛出点多远(设斜面足够长,不计空气阻力)?

我们知道,不计空气阻力时,平抛物体在水平方向做匀速直线运动,在竖直方向仅受重力作用做自由落体运动.若以抛出点 O 为坐标原点,取水平向右和竖直向下分别作为 x 轴、y 轴,则经时间 t 后的位置坐标

$$x = v_0 t, \quad y = \frac{1}{2} g t^2$$

两式消去 t 得平抛物体的轨道方程

$$y = \frac{g}{2 v_0^2} x^2$$

如果我们把这里的斜面看成一条斜直线,那么在上述直角坐标系中,它的方程为

$$y' = x' \tan\theta$$

小球在斜面上的落点位置,相当于是平抛运动的抛物线与斜面直线的交点(图 2.5(b)),它应该同时满足两个方程,即

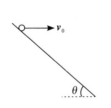

(a) 斜面上平抛

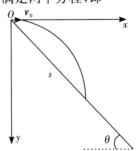

(b) 落点位置:抛物线与斜直线交点

图 2.5

$$y' = y, \quad x' = x$$

因此

$$\frac{g}{2v_0}x^2 = x'\tan\theta$$

得

$$x = \frac{2v_0^2}{g}\tan\theta$$

所以落点离开抛出点的距离为

$$s = \frac{x}{\cos\theta} = \frac{2v_0^2}{g} \cdot \frac{\sin\theta}{\cos^2\theta}$$

同理,若某高射炮手,用初速度 v_0 沿与水平方向成 θ 角射出一颗炮弹,假使在离地面高 h 处、与炮弹同一竖直面内有一枚沿水平方向飞行的导弹,那么这枚导弹可能击中炮弹的位置,就是炮弹运动的抛物线轨道与导弹水平直线轨道的交点(图 2.6).

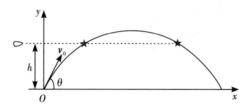

图 2.6　击中炮弹的位置

引入坐标系使几何图形代数化,把形与数完美地统一起来,这正是笛卡儿创立解析几何的宗旨.

2.2　动与静的结合

动与静,是对立统一的两个方面,在一定条件下可以互相转化. 这种例子在生活中是屡见不鲜的.

拍电影时,对实际进行的一个连续动作拍摄的都是一幅幅静止的画面,依次仅有微小的差异. 放映时,用一定速度连续播放这些静止的画面,利用人眼的视觉残留,看到的就是一个连续的动作.反过来,如果我们用高速摄影机拍摄体育比赛中的一些精彩场面,如 100 m 决赛最后冲刺时扣人心弦的瞬间、跳高运动员越过横杆的姿态,或者用高速摄影机拍摄花朵的开放过程等,再按正常速度播放时,就可以清楚地看到运动过程和花朵绽开的细节,这就是所谓的"慢镜头",它好像是把时间"放大"("变慢"),从而把一个动作过程详细地展现出来(图 2.7).

图 2.7　撑杆跳运动员越过横杆的姿态

在物理实验中的闪光照相,通常每隔 1/30 s 拍摄一次,就是把一个连续变化的运动"定格"在一个个位置上("定镜头"),即在极短时间内(镜头曝光时间)把运动物体静止化.图 2.8 是每隔 $\frac{1}{30}$ s 拍摄的一个小球做自由落体运动时的闪光照片,小球仿佛被"定格"在空中不同位置上.

此外,利用频闪光源,满足一定条件时也可以让连续不停的运动被"定格".物理实验中用来测定时间的周期测定盘,就是根据这个原理制作的.

中学物理中有一种周期测定盘如图 2.9 所示(图示仅是整个圆盘

的 1/4).盘面上共有 6 组同心圆环,每个环带上均匀分布着宽度相等、形状相同的若干黑条.在频闪光源照射下*,设在某一时刻,某环带上黑条 a 的中心线恰好转到空间的 ON 位置时被第 1 次闪光照亮.经过时间 T_0(频闪周期)后,若恰好邻近黑条 b 的中心线转到 ON 位置,并被第 2 次闪光照亮,以后每隔时间 T_0,黑条 c、d……依次转到 ON 的位置并被第 3 次、第 4 次……闪光照亮.因为对人眼来说,它的视觉残留时间为 0.1 s,所以当黑条 a 在 ON 位置时受闪光照亮引起的视觉形象尚未消失时,黑条 b 已转到 ON 位置被第 2 次闪光照亮的形象又映入眼中,接着又依次映入黑条 c、d、e 等被闪光照亮的形象.由于各黑条形状、大小相同,所以对人眼来说,仿佛在 ON 位置上有一固定的黑条留在那里.由于黑条是均匀分布在整个环带上的,这样就使人觉得整个环带上的黑条都像在固定的位置上不动一样.在运动中实现动静转换,这正是周期测定盘的巧妙构思之处.

如果已经看到稳定不动的环带共有 N 个黑条,由上述的道理可知,相应的转动周期为

$$T = NT_0$$

周期测定盘的这种现象,利用电风扇也可以表现出来.通常的家

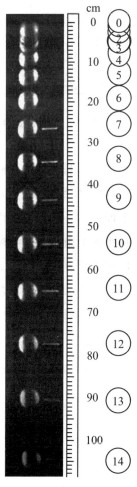

图 2.8 做自由落体运动的小球

---

* 普通日光灯就是一个频闪光源,每秒内亮暗交替 100 次,闪光周期 $T_0 = 0.01$ s.

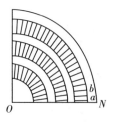

图 2.9 周期测定盘

用电风扇有三个互成 120° 角的叶片,如果在闪光周期为 T 的频闪光源照射下,调整电风扇的转速使它在一个闪光周期内转过的角度恰好为 $\frac{2\pi}{n}$,那么由于人眼的视觉残留,就会看到有 n 个好像静止不动的叶片.

物理中的图示和图像(尤其是图像),也十分鲜明地具有这种动静结合的效果.我们用坐标平面上的点表示物体(研究对象)运动变化过程中某一瞬间的状态(静态),从坐标平面上的一个点过渡到另一个点,意味着发生了一个过程.因此,坐标平面上由一系列点构成的线,就反映着物体(研究对象)在某段时间内连续进行的运动变化过程.这里的点与线的关系,就是静与动的关系.所以,图线就是动静结合的产物.

下面,我们选择中学物理中一些常用的图像,做进一步的说明.

s-t 图

根据匀速直线运动的规律,其位移

$$s = vt$$

在 s-t 直角坐标系中,匀速直线运动的 s-t 图是一条通过坐标原点的倾斜直线(图 2.10).在不同时刻(如 t_1、t_2)它处在离原点不同位移(如 s_1、s_2)的地方,对应于图中静止的点 A、B.随着时间的流逝,物体位移的变化,在图中用沿斜直线变动的一系列点表示.

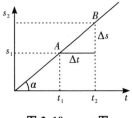

图 2.10 s-t 图

所以,这样一条图线就反映了一个物体从坐标原点(计算位移和时间的起点)出发,沿规定正方向做匀速直线运动时位置的变化规律.

在实际应用中,为了能从静态的图像上看出其动态的寓意,我们可以用一个具体物体还原其动态的本来面目.

2 图示与图像的思维特点

图 2.11 是一幅表示 5 个质点 a、b、c、d、e 做匀速直线运动的 s-t 图. 其斜率都为正值,说明这几个质点都沿规定的正方向运动,所不同的是运动起点或起始时刻和运动速度.

质点 a,从坐标原点开始运动并立即计时.

质点 b,在计时前已开始运动,当从 $t=0$ 开始计时时,已向前有了一段位移. 这种情况相当于 100 m 比赛中"抢跑"的运动员.

质点 c,与质点 b 正相反,开始计时后隔一段时间才运动. 这种情况相当于 100 m 比赛中反应迟缓的运动员.

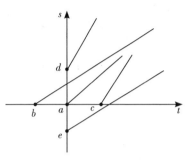

图 2.11 5 个质点的 s-t 图

质点 d 和 e,分别在位移起点前和后一段距离上从 $t=0$ 开始运动.

这样的一幅 s-t 图,仿佛在我们眼前展现了一幅在不同状况下起跑时扣人心弦的情景(图 2.12).

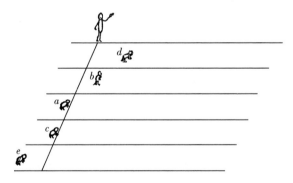

图 2.12 5 个运动员的起跑

振动图像

单摆做简谐运动时,它的位移随时间的变化是不均匀的. 不通过数学运算,如何把这个动态过程反映出来呢? 中学物理中常用砂摆

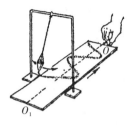

图 2.13　砂摆实验

进行演示.

如图 2.13 所示,用细线悬挂一个砂摆,让它在同一竖直平面内振动.支架下方有一块木板,通过摆的平衡位置在板上的投影点 O 画一条垂直摆振动面的直线,表示时间轴 t.在振动过程中细砂不断从小漏斗的孔中流出,洒落到下方的平板上.在不同时刻落在板上的砂粒相对 t 轴的位移,就反映了该时刻摆相对平衡位置的位移.

如果下方的平板不动,摆振动时洒落的砂粒都分布在垂直 t 轴的 y 轴上,呈现一条直线,其长度等于 $2A$(A 为振幅).

如果摆振动时我们同时匀速抽动木板,摆振动时在不同时刻洒落的砂粒,就落在木板上不同的地方.这些砂粒的位置就反映了摆在均匀流逝的时间过程中的不同时刻对平衡位置的位移情况(忽略砂粒在空中运动时间).结果便得到一条正弦(或余弦)函数式的砂粒分布线.这就表示,单摆振动时的位移随时间是按正弦(或余弦)规律变化的(图 2.14).

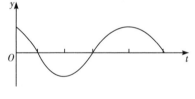

图 2.14　振动图像

这样一条振动图线,就把单摆振动(或简谐运动)中位移的动态特性显示出来了.

波动图像

如果把振动图像比喻为用摄像机连续拍摄一个独舞演员的一连串舞姿的话,那么波动图像就像是用照相机一次拍摄到跳集体舞的某一个场面.

如图 2.15 所示,把绳的一端固定,用手拿着另一端上下摆动,就会沿着绳子从波源(手拿的一端)传出一列横波.

2 图示与图像的思维特点

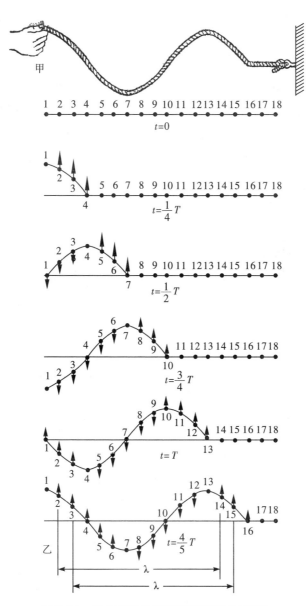

图 2.15 沿绳传播的横波在不同时刻的波形

从波源开始振动后的不同时刻,绳上各质点偏离平衡位置的位移不同.在不同时刻拍摄下来的像,就是该时刻的波形图.因此,波形图反映的是波传播过程中不同质点在同一时刻相对平衡位置的位移情况.

根据波形图,当已知波的传播方向时,很容易判知该时刻各个质点的振动方向,并画出该时刻前后 $\Delta t (\Delta t < T)$ 时刻的波形图.

图 2.16 表示一列横波在某时刻的波形图.根据波的传播特点——离波源远的质点的振动落后于离波源近的质点的振动,并要"追赶"离波源近的质点,因此各质点在该时刻的振动趋势如表 2.1 所示.

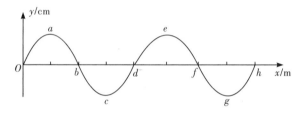

图 2.16　横波的波形图

表 2.1

质点	O	a	b	c	d	e	f	g	h
振动方向	↓	↓	↑	↑	↓	↓	↓	↑	↓

为了画出在该时刻前后 $\Delta t (\Delta t < T)$ 时的波形,可设想让波逆着传播方向或沿传播方向平移一段距离 $\Delta x = v \Delta t$(图 2.17).根据波的传播特点——波在传播过程中每一质点只在自己的平衡位置附近振动,传

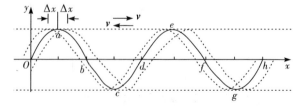

图 2.17　波的平移

播的只是运动形式,从发生平移后的波形图上可以看出每一质点的运动形式(具体地说,就是每一质点所处的状态)是如何从前面质点(离波源近的质点)传来而向后面质点(离波源远的质点)传下去的.

由此可见,画出的一幅波形图(图 2.17),像是各质点被"定格"在某个瞬间,其实它蕴含着很生动的动态特性.

2.3 抽象与形象的联系

图的一大特点是具有鲜明的形象,并常常能够把抽象的意识具体化.它作为联系抽象思维与形象思维的纽带,对人类思维的发展有着重要的作用.

远古时代,由于生产力低下,人类进行抽象思维的能力很低,人们只能具有与当时生产水平相适应的、幼稚的、简单的、具体的思维.当时没有文字,只能借助各种物体来传递信息和帮助记忆.于是,图就成为一个重要的帮手.因此在古代中国、日本、埃及等地区都有过"图画文字".以后又出现了象形文字.我国的很多汉字都是从象形文字演化来的(图 2.18).可以这么说,图帮助人们敲开了抽象思维的大门.

即使在高度文明的今天,图作为联系抽象思维与形象思维的纽带仍在发挥着巨大的作用.例如:地图、卫星云图、工件三视图,医学中的心电图、脑电图、二维的B超、CT、核磁共振、X光摄像图等,都为人们提供了大量的信息.

图 2.18 汉字的演化

许多图案、商标、会徽等,也常借鉴于图形的形象思维,作为一种艺术手法,会显得特别明快、简洁、醒目,能表现出强烈的感染力.

图 2.19 就是中国北京 2008 年举办奥运会的奥申委会徽和奥运会会徽.

（a） （b）

图 2.19 奥申委会徽和奥运会会徽

奥申委会徽由五种颜色组成五角星相互环扣,同时又运用了中国传统民间工艺品"中国结"的象形,寓意五大洲的团结、协作、交流、发展.图案中的五星好似中国传统武术太极拳"斜飞式"的人形,既体现了中国悠久的体育文化的精髓,也寓意"中国龙"正欲腾飞.北京奥运会会徽,像"舞动的北京"中的"京"字,又像"人文奥运"的"文"字,还像奔跑的人形.如此丰富的内涵赢得了人们一片赞扬.

奥运会的比赛项目,用了一组形象的图画(图 2.20),寥寥几笔,便把各个赛项的特征展现得栩栩如生,让人拍案叫绝.

体操　　游泳　　射箭　　举重　　篮球　　田径

图 2.20 奥运会比赛项目图案

如果说,古代的象形文字单纯是用图画把抽象概念形象化显示出来,那么现代的图案则是更高层次上的一种形象思维.

在物理学中的图示和图像,虽然有时也有一定的象形寓意,但并不是主要的,物理学中的图示和图像,主要是借助图的形象作用,沟

2 图示与图像的思维特点

通与抽象思维的联系,帮助展开抽象思维.请看下面的问题.

瞬时速度

一颗子弹以 800 m/s 的速度从枪口飞出,这里的 800 m/s 表示什么意思呢? 实际上就是指子弹刚飞出枪口瞬间的快慢程度.如果不受任何外力作用的话,那么它以后将以 800 m/s 的速度匀速运动下去.我们就称运动物体在某一瞬间(如子弹飞出枪口瞬间)或某一位置(如子弹飞经枪口位置)的速度叫瞬时速度.

瞬时速度是中学物理中很抽象的一个概念.它的严格定义需借助极限知识.运动物体在某一时刻或某一位置的瞬时速度,就是包括这一时刻(或这一位置)在内的极短时间(或极短位移)内平均速度的极限.用计算式表示为

$$v = \lim_{\Delta t \to 0} \overline{v} = \lim_{\Delta t \to 0} \frac{\Delta s}{\Delta t}$$

对于初学者来说,单纯这样一个数学式定义是难以理解的.他们很难想象 $\Delta t \to 0$ 包含着怎样的物理实质,为此,常用的一个形象化的比喻是把一个速度变化的运动看成一群按高矮排列的人(图 2.21).其中第 k 号人的身高与全体人员身高的平均值相比,可能相差很多;跟他前后各 50 人的平均身高相比,相差就小些;跟他前后各 30 人的平均身高相比,相差还要小些;跟他前后 20 人、15 人、5 人、3 人的平均身高相比,相差就越来越小,以他为中心包括前后各 1 人的平均身高,可以认为与他的身高已相差无几了.

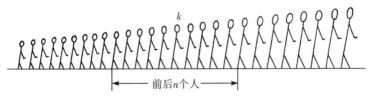

图 2.21 某人身高和平均身高

当然,这样的比喻是较浅近和粗糙的.不失一般性,较好的方法还是借助 s-t 图像.

一个变速直线运动的 s-t 图像是一条曲线(图 2.22).根据平均速度的定义,在某段时间 Δt($\Delta t = t_2 - t_1$)内的平均速度

$$\bar{v} = \frac{s_2 - s_1}{t_2 - t_1} = \frac{\Delta s}{\Delta t}$$

数值上等于 s-t 图中与 t_1、t_2 两个时刻对应的割线的斜率,即

$$\bar{v} = \tan\alpha$$

如果我们使所取的时间间隔越来越短,由图 2.22 可知,所对应的割线会发生变化,越来越向通过某时刻(如时刻 t_1)的切线靠近.当所取时间无限短($\Delta t \to 0$)时,那么原来的割线就与该点的切线重合.由此可见,在变速运动中不同时间内的平均速度一般不同,在某时刻(或某位置)的瞬时速度,数值上等于 s-t 图线上与该时刻对应的切线的斜率.即

$$v_A = \tan\beta$$

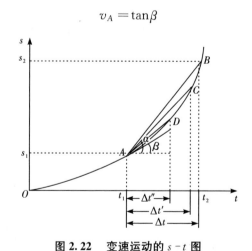

图 2.22 变速运动的 s-t 图

利用这样的图像,就把原来平均速度计算时 $\Delta t \to 0$ 的物理意义具体化了,使原来很抽象的一个定义有了形象的对照.会有助于理解

2 图示与图像的思维特点

瞬时速度的概念*.

像瞬时速度这样使抽象概念形象化的方法,还可迁移到非匀变速运动中的瞬时加速度、非线性元件的动态电阻等概念上.

一个非匀变速运动的瞬时加速度,定义为在 $\Delta t \to 0$ 时平均加速度的极限,即

$$a = \lim_{\Delta t \to 0} \bar{a} = \lim_{\Delta t \to 0} \frac{\Delta v}{\Delta t}$$

在 v-t 图上,也对应着一条割线向切线转化的过程.因此某时刻的瞬时加速度就等于 v-t 图上该时刻的切线的斜率(图 2.23).

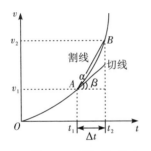

图 2.23 瞬时加速度

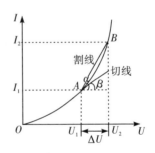

图 2.24 伏安特性线

一个非线性元件(如晶体二极管)的伏安特性线(U-I 线)通常是一条曲线,如图 2.24 所示.连接图线上任意两点(如 A、B)的割线的斜率,反映着在这个电压区域内平均电阻的大小,即

$$\tan\alpha = \frac{\Delta I}{\Delta U} = \frac{I_2 - I_1}{U_2 - U_1} = \frac{1}{R}$$

当所取电压变化间隔越来越小时,对应的割线越来越向通过某点(如 A 点)的切线靠近.因此对应于某个工作状态(如 I_1、U_1)所表现出来的电阻,数值上就等于 U-I 图像上通过某点的切线斜率的倒数,即

$$R_A = \frac{1}{\tan\beta}$$

---

* 关于对瞬时速度的理解,还可参考本丛书中的《分割与积累》分册.

显然,在不同的工作状态(即不同的 U、I 值)有不同的电阻,技术上称为动态电阻.

气态方程的推导

一定质量理想气体从初始状态 $A(T_1,p_1,V_1)$ 经过状态变化到终末状态 $B(T_2,p_2,V_2)$ 时遵守理想气体状态方程,即

$$\frac{p_1V_1}{T_1}=\frac{p_2V_2}{T_2}$$

通常,都是借助于等值过程,运用气体实验定律(玻意耳定律、查理定律、盖·吕萨克定律)进行推导的.例如,我们设想气体先经过一个等温过程,变到中间状态 (T_1,p_C,V_2),再经一个等容过程,变到终态.

在第一个变化过程中,根据玻意耳定律,由

$$p_1V_1=p_CV_2$$

或

$$p_C=\frac{V_1}{V_2}p_1$$

在第二个变化过程中,根据查理定律,有

$$\frac{p_C}{p_2}=\frac{T_1}{T_2}$$

联立两式整理得

$$\frac{p_1V_1}{T_1}=\frac{p_2V_2}{T_2}$$

不少学生对这个推导过程"中间态"的确定,往往弄不明白.为了看清选用不同的状态变化过程时"中间态"的参量,我们可以结合图像(p-V 图、p-T 图或 V-T 图)一起考虑.

因为一定质量理想气体的某个状态,在 p-V(或 p-T、V-T)图上对应着一个点,从一个状态变化到另一个状态,在图上相当于从一个点过渡到另一个点,其间的途径对应着一个过程.显然,从某个初态 $A(T_1,p_1,V_1)$ 变化到终态 $B(T_2,p_2,V_2)$ 可以有许多不同的途

径.其中几种途径及对应的状态参量如下(图 2.25).

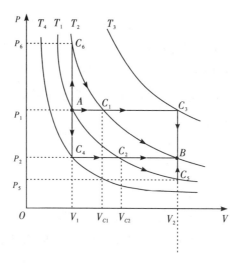

图 2.25 从初态到终态的 6 种途径

$$A(T_1,p_1,V_1) \xrightarrow{\text{等压}} C_1(T_2,p_1,V_{C1}) \xrightarrow{\text{等温}} B(T_2,p_2,V_2)$$

$$A(T_1,p_1,V_1) \xrightarrow{\text{等温}} C_2(T_1,p_2,V_{C2}) \xrightarrow{\text{等压}} B(T_2,p_2,V_2)$$

$$A(T_1,p_1,V_1) \xrightarrow{\text{等压}} C_3(T_3,p_1,V_2) \xrightarrow{\text{等容}} B(T_2,p_2,V_2)$$

$$A(T_1,p_1,V_1) \xrightarrow{\text{等容}} C_4(T_4,p_2,V_1) \xrightarrow{\text{等压}} B(T_2,p_2,V_2)$$

$$A(T_1,p_1,V_1) \xrightarrow{\text{等温}} C_5(T_1,p_5,V_2) \xrightarrow{\text{等容}} B(T_2,p_2,V_2)$$

$$A(T_1,p_1,V_1) \xrightarrow{\text{等容}} C_6(T_2,p_6,V_1) \xrightarrow{\text{等温}} B(T_2,p_2,V_2)$$

这样一来,我们就把原来较抽象的从一个状态变化到另一个状态的过程,在图上形象化地显示出来了,不仅可以正确把握中间态的选择,而且可以拓宽思路,较深刻地认识到"从一个状态到另一个状态可以经过多种不同过程"的含义.

图 2.25 中,选取的仅局限于等值过程,实际上可以经历无数个不同的过程.犹如俗话说的"条条大道通罗马".

费恩曼图

利用图形沟通与抽象思维的联系,并非只局限于经典物理的领域.在现代粒子物理学中,为了描述粒子之间的相互作用,直观地表示粒子的散射、反应和转化过程等,美国物理学家理查德·费恩曼提出了一种形象化的图示方法.这种图就称为费恩曼图.

例如,电子对湮灭成两个光子的反应为

$$e^- + e^+ \longrightarrow \gamma + \gamma$$

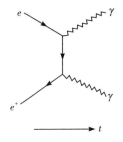

图 2.26

用费恩曼图(Feynman diagram)表示,则如图 2.26 所示.图中的实线表示粒子(电子),波浪线表示光子.实线是带箭头的,顺箭头方向运动的是粒子(电子),逆箭头方向运动的是其反粒子(正电子).费恩曼图的横轴一般为时间轴,向右为正.左边代表初态,右边代表终态.

当电子与电子发生散射、光子与电子发生散射(即康普顿效应)时的费恩曼图分别如图 2.27(a) 和图 2.27(b) 所示.相应的反应式分别为

$$e^- + e^- \longrightarrow e^- + e^-$$
$$\gamma + e^- \longrightarrow \gamma + e^-$$

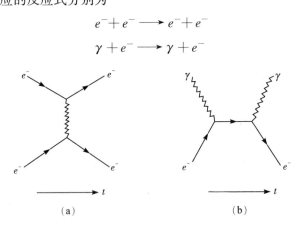

图 2.27

在粒子物理学中,可以画出许许多多、各种各样的费恩曼图.它不仅有着鲜明的物理意义,而且还有严格的数学含义,每一幅费恩曼图都能表示着一个明确的数学式.上面虽然只对费恩曼图做了极其粗浅的介绍,但是已经能够认识到,即使在理论化程度极高、非常艰深的粒子物理学中,有时也需要用上这样一些很简单、直观的示意图,由此足见图的重要意义了.

2.4 过程与结果的交融

在物理学中,研究对象所处的状态和经历的过程都可以用图像来反映,最后出现的结果往往也直接显示在图像上.过程与结果的交融,在物理图像中往往有着特别鲜明的表现.下面,我们选择在物理学史上具有重大意义的几个实验图像,展示一下实验结果与过程交融的情景.

超导发现 —— 水银转变温度图像

从 19 世纪末开始,物理学家为了实现对氦气的液化,展开了一场低温研究的竞赛.最终,拔得头筹的是荷兰物理学家海克·卡末林·昂内斯.1908 年,液化氦的研究获得成功,使这位有着"绝对零度先生"雅号的昂内斯获得了在极低温下对物质性质研究的主动权.

从 1911 年 4 月起,昂内斯着手研究在液氦温度区域条件下金属电阻的变化.他把任务布置给助手霍耳斯特,要求利用低温条件下冻结起来的水银柱为研究对象,逐步记录水银柱在不同的低温条件下电阻的变化.他设想随着温度的降低,水银柱的电阻逐渐减小,当温度逼近绝对零度时,水银柱的电阻也会趋向于零.

霍耳斯特按照昂内斯的要求,先用液态空气冷却水银柱,接着换上液态氧、液态氮、液态氢,使水银柱的温度从 80 K 逐渐降低到 20 K,并依次测量水银柱两端的电压.霍耳斯特发现,实验结果就像昂内斯预料的那样,水银柱的电阻随着温度的降低在逐渐减小.最后换上了液氦,水银柱的温度下降到 4.2 K 了,电阻又减小了一点.他把实验数据记录在如图 2.28 所示的图上.这个图的横坐标是温度,纵坐标是在该温度下的水银电阻与 0 ℃ 水银电阻之比.

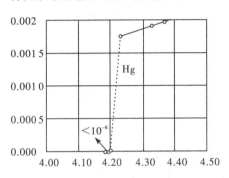

图 2.28　汞的转变温度曲线(在 4.2 K 附近出现超导电性)

霍耳斯特非常兴奋,于是,他按照老师昂内斯所说的采用降低液氦蒸气压的办法,设法进一步降低水银柱的温度.但是,当他将温度从 4.2 K 仅降低一点点,到了 4.16 K,发现水银柱两端的电压突然降到了零,这就意味着水银柱的电阻突然消失了——从图中可以看到,在 4.2 K 附近,水银的电阻比值从 1/500 下降到小于百万分之一,而且这个下降是突然发生的.

这个现象使霍耳斯特感到很吃惊,以为一定是什么地方发生了短路.于是,他仔细地做了检查,短路的原因没有找到,却发现一个怪现象:当温度回升到 4.2 K 时,"短路"现象会自动消失;温度再次降到 4.16 K 时,"短路"现象又出现了.科学的敏感性使他确信这不是短路,而是水银柱的电阻发生了突变.于是,他立即报告了昂内斯.

昂内斯马上赶到实验室,重复着自己设计的这个实验.一次、两次、连续重复了很多次,实验中记录的图像都一样.水银会在 4.2 K 附近出现电阻等于零的现象,意味着水银在某个确定的温度(4.2 K)附近,会进入一个新的物理状态.

后来,昂内斯把金属电阻消失的状态称为"超导态".这个实验就是人类第一次观察到的超导现象,这幅根据实验数据所绘制的图像,也是人类所画出的第一幅反映超导现象中转变温度的图像,真实地

2 图示与图像的思维特点

反映了水银的电阻随温度降低而减小、最后在某个温度下突然消失的过程.这个特定的温度称为超导转变温度.

超导的发现具有重要的科学意义和应用价值.1913年,昂内斯就因超导电性的发现和制成了液氦而获得诺贝尔物理学奖.

原子能量量子化的图像

1913年,物理学家玻尔(N. Bohr,丹麦,1885—1962)通过对氢光谱的研究后指出,每个原子只能处于一系列分立的能量状态.由于玻尔的观点新颖,当时许多物理学家并不接受.因此,最好的办法是用实验直接测定使电子从原子中电离出来所需的能量值.

弗兰克和赫兹在1914年做的实验,装置如图2.29所示.将一玻璃容器抽空后充以少量的汞蒸气,由阴极K发射的电子,被K与栅极G之间逐渐增大的正向电压加速而到达阳极,得出的阳极电流与K、G间电压变化图线如图2.30所示.图线显示:当K、G间电压由零逐渐增加时,A极电流开始随之上升,当$U_{GK}=4.9$ V时,电流突然下降;再增加电压,电流回升,当$U_{GK}=9.8$ V时,电流又突然下降;以后再升高电压,在$U_{GK}=14.7$ V时,电流又下降.

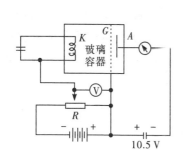

图 2.29 弗兰克-赫兹实验

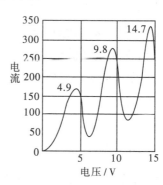

图 2.30 弗兰克-赫兹实验结果

阳极电流为什么会这么三起三落呢?每次电流达到峰值时,电压值之差都等于4.9 V又说明什么意义呢?

弗兰克和赫兹根据对图线的分析后认为,电流的骤降是由于电子在栅极附近与汞原子相碰,电子的能量丧失殆尽,使它无法克服反向电压而到达阳极的结果.

由于汞原子质量约为原子质量的30多万倍,通常情况下,当加速电压U_{GK}较低时,电子的动能较小,与汞原子相碰,电子基本上没有能量的损失,是一种弹性碰撞(正像一个乒乓球与一个静止大铅球相碰),因而电子仍有足够多的动能克服反向电压的阻碍作用而到达阳极.当$U_{GK}=4.9$ V时,电子已积聚到足够的能量,它与汞原子相碰时,已能改变汞原子内部的能量状态,从而使电子自身的能量因传递给汞原子而无法克服反向电压到达阳极,使电流骤降.当电压超过4.9 V较多时,电子与汞原子相碰后尚有足够多的能量使它克服反向电压到达阳极,电流又重新上升.直到$U_{GK}=2\times 4.9$ V时,电子在G、K区间有可能经两次碰撞又重新失去能量,使电流又骤降……

这个实验准确地指出,电子与汞原子相碰时,电子严格地损失4.9 eV的能量,也就是说,汞原子只能吸收4.9 eV的能量.换句话说,汞原子的一个稳定状态(最低能态)和另一个能量较高的状态之间的能量差是一定的.也就是说,原子所处各状态的能量是分立的.弗兰克和赫兹后来又用新的实验,通过对汞蒸气辐射谱线的测定,又精确地检验了他们的实验结论.由于这是第一个原子能量子化的判决性实验,实验的成功对理论的发展有很大的影响,因而弗兰克和赫兹两人共同分享了1925年的诺贝尔物理学奖.

弗兰克和赫兹的实验结果,可以说完全是通过对实验图像的分析得到的,称得上是图像应用的一个典范.

歪打正着——截止电压的图像

1887年德国物理学家赫兹发现了光电效应现象后,他的助手勒纳德又总结出了几条实验规律.不过,让物理学家感到头疼的是,光电效应的实验规律无法用经典理论进行解释,仿佛在物理学的天空又飘来一朵乌云.正当许多物理学家都为探索光电效应现象的原因而感到困惑的时候,年轻的爱因斯坦脱颖而出,他受到普朗克量子论的启发,在1905年大胆地提出一个新的光量子假设.

爱因斯坦认为:光是不连续的,它由一份一份的光量子(光子)组成,每一份光量子的能量为 $\varepsilon = h\nu$ (h 是普朗克常数).光量子与物质作用时(如光照射到金属表面),可以把整个能量传递出去.光子的能量被电子吸收后,一部分消耗于逸出金属表面所需要做的功(称为逸出功,用 W_0 表示),余下部分转化为电子的初动能.即

$$h\nu = W_0 + \frac{1}{2}mv^2$$

或

$$E_k = h\nu - W_0$$

这就是著名的爱因斯坦光电效应方程.

爱因斯坦的光子理论虽然能够很圆满地解释光电效应的实验规律,不过,由于他的观点新颖,开始时没有被物理学家所承认,甚至连量子观念的创始人普朗克也认为这"太过分了".美国著名的物理学家密立根试图用实验推翻这个理论.

根据光电效应理论,截止电压(使光电流等于零时的反向电压)与光电子的最大初动能有关,即

$$eU_c = \frac{1}{2}mv^2$$

结合爱因斯坦光电效应方程,可得到

$$eU_c = h\nu - W_0$$

或

$$U_c = \frac{h}{e}\nu - \frac{W_0}{e}$$

由此可见,截止电压 U_c 与频率 ν 呈线性关系,在 U_c-ν 的直角坐

标中画出的是一条直线,其斜率应该等于 $\dfrac{h}{e}$(e 为电子电量).因此,只需要在实验中得出 U_c-ν 图像后,可以根据其斜率求得普朗克常数,由此就可以检验光电方程及光子理论的正确性.

密立根前后花费了 10 年时间,巧妙地解决了实验中有关接触电位差和表面氧化膜等许多难题,于 1916 年得出了精确的实验结果——绘出了截止电压(或光电子的最大初动能)与入射光频率的关系线(图 2.31).

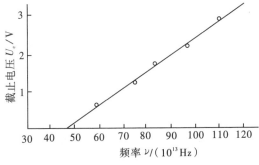

图 2.31　截止电压 U_c 与频率 ν 的关系

这个实验图像的意义非同小可.当初,爱因斯坦提出光子说时曾经指出,如果他的光电效应公式正确的话,那么截止电压与入射光频率的关系应该是一条直线,如今由密立根用实验无可辩驳地证明了;而且,直接可以由图 2.31 中直线的斜率精确地测定普朗克常数 h 的值.

密立根原来准备用实验推翻爱因斯坦的光量子理论,到头来,反而用实验证明了爱因斯坦的光量子理论,歪打正着,称得上是物理学史上的一件趣事.爱因斯坦因提出革命性的光子理论荣获 1922 年度诺贝尔物理学奖.密立根也因他对光电效应和测量电子电量的出色研究,荣获 1923 年度诺贝尔物理学奖.

3 中学物理中常用的图示

图在中学物理中有很重要的地位.除了用图表示各种装置的结构示意、物理状态和运动变化过程外,还有许多有特定意义的图.较常见的有矢量图、力线图、流线图、谱线图、流程图等.现就每一种图示的概念、特征、作用等分别做简要介绍.

3.1 矢量图

既有大小、又有方向的物理量称为矢量.如位移(s)、速度(v)、加速度(a)、动量(p)、冲量(I)、电场强度(E)、磁感应强度(B)等.各种矢量都可以用一根有向线段表示.在直接用图来比较(或测定)它们时,这根有向线段的长度按比例表示某物理量的大小,箭头指向表示其在空间的方向.一般情况下,只需按某物理量在空间的既定方向画出有向线段,其大小可通过相互间的关系计算得到.

合　成

任何矢量的合成(即加法运算)都遵守共同的法则——平行四边形法则.如图3.1所示,矢量 A_1 和 A_2 的合矢量

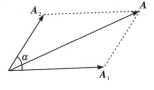

图 3.1　矢量合成

$$A = A_1 + A_2 \text{*}$$

其大小变化范围是

$$|A_1 - A_2| \leqslant A \leqslant A_1 + A_2$$

因此,两个1N的力可以合成从0～2N之间任何大小的一个力.

在实际问题中,由两个矢量合成的平行四边形法则,可简化成三角形法或发展成多边形法,分别如图3.2和图3.3所示.

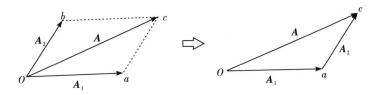

图3.2　三角形法

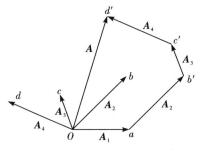

图3.3　多边形法

作用在O点分别有A_1、A_2两个矢量或A_1、A_2、A_3、A_4 4个矢量,求它们的合矢量时,只需把每个矢量平移并首尾相接,则连接起点O与终点C和d'的矢量,就是合矢量.即

$$A = A_1 + A_2$$

或

$$A = A_1 + A_2 + A_3 + A_4$$

分　解

矢量的分解是合成的逆运算(减法运算).可借用合成方法,即

$$A = A_1 - A_2 = A_1 + (-A_2)$$

在图上,可以用一个从减量矢量末端指向被减量矢量末端的有向线段表示,如图3.4所示.

---

* 目前中学教材中矢量均省略"箭头",采用黑体表示,下面也采用现行教材表示方式.

3 中学物理中常用的图示

生活中比喻"用巧力"时,常说"四两拨千斤".从力的平行四边形分解法则中很容易实现.如图 3.5 所示,如果在一辆陷入泥坑中的汽车和附近坚固的物体(如大树等)之间绷紧一根很结实的绳子,然后在绳的中点横向施力,这时就可以形成对汽车极大的拉力.

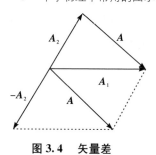

图 3.4 矢量差

图 3.5 "四两拨千斤"

同样道理,在吊起两个沉重的箱子时,千万别用一根短绳把两者紧缚在一起,否则当起吊时,短绳中会因产生很大的力而断裂(图 3.6).

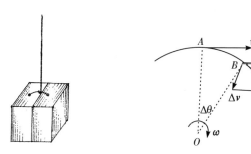

图 3.6 不宜用短绳绷紧　　　图 3.7 向心加速度

由于矢量包含着大小与方向两方面,若大小不变、方向发生了变化,同样意味着这个矢量已发生了变化,其矢量差就不等于零.例如,一个物体做匀速圆周运动时,线速度大小不变,由于线速度方向的变化,使得任何一段时间(小于周期 T)内的速度变化不等于零,因而产生加速度.如图 3.7 所示,设物体从 A 经历一极短时间 Δt 运动到 B,相应半径转过角度 $\Delta\theta$,则

$$\Delta v = v_2 - v_1 = v\Delta\theta \quad (v_1 = v_2 = v)$$

得

$$a = \frac{\Delta v}{\Delta t} = v\frac{\Delta\theta}{\Delta t} = v\omega = \omega^2 r = \frac{v^2}{r}$$

这就是向心加速度.

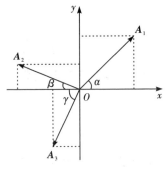

图 3.8 正交分解

矢量分解中最为常用的是正交分解——把一个矢量分解到互相垂直的两个轴上,如图 3.8 的三个矢量分别分解为

$$\boldsymbol{A}_1(A_{1x} = A_1\cos\alpha, A_{1y} = A_1\sin\alpha)$$
$$\boldsymbol{A}_2(A_{2x} = A_2\cos\beta, A_{2y} = A_2\sin\beta)$$
$$\boldsymbol{A}_3(A_{3x} = A_3\cos\gamma, A_{3y} = A_3\sin\gamma)$$

所以合矢量在两轴上的分量分别为

$$A_x = A_{1x} + A_{2x} + A_{3x}$$
$$A_y = A_{1y} + A_{2y} + A_{3y}$$

得

$$A = \sqrt{A_x^2 + A_y^2}$$

必须注意,这里的两坐标轴的选取是任意的.有时选用斜交的两轴进行分解,也许更能迅速地求出有关结果.

旋　　转

以一定角速度绕轴旋转的矢量称为旋转矢量.它在研究振动合成、交流电路中用得很普遍.

如介质中一个质点在一直线上同时参与两个同频率的简谐运动.两个分振动的位移分别为

$$x_1 = A_1\cos(\omega t + \varphi_1)$$

$$x_2 = A_2\cos(\omega t + \varphi_2)$$

则合振动的位移

$$x = x_1 + x_2 = A_1\cos(\omega t + \varphi_1) + A_2\cos(\omega t + \varphi_2)$$

采用旋转矢量法时,可取两个长度等于振幅 A_1、A_2 的矢量,设在 $t=0$ 时它们与 x 轴间夹角分别为 φ_1、φ_2(初相角),当它们绕轴以相同角速度 ω 逆时针旋转时,合矢量也以同样角速度旋转(图 3.9). 因此很容易得到合振动方程

$$x = A\cos(\omega t + \varphi)$$

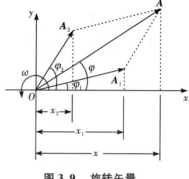

图 3.9　旋转矢量

式中

$$\varphi = \tan^{-1}\frac{A_1\sin\varphi_1 + A_2\sin\varphi_2}{A_1\cos\varphi_1 + A_2\cos\varphi_2}$$

3.2　力线图

为了描述场而引进的一种形象化的曲线,称为力线. 对应于电场、磁场的力线分别称为电场线、磁感线*.

显　示

磁感线的显示比较方便. 在磁体或通电导线周围洒上铁屑,立即就可看到铁屑所排成的一条条清晰的曲线,图 3.10(a) 显示的是直线电流磁场的磁感线形状,它是在垂直于导线平面内、以导线为中心的同心圆. 图 3.10(b) 显示的是通电螺线管磁场的磁感线形状,在螺

---

* 对应于重力场也可引入重力线(或引力线),但仅起指示力的方向的作用,它与法拉第引入的电场线、磁感线不同,重力场中把力线取消并不影响物体间的作用. 因此经典力学中一般不用场和力线的概念.

线管外磁感线的分布与一块条形磁铁相似.电流磁场磁感线的方向都用右手螺旋法则确定.

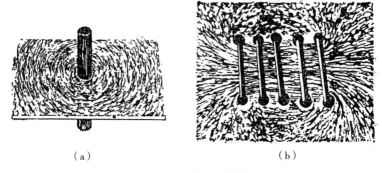

(a)   (b)

图 3.10   电流磁场的磁感线分布

必须注意,实际上通电螺线管的每一匝线圈,也有围绕着它的磁感线,只是由于两导线之间的磁场有互相抵消的趋势,而在管内离导线相当远的各点处的磁场方向与管轴平行,如图 3.11 所示.在相邻两匝导线密绕的极限情况下,螺线管上的电流实质上变成了圆柱形电流片,于是管外就形成了与条形磁块磁场同样分布的磁感线,管内磁场则平行于轴线.

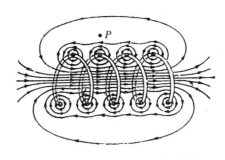

图 3.11   绕得很稀疏的螺线管

电场线的显示较麻烦.实验中常用奎宁的针状结晶或头发屑悬浮在蓖麻油里,再用感应起电机形成一个较强的电场,这种针状结晶或头发屑就会按场强方向排列起来,如图 3.12 所示.

3 中学物理中常用的图示

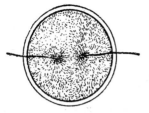 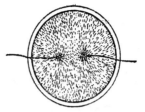

(a) 两个异号点电荷电场线形状　　(b) 两个同号点电荷电场线形状

图 3.12　点电荷电场

比　　较

静电场的电场线与磁体或恒定电流磁场的磁感线,既有共同的特性,也有一定的区别,比较如下.

共性:电场线和磁感线都是用来形象化地描述场的强弱和方向的线——用力线的疏密表示场的强弱,用力线上各处的切线方向表示该处场强的方向.空间的每一点处,只能有一条通过该点处的力线,因此任何两条力线在空间都不会相交.

区别:电场线始于正电荷,终于负电荷,有头有尾(或从正电荷至无穷远处、从无穷远至负电荷).磁感线无头无尾,是一条闭合曲线.

电场线与磁感线的这一区别,反映了电场和磁场的特性不同.因此如果在均匀电场或磁场中垂直电场或磁场方向放进一根很长的铁圆柱体,它们对场中力线的影响是不同的(图 3.13).

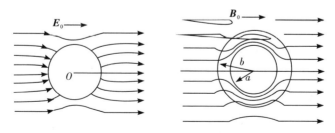

图 3.13　在电场和磁场中的圆柱导体

静电场的电场线与因磁通变化产生的电场(感应电场)的电场线

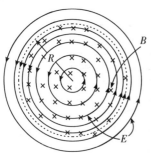

图 3.14 感应电场的电场线

也不同.后者也是闭合曲线,如图 3.14 所示.表明感应电场也有区别于静电场的性质.

应　用

电场线与磁感线虽然是人们假想而引入的线,仅是一种形象化的描述手段.但在我们理解、分析静电场和磁场的许多问题时常会带来很多方便,在技术上也有很重要的意义.

① 电场线与电荷分布

根据电场线从正电荷出发终于负电荷的性质,可以设想每一根电场线对应着一定电量的电荷.由此可以很方便地比较静电感应、电容器等问题中电量的多少及变化.

如图 3.15 所示,把一根带电玻璃棒移近未带电的绝缘导体的一端.导体中的电子重新分布的结果,使导体两端呈现出等量异号的感应电荷.由于玻璃棒上从正电荷发出的电场线不会全部终止在导体的一端,因此导体两端感应电荷的电量 q 必定比玻璃棒上施感电荷的电量 Q 少.

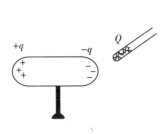

图 3.15　静电感应

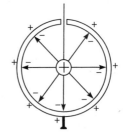

图 3.16　静电感应

如果要求感应电荷的电量等于施感电荷的电量,只需设法使从施感电荷发出的电场线全部终止在被感应的导体上.为此,可把带电体放进开有小孔的空腔内,如图 3.16 所示.这时空腔内壁呈现的感应电荷的电量 q 可以认为等于施感电荷电量 Q.

图 3.17(a) 为一个已充有电量 Q 的平行板电容器,板间形成一匀强电场,其电场线为一组平行、等间距的直线.如用绝缘工具把两板保持间距不变,错开一半.由于板上电量保持不变,错开后因相互吸引而被"挤"到相对的两半块板上,电场线密度会比原来增加一倍,根据电场线密度与场强的关系,可知板间场强也增大一倍,如图 3.17(b) 所示.

图 3.17　平行板电容器中电场线分布

② 电场线与等势面

根据静电场的特性,可以引入"势"的概念——电势.用电场线同样可反映场的电势分布——电场线与等势面(线)处处垂直,电场线的方向就是电势降落的方向.图 3.18 画出了匀强电场、点电荷电场、一对电偶极子所形成的电场中的等势面.在这三幅图中,每两个等势面间的电势差均相等.因此在匀强电场中的等势面就是一系列彼此平行的等间隔平面(图 3.18(a));在点电荷电场中,是一系列不等间隔的同心球面(图 3.18(b));在一对电偶极子电场中是一系列不等间隔的不规则曲面(图 3.18(c)).

许多实际问题中,由于直接确定场强分布较困难,于是常常先通过实验,找出等电势点,画出等势面,然后根据等势面与电场线的关系,画出电场线,形象地反映出场的分布,从而可以给有关设计提供依据.

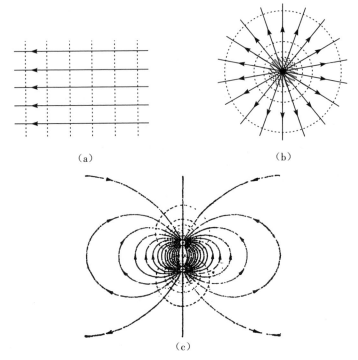

（a）　　（b）

（c）

图 3.18　电场中的等势面

3.3 流线图

用来表示流体质点在运动过程中速度方向的曲线叫流线.线上各处的切线方向都与该处质点运动的速度方向一致.一般情况下,流线与质点的轨迹(称迹线)是不同的,仅当流体做稳定流动时,即各处的流速虽不同但不随时间变化,这时的流线才与流体质点的运动轨迹重合.

流线图在研究流体问题中应用得很普遍.

比较阻力

通过用实验方法显示流线,比较在流体中不同形状的运动物体受到阻力的大小,是流线图的一个很直观的应用.

3 中学物理中常用的图示

如果我们在一个水槽中注入水,在槽中央先后放入不同形状的物体.将一些不溶于水的轻小粉末小心且均匀地撒布在水面上,然后设法使槽中的水缓慢而稳定地流动.水流经过物体时形成的流线就可以从粉末的分布上显示出来.图 3.19 为放入不同形状物体时的流线形状,可以看到,物体的形状不同,产生涡旋的程度不同,说明所受到的阻力也不同.机翼状物体后几乎看不到涡旋,表明它所受到的正面阻力很小.半环状物体以其凹面对着流体时,产生的涡旋最大,表明它所受到的阻力也最大.降落伞做成这种形状,就是为了获得尽可能大的阻力,使开伞后很快就能平稳地下降.

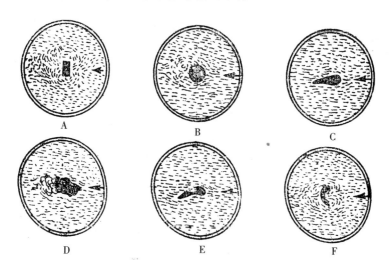

图 3.19 液体流过不同形状物体时的流线

我们把由流线围成的管子叫流管.当理想流体做稳定流动时,流管内外的流体不互相交流,流管仿佛是一层无形的刚性壁一样.借助这样的概念,很容易导出流体力学的两个重要的关系.

连续性方程

如图 3.20 所示,取任意两个垂直于流管的截面,流体在这两个截面处的流速分别为 v_1、v_2.理想流体不可压缩,单位时间内流进截

面 S_1 的流量必等于同一时间从截面 S_2 流出的量,即

$$Q = v_1 S_1 = v_2 S_2$$

图 3.20 流管

上式称为连续性方程.由此可导出关系

$$\frac{v_1}{v_2} = \frac{S_2}{S_1}$$

这就表明,流管细的地方流速大,流管粗的地方流速小.平时看到河面窄、河水浅的地方流速大,河面宽、河水深的地方流速小,就是这个道理.

伯努利方程

在理想流体的稳定流动中,任取一流管,在两截面 S_1、S_2 处的流速与压强分别为 v_1、p_1 与 v_2、p_2(图 3.21).流动时,其他流体对整个流管内全部流体的压力

$$F_1 = p_1 S_1$$
$$F_2 = p_2 S_2$$

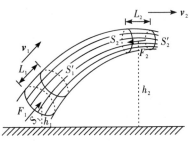

图 3.21 伯努利方程的推导

在很短时间 Δt 内,这两个力对管内流体做的功,表现为流过这两处截面一小块流体的机械能的变化,即

$$F_1 L_1 - F_2 L_2 = \frac{1}{2} m v_2^2 + mgh_2 - \left(\frac{1}{2} m v_1^2 + mgh_1\right)$$

式中 $L_1 = v_1 \Delta t$,$L_2 = v_2 \Delta t$,引入流体密度

$$\rho = \frac{m}{V} = \frac{m}{S_1 v_1 \Delta t} = \frac{m}{S_2 v_2 \Delta t}$$

代入后得

$$\frac{1}{2} \rho v_1^2 + \rho g h_1 + p_1 = \frac{1}{2} \rho v_2^2 + \rho g h_2 + p_2$$

或

$$\frac{1}{2}\rho v^2 + \rho g h + p = 恒量$$

这个方程称为伯努利方程.它是科学家伯努利(D. Bernoulli,瑞士,1700—1782)于1738年得出的.其实质是能的转换和守恒定律.

采用流线(和流管)图示,利用伯努利方程,可以很方便地解释许多有关流体动力学的现象并作出定量计算.

图3.22中画出的是以速度v向左飞行的飞机的机翼.它相当于气流以速度v向右吹向静止的机翼.由于机翼上方流线被挤压,相当于流管截面积减小,因此流速增大,压强小;机

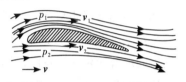

图3.22 机翼上的流速不同

翼下方流管截面增大,流速减小,压强大.于是形成了由下向上的压强差.正是由于这个压强差提供了飞机的升力.

3.4 谱线图

用来形象地描述某些物理量(通常为标量)的大小、高低等方面的不同,而画出的一些彼此平等的线,叫谱线.如声谱线、光谱线、能级图等.它的特点是绘制方便,容易比较.谱线图的基本功能主要体现在这样几方面.

(1) 表示同一事物的成分

如果用不同的乐器——钢琴、小提琴、大提琴、黑管等演奏同一乐曲,乐感稍强的人依然能够把它们区分出来.这是因为各种乐器演奏同一音符时,它们的振动图线不同.

图3.23为频率100 Hz的钢琴的振动图线,图3.24为频率

100 Hz 的黑管的振动图线.用专门的仪器对它们进行分析,发现它们

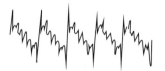
图 3.23　钢琴的振动图像

图 2.24　黑管的振动图像

可以分解成许多纯音.其中振幅最大的一个是 100 Hz,称为基音.其余纯音的振幅都比基音的振幅小,频率都是基音频率的整数倍,统称为泛音.人们能够区分演奏同一音符的不同乐音,就是由于不同乐器发出的声音所包含泛音的振幅、频率和泛音的多少不同.乐音的这一个特性称为音品,也叫音色.如果我们用正弦图线把一个乐音中包含的各个不同频率、振幅的泛音表示出来,那是很复杂的,并且在同一幅图上互相重叠交织在一起,根本无法看清.为此,常采用画声谱图线的方法.图 3.25 所示分别为钢琴和黑管发出 100 Hz 乐音时的声谱图.各条声谱的长度表示各个泛音对基音的相对强度(以基音强度为 1 个单位).人们从声谱图上一目了然,钢琴演奏 100 Hz 乐音时包含着 15 个泛音,而黑管演奏 100 Hz 乐音时仅包含 9 个泛音.一般说,一个乐音包含着的泛音越多,感觉上它的音色越丰满、动听.

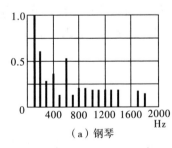
(a) 钢琴
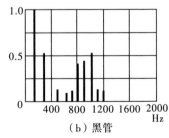
(b) 黑管

图 3.25　钢琴和黑管 100 Hz 的声谱图

对乐音画出这种声谱图给我们进行声音的模拟、声音的控制等提供了重要的理论依据.电子琴就是利用晶体管做成许多频率不同

的振荡器发出的声音合成后才奏出逼真、动听的乐音来的;许多声控装置(如声控密码锁、声控玩具等)的设计同样离不开声谱图.

光 谱 线

自从牛顿于1666年发现了白光的色散现象后,对光谱的研究发展很快.继牛顿之后,沃拉斯顿(W. H. Wollaston,英国,1766—1828)首次观察到了太阳光谱中的黑线;基尔霍夫(G. R. Kirchhoff,德国,1824—1887)发现了吸收光谱与线状谱之间的对应关系.以后,又相继发现了红外线(1800年)、紫外线(1801年)、X射线(1895年)等.根据麦克斯韦光的电磁说,光是一种波长很短的电磁波,因此可以统一起来,归并到电磁波中,把各种光按频率从低到高(或波长从长到短)排列起来,就称为电磁波谱.如图3.26所示.

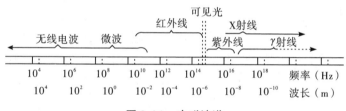

图 3.26 电磁波谱

这样一幅电磁波谱图,仿佛是电磁波这个大家庭的一本"花名册",使人们便于从总体上认识它们的共性及一般规律:如它们都具有反射、折射、干涉、衍射等波所特有的性质.波长越短、粒子性越明显,波动性越不明显;反之,波长越长、粒子性越不明显,波动性越明显.电磁波谱中不同的波段,又都有它们各自的个性,又都可展开成一个谱线系列.

在科学研究上有很重要应用的光谱分析,就是利用可见光及其附近的一个波段.因为每种物质原子都有自己的特征谱线,正像各人有不同的指纹一样.某种元素在物质中含量达 10^{-10} g,就可以从光谱中发现它的特征谱线.因此,用光谱分析法鉴别物质和确定它的化学组成,灵敏度高,反应迅速.有许多化学元素都是依靠分光技术从光谱线中发现的.如本生(R. W. Benson,德国,1811—1899)和基尔霍夫两人合作,分别在1860年和1861年通过分光镜发现新元素铯和铷*.1861年物理学家和化学家克卢克斯(S. W. Crookes,英国,1832—1919)用分光镜检验硫酸厂的残渣时,发现能发出绿色谱线的新元素铊(thallium).1863年科学家赖特(F. Reich,德国,1799—1882)和他的助手李希特(H. T. Richter,德国,1824—1898)从闪锌矿中发现新元素铟(indium).人们还根据太阳光谱中的暗线(吸收光谱)确定太阳大气中含有氢、氦、氮、碳、氧、铁、镁、硅、钙、钠等几十种元素.

(2) 表示同一事物不同状态的特征

能级图

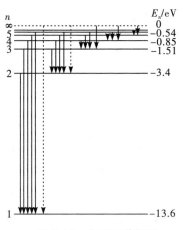

图 3.27 氢原子能级图

根据玻尔(N. Bohr,丹麦,1885—1962)的原子理论,氢原子核外电子只能处于一系列分立的轨道上,在这些轨道上整个原子系统的能量状态是稳定的(称为定态).可见,氢原子的能量也只能取一系列分立的数值,称为能级,如图 3.27 所示.

氢原子的能级图反映了同一个氢原子的一系列不同状态的特征.其最低能量(基态)$E_1 = -13.6$ eV(1 eV $= 1.6 \times 10^{-10}$ J),对应不同量

---

* 西方古人曾用 caesius 一字指天空上部的蓝色,用 rubidus 表示最深的红色.因此他们把能显示出美丽的蓝色的新元素命名为铯(cesium),把能发出强烈深红色光的新元素命名为铷(rubidium).

子数的其他能级的能量与基态能量的关系为

$$E_n = \frac{1}{n^2} E_1$$

利用这幅能级图,可以成功地解释氢光谱的规律——原子光谱的产生是由于能级间的跃迁,从不同高能态跃迁到同一低能态发出的光线属于同一谱线系,遵循着同一个波长分布公式(即巴耳末公式).当年玻尔仅通过对氢光谱中巴耳末线系的研究,于1913年提出了新原子理论(玻尔理论)后,也正是从这一点上预言氢原子还应该存在其他的谱线.后来,果然于1922年发现了布拉开系,1924年又发现了蓬德系.它们分别是从 $n_2 \geqslant 5$ 和 $n_2 \geqslant 6$ 的不同高能态跃迁到 $n_1 = 4$ 和 $n_1 = 5$ 的低能态时发出的.完全证实了玻尔的预言.

利用这幅能级图,还可以很容易判断出位于某一激发态的一群氢原子可能发出的光谱线数目.设有一群处于 $n=5$ 激发态的氢原子,由于原子从高能态向低能态跃迁时有各种可能情况,如从 $n=5 \rightarrow 4$、$5 \rightarrow 3$、$5 \rightarrow 2$、$5 \rightarrow 1$;$4 \rightarrow 3$、$4 \rightarrow 2$、$4 \rightarrow 1$;$3 \rightarrow 2$、$3 \rightarrow 1$;$2 \rightarrow 1$.

因此,这一群氢原子可能发出的不同频率的谱线共有10条,如图3.28所示.

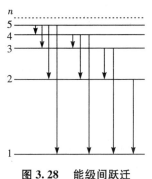

图 3.28　能级间跃迁

温度谱线

仿照氢原子的能量谱线(能级),也可以对一定量物质(如水)加热升温、发生状态变化画出它的温度谱线,如图 3.29 所示.其中线与线的间距可以按一定比例表示吸(放)热的多少.这样一幅温度谱线图,可以形象地反映一定量物质在不同过程中热交换的多少.

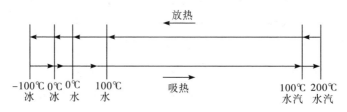

图 3.29　水的温度谱线(间距表示吸放热的多少)

(3) 比较不同事物的同类属性

自然界中的客观对象有许多共同的属性,如长度(大小)、质量、能量、温度、密度、运动速度、演变时间(寿命或年龄)以及压强、频率等.在对它们进行比较时,可能没有其他方法比画出谱线图更为直观和简明.

图 3.30 画出的就是一幅长度谱线图(又称长度阶梯).根据目前人们确认的电子的直径不会大于 10^{-18} m(虽然还无法精确测出),若以它作为最小长度(线度)并以其 10 倍作为一级阶梯,把目前能直接和间接观测所及的空间范围称为宇宙,作为最大线度,则其间共有 44 级阶梯.人类相比于电子等微观粒子果然如庞然大物,但与宇宙尺寸相比真太渺小了.

图 3.31 是一幅时间谱线图(时间阶梯).一些基本粒子来去匆匆,寿命极短,仅约 10^{-23} s.而天体及宇宙等老寿星,年龄已长达几十亿到 100 多亿岁.真使人既赞叹事物变化之快,又感叹岁月之短暂.

3 中学物理中常用的图示

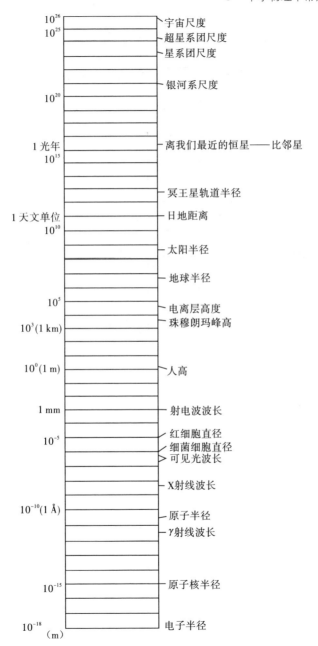

图 3.30 长度阶梯

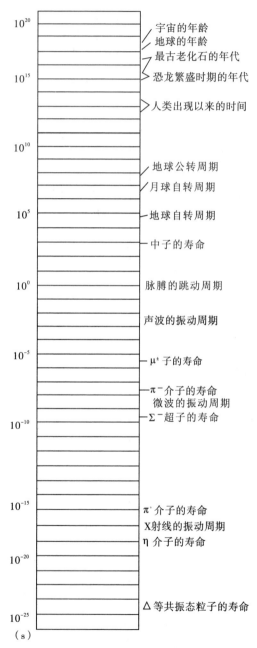

图 3.31　时间阶梯

对于质量、能量、密度、速度等其他物理量,同样可用谱线图(阶梯)来比较相互间的大小,如图 3.32 和图 3.33 画出的是能量阶梯和温度阶梯.

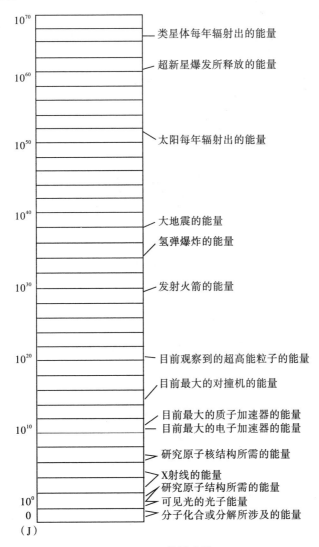

图 3.32　能量阶梯

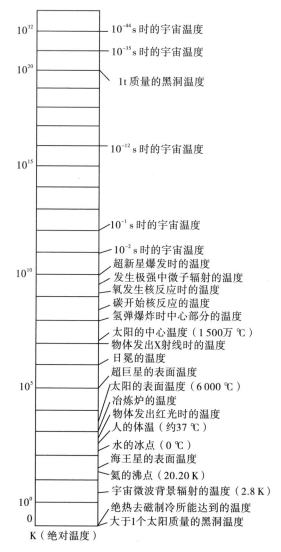

图 3.33　温度阶梯

3.5 能流图

任何一个物质系统,都离不开能量.形象地表示其能量的流向及其转换、分配的图形,我们把它称为能流图.例如,热机和制冷机的能流图,可以用图 3.34 和图 3.35 表示.

能流图的画法不像电场线、流线等那样有一定的规范,它可以比较灵活地用不同的形式表示.它不在乎刻板的模式,重在突出其物理实质——能量的转化和守恒(或功与能的转换关系).它的作用可以概括为如下几方面.

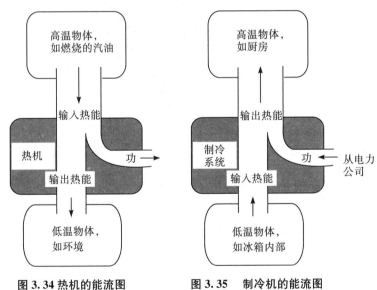

图 3.34 热机的能流图　　图 3.35 制冷机的能流图

直观形象

能流图采用了动态的形式把能量转化和守恒的文字内容图示化,因此显得更为直观、形象.例如,图 3.36 所示是一辆在高速公路上匀速行驶的普通小汽车典型的能流示意图.可以看到,进入发动机的能量中大部分被散热片和排气管所损耗,在做功的过程中又因摩擦、空气阻力和转动阻力等消耗近一半.扣除各项损失后,这辆汽车的总效率不足 15%.通过这幅能流图,很直观地向人们指出了对这辆汽车进行技术改革、提高效率的方向,它往往可以胜过喋喋不休的一打语言.

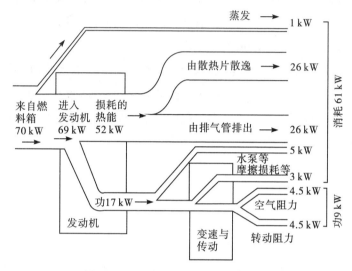

图 3.36　一辆普通小汽车的能流图

彰显实质

由于能流图突显了能的守恒与转化的实质,图中的"输入、输出"相当于生活中常说的"收入、支出".所以利用能流图,就可以不需要涉及有关物理量的"正、负"问题,既容易理解,又不容易因"正、负"号的关系而发生错误.

例如,对于热力学第一定律,中学物理通常从引起内能变化的两种方式上引入,用公式表示为

$$\Delta U = W + Q$$

同时规定:物体的内能增加,$\Delta U > 0$,物体的内能减少,$\Delta U < 0$;物体吸热,$Q > 0$,物体放热,$Q < 0$;外界对物体做功,$W > 0$,物体对外界做功,$W < 0$.

3 中学物理中常用的图示

如果始终以热学系统为对象,根据系统对外界传递的热量和对外做功来考虑,也可以表示为

$$Q = (U_2 - U_1) + W^*$$

对应的符号法则为:系统从外界吸取热时 Q 为正,向外界放出热量时 Q 为负;系统对外界做功时 W 为正,外界对系统做功时 W 为负;系统的内能增加时,$U_2 - U_1$ 为正,内能减少时,$U_2 - U_1$ 为负.

两种不同的表达式,都有着相应的一套符号规则,初学者往往会迷糊.实际上,热力学第一定律就是包含着热现象在内的能量转化和守恒定律.如果利用了能流图,形成"收入、支出"的关系,就可以不必拘泥于符号法则,很轻松地把握热力学第一定律的内容实质,应用时也会更得心应手了.

例题 1 一定量的气体,在从一个状态变化到另一个状态的过程中,吸收热量 280 J,并对外做功 120 J,要求回答:

① 这些气体的内能发生了怎样的变化?

② 如果这些气体又返回原来的状态,并放出了热量 240 J,那么在返回过程中是气体对外界做功,还是外界对气体做功? 做功多少?

这些气体前后的两个状态分别用 1、2 表示,对应的内能分别为 U_1 和 U_2.画出两种情况下的能流图如图 3.37 和图 3.38 所示.

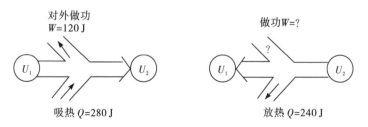

图 3.37　从状态 1→2 的能流图　　　图 3.38　从状态 2→1 的能流图

根据"收、支"关系,很容易知道从状态 1→2 的内能变化为

---

* 在大学物理中,一般都采用这样的表达式.

$$\Delta U = U_2 - U_1 = 280 \text{ J} - 120 \text{ J} = 160 \text{ J}$$

即内能增加 160 J.

因为内能仅与状态有关,从状态 2 → 1 的过程中,内能的变化仍为 $\Delta U = 160$ J(减少),不足以"支付"放热 240 J,所以必有外界对系统做功

$$W = Q - \Delta U = 240 \text{ J} - 160 \text{ J} = 80 \text{ J}$$

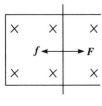

这样的解答完全是根据能流图,从能的转化和守恒的物理意义上考虑,没有搬用既定的公式和套用符号规则,非常容易理解和把握.

能流图的意义还可以扩展到其他许多场合.例如,在电磁感应现象中,常会见到如图 3.39 所示的装置.在一个磁感应强度为 B 的匀强磁场中垂直磁场放置一个水平金属框,框面上垂直导轨有一根金属棒.当用外力向右移动金属棒时,由于切割磁感线棒中会产生感应电流,从而使棒受到与外力方向相反的安培力.在这个过程中的能流图可用图 3.40 表示.其中,安培力所做的功转化为电路中的电能($E_电$),最后以焦耳热能的形式放出(E_J).稳定后,金属棒做匀速运动,能流图如图 3.41 所示.

图 3.39

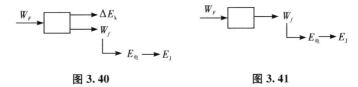

图 3.40　　　　　　　　图 3.41

在研究电磁感应的有关问题时,如果能抓住能量这个实质,有时候会显得很轻松.

例题 2　电阻为 R 的矩形线框 $abcd$,边长 $ab = L$, $ad = h$,自某一高度自由落下,通过一匀强磁场.磁场方向垂直纸面向里,磁场区域的宽度为 h,如图 3.42 所示.若线框恰好以恒定速度通过磁场,线框中产生的焦耳热是 ＿＿＿＿＿(不考虑空气阻力).

3 中学物理中常用的图示

这里线框受到的外力就是重力.根据图 3.41 的能量转化可知,下落过程中重力所做的功最后全部转化为线框的焦耳热.于是,立即可得

$$Q = W_G = mg \cdot 2h = 2mgh$$

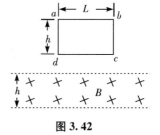

图 3.42

说明 本题也可以分步计算,过程如下:设线框以恒定速度 v 通过磁场,则其运动时间、在这个过程中产生的感应电流和受到的安培力分别为

$$t = \frac{2h}{v}$$

$$I = \frac{BLv}{R}$$

$$F_A = BIL = \frac{B^2L^2v}{R}$$

匀速下落时,由

$$mg = F_A = \frac{B^2L^2v}{R} \quad \Rightarrow \quad v = \frac{mgR}{B^2L^2}$$

将这个结果跟上面的运动时间和感应电流两式联立,即得焦耳热

$$Q = I^2Rt = 2mgh$$

两者比较,解题时根据能流图,抓住能的转化和守恒的实质所表现的优越性是不言而喻的.

指导分析

从上述例题的研究可以看到,能流图并非只为热机等机械设备或分析热力学问题等专用.实际上,任何一个涉及能的流动、转换和分配的过程,都可以画出相应的能流图,并依据能流图进行分析.例如,一个手电筒工作时的能流图,可以用图 3.43 表示.

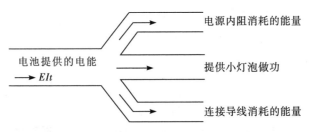

图 3.43 手电筒的能流图

用机床切割加工一个工件,其动力(能量)传递路径可用下面的图 3.44 表示:

图 3.44

这就是一种能流图.如电动机的功率为 P_0,效率为 η_1,车床效率为 η_2,那么工件能得到的功率为

$$P = \eta_1 \eta_2 P_0$$

在物理问题中,有时外界的功和系统的能量关系之间,表现得不像习惯上那么"直接",应用能流图,抓住能的输入、输出关系进行研究,会显得特别有意义.

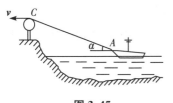

图 3.45

例题 1 如图 3.45 所示,以恒定的速度 v 牵引小船靠岸,当绳子与水平方向夹角为 α 时,试求小船靠岸的速度.

分析与解答 如果把对绳的牵引看成是对这个装置的"输入"部分,对小船的牵引看成是"输出"部分,画出能流图(图 3.46)由"输入与输出"的功率相等,即

$$Fv = Fv_A \cos\alpha$$

立即可得小船靠岸速度

$$v_A = \frac{v}{\cos\alpha} > v$$

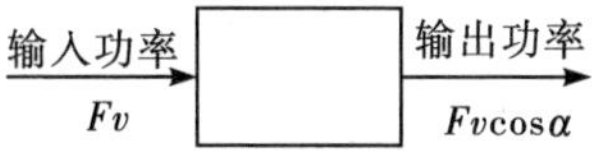

说明 这是速度分解中很常见的问题.如果不理解小船靠岸同时所具有的旋转效果,或不熟悉利用微元法等方法求解,往往会错误地认为小船靠岸的速度大小为

$$v_A = v\cos\alpha$$

根据能流图的意义求解,就完全避免了这些麻烦,显得非常轻松.

图 3.46

例题 2 (2011,上海)一长为 L 的轻杆一端固定在光滑铰链上,另一端固定一个质量为 m 的小球.一水平向右的拉力作用于杆的中点,使杆以角速度 ω 匀速转动.当杆与水平方向成 $60°$ 时,拉力的功率为(　　).

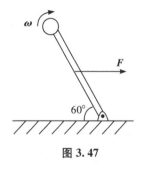

图 3.47

A. $mgL\omega$ B. $\dfrac{\sqrt{3}}{2}mgL\omega$

C. $\dfrac{1}{2}mgL\omega$ D. $\dfrac{\sqrt{3}}{6}mgL\omega$

分析与解答 这个题目跳出了把力直接作用在物块或小球求功率的习惯框架,还融入了转动因素和速度的分解,很有新意,使不少学生有些懵然.如果把轻杆看成一个"装置",根据对这个装置的"输入、输出"能量关系,画出能流图(图 3.48),立即可见拉力做功的功率转化为重力做功的功率.

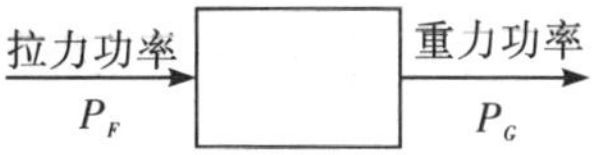

图 3.48

为了计算重力的功率,可将小球的线速度沿着水平方向和竖直方向分解,则此时重力的功率为

$$P_G = -mg \cdot \omega L\sin 30° = -\frac{1}{2}mg\omega L$$

所以拉力的功率为

$$P_F = -P_G = \frac{1}{2}mg\omega L$$

正确的是 C.

说明 本题的常规解法需采用力矩平衡原理.由

$$F \cdot \frac{L}{2}\sin 60° = mgL\cos 60° \Rightarrow F = \frac{2\sqrt{3}}{3}mg$$

小球转动的线速度

$$v = \omega \cdot \frac{L}{2}$$

所以拉力的功率

$$P = Fv\cos(90° - 60°) = \frac{1}{2}mgL\omega$$

3.6 流程图

用来表示一个系统工作的进行程序、信号传递路径或一个物理过程发展变化方向的图,都可称为流程图.一般情况下,它并不需要给出各个具体的结构或工作状况,因此常用框图表示.这样更便于了解一个系统的整体结构,有利于把握住它的基本运转原理.流程图在机械结构、动力传输、管路铺设、光学技术、无线电技术、电子仪器、电子计算机程序设计及工程控制等方面都有广泛的应用.现举例如下.

(1) 结构、信号流程图

一个水力发电系统,最基本的结构和能量传递路径的流程图如图 3.49 所示.

如果已知拦河坝落差 $h(m)$、水流量 $q(m^3/s)$、水轮机-发电机组总效率 η,从理论上可算出发电机输出的电功率(每秒的电能)为

$$P = \eta \cdot \rho q g h \quad (\rho \text{ 为水的密度})$$

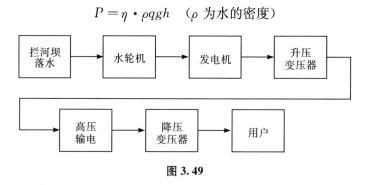

图 3.49

如果完全忽略变压器的损耗(认为是理想变压器),并规定输电线路损失为发电机输出功率的 $k\%$,那么立即可以算出用户所能得到的功率

$$P_\text{用} = (1 - k\%) P_\text{电}$$

显然,画出流程图后,对问题的分析思路便十分清楚.

无线电接收机

流程图在无线电技术上更为普遍.例如,一个最简单的无线电广播接收机(收音机)的结构-信号流程如图 3.50 所示.

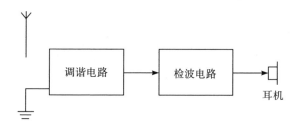

图 3.50　简单接收机信号流程

如果需要用扬声器放音,一般还可加一级高频放大(简称高放)、加 1～2 级低频放大(简称低放).其信号流程如图 3.51 所示.

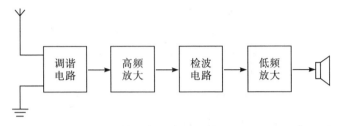

图 3.51　有放大电路的接收机信号流程

实用的收音机,为了进一步提高灵敏度和选择性,改善音质,使声音更加逼真、悦耳、动听,绝大部分都采用"超外差式"线路——机内装有一个振荡器(称本机振荡器),其振荡频率始终比经过调谐电路接收到的外来信号频率高 465 kHz(利用同轴的双联电容器),然后把它与外来信号一起送到变频管,两者相混后变成固定的 465 kHz 的中频输出.由于这个中频固定在 465 kHz,因此中频放大器可以针对它设计得有较高的增益(放大倍数).这样就可以较大地提高灵敏度,同时也有利于改善选择性和失真度.经中放(1～2 级)后的信号再经检波、低放,然后由扬声器发声.其信号流程如图 3.52 所示.

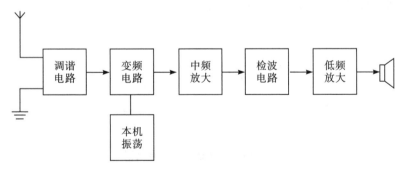

图 3.52　超外差接收机信号流程

在无线电技术(以及其他应用电子技术)中,框图有着很重要的意义,它不仅有利于对整机的分解学习,也给测试、检修及设计提供了方便.

(2) 工作原理流程图

许多机械或仪器设备,由于其结构或工作过程很复杂,为了便于理解,可以先将它们分成几个"功能块",然后根据其操作或控制过程,形成流程图,这样就方便把握了。

$\boxed{静电复印机}$

静电复印机是利用静电感应原理获得复制件的方法(图3.53).它是20世纪30年代末发明的.现在,静电复印机的使用已经非常普遍,成为办公室的一个基本设备.

如图3.54所示,静电复印机的工作原理可以分为4个步骤:

图 3.53　静电复印机

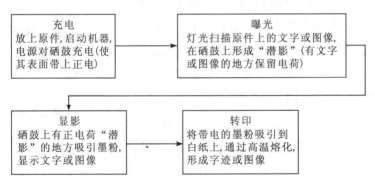

图 3.54　静电复印机工作原理

利用这样的流程图,可以使我们对静电复印机的工作原理有基本的了解.

$\boxed{条形码识别系统}$

现在,条形码已经和人们的生活密不可分了(图3.55).无论去银行存取款、图书馆借还书籍、到商店或超市购物、去饭店用餐等,需要"刷卡"的地方都离不开条形码.它可以标出物品的生产国家、制造厂家、商品名称、生产日期、图书的分类编号、邮件的起止地点等各种跟物品和流通有关的信息.因此,条形码越来越在更多的领域得到广泛的应用.

图 3.55　条形码

条形码是由宽度不同、反射率不同的许多黑条(称为条)和白条(称为空)按照一定的编码规则(码制)组成的一组平行线,是集编码、印刷、识别、数据采集和处理于一身的新型技术.它是20世纪20年代,由美国威斯汀豪斯实验室里一个叫做约翰·科芒德(John Kermode)的人首创,后来经过多人的不断改进而逐步完善起来的.到20世纪70年代,首先在零售业得到小规模的应用.之后,随着计算机技术的发展和普及,条形码迅速在全球范围内普及起来.

为了读出条形码上的信息,需要一套识别系统.它是由条形码扫描器(图 3.56)、放大整形电路、译码接口电路和计算机系统等部分组成(图 3.57).当从条形码扫描器发出的光经条形码上的黑条和白条反射后,得到强弱不同的反射光信号;光电转换器接收后,将强弱不同的光信号转化为相应的电信

图 3.56　手持式条形码扫描器

号(模拟信号);再经放大整形电路将微弱的电信号放大,并将这些放大了的模拟信号转换成数字电信号;然后,由译码器通过对数字电信号的测量和对照相应的编码规则,便可将条形符号转换成相应的数字、字符信息;最后由计算机系统进行数据处理和管理.这样,就完成了条形码辨读的全过程.

虽然条形码系统中的每一个细节都有很专业的知识,但是通过这样的信息流程图,就可以使我们对阅读、识别条形码有了基本的认识.

如今,二维码(二维条形码)也正在逐渐推广起来.它是用某种特定的几何图形按照一定规律在平面(二维方向)上分布的黑白相间的

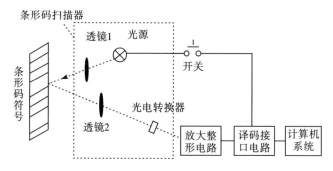

图 3.57 条形码识别系统

图形,用来记录数据和符号信息,如图 3.58 所示.它除了具有一维条码技术的一些共性外,还由于它能够在纵向和横向的两个方位同时表达信息,因此表达的信息量更大,同时还具有纠错能力强、阅读速度快、保密性好等优点.

图 3.58 二维码

扫描隧穿显微镜(STM)

扫描隧穿显微镜是 1982 年由美国设在瑞士苏黎世的实验室的两位科学家葛·宾尼和海·罗雷尔发明的.它是目前分辨率最高的显微镜,可以清晰地看到排列在物质表面直径约为 10^{-10} m 尺度的单个原子(或分子).

扫描隧穿显微镜的工作原理不同于普通的光学显微镜.它是根据量子力学中的隧道效应来观察物质的原子(或分子)的.

我们知道,当两层导体间夹有一层绝缘体时,经典的观点认为:只有当两层导体间的电压足以把绝缘层击穿,这两层导体间才能导电.量子力学的观点认为:由于微观粒子在空间的运动是按照一定的几率分布的,在两层导体间加上电压形成"势垒"后,在某些势垒很狭窄的地方(约为几个 10^{-10} m),电子可能会打开一个通道,形成电流.就像在大山下挖通一条隧道,可以避开翻山越岭的困难.所以这个现象就称为隧道效应.扫描隧穿显微镜就是在这个原理基础上设计起来的.

图 3.59 所示为扫描隧穿显微镜的基本结构和工作原理示意图. 它由 STM 主体、电子反馈系统、计算机控制系统和显示终端等几大

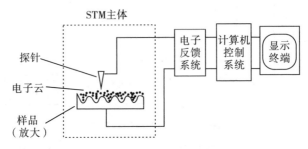

图 3.59　STM 的基本结构和工作原理示意图

部分构成. 主体部分有一个极细的探针, 其针尖与被测样品表面非常接近(一般小于 10^{-9} m). 由于其间的绝缘层很薄, 当加上一定的电压后, 在针尖和样品间就有机会能形成隧道电流. 通过电子反馈电路控制隧道电流的大小, 直接反映出样品表面的凹凸情况. 同时, 使探针针尖在计算机控制下对样品表面扫描, 就可以在计算机屏幕或记录纸上记录下样品表面原子排列的图像. 图 3.60 就是用 STM 在一个遗传分子上描绘的形状.

图 3.60　用 STM 在一个遗传分子上描绘的形状

扫描隧穿显微镜的发明, 为人们进一步探索微观世界的奥秘, 提供了一个有力的观测和研究的手段. 葛·宾尼和海·罗雷尔也因此项发明获得 1986 年诺贝尔物理学奖.

红外制导系统

我们知道, 任何物体都能发射红外线. 它具有人眼无法直接观察、抗干扰、隐蔽性好、能在黑夜中进行探测等特点. 早在第一次世界大战期间, 红外技术已经在军事上获得广泛的应用. 第二次世界大战后, 随着导弹技术的迅猛发展, 红外制导技术也应运而生.

3 中学物理中常用的图示

红外制导是导弹制导体系中的一种.它是利用红外探测器捕获和跟踪目标自身辐射(或反射)红外波段的能量实现自动制导的技术.它的基本结构由警戒系统、导引头(自动跟踪系统)、电子系统、操纵系统和舵转动机构等部分组成.

红外制导的过程大体是这样的(图 3.61):来自目标的红外波段的光能量,穿越大气进入警戒系统后,被导弹中的导引头(相当于导

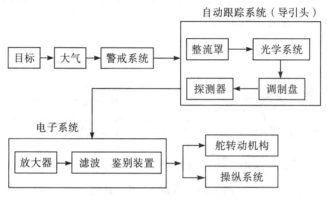

图 3.61　红外制导系统工作过程

弹的眼睛)所接收;通过其内部的光学系统聚焦到调制盘,由调制盘将来自不同方位的红外辐射,调制成不同的信号,再通过探测器将红外辐射由光信号转变为电信号;然后,由电子系统将电信号放大,经过鉴别处理消除背景干扰等,最终将来自目标的红外辐射转换为导弹飞行的控制信号,分别送入操纵系统和舵转向机构,从而实现导弹能自动瞄准、跟踪,并在到达目标区域时自动引爆,达到摧毁目标的目的(图 3.62).

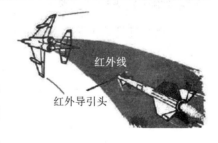

图 3.62
前方飞机发射的红外线被导弹的导引头接收实现自动跟踪后进行打击

（3）光路流程图

光学技术中的流程图，反映的就是光路控制过程.

高速摄影机

图 3.63 就是一架高速摄影机的光路图.来自景物动作的光束经过物镜和快门，形成目标的图像，然后用一个主透镜把这个图像调焦到转动反射镜上.光束从反射镜反射回来，通过一系列透镜，再把图像生成在高速乳胶胶卷上.

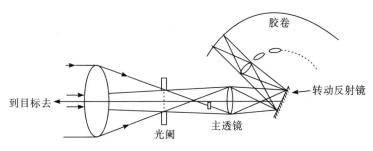

图 3.63　高速摄影机光路图

用一幅光路流程图，无须多加言语，就可将一架现代化的高速摄影机的概况和盘托出.

迈克尔逊测定光速的光路

迈克尔逊是美国著名的实验物理学家.他从 19 世纪 70 年代末开始，用旋转棱镜法反复对光速进行了仔细的测量.在 1926 年测得的较好结果为 $c = 299\ 696 \pm 4$ km/s.

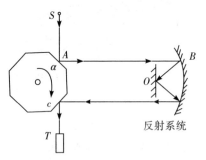

图 3.64　八面棱镜测光速的光路图

如图 3.64 所示，就是迈克尔逊用转动八面镜测光速的实验示意图，图中 S 为光源，T 是望远镜.从光源发出的光经八面棱镜的一个面（设为 a）反射，再经凹面镜平面镜反射系统后,从八面棱镜的另一个面(设为 c)反射到望远镜.当八面棱镜匀速转动时,为了能从望远镜中仍然看到光源的像,应该使反射光到达八面棱镜时,八面棱镜恰好转过 $\frac{1}{8}$ 周(或 $\frac{1}{8}$ 周的整数倍).设棱镜与凹面镜间距为 l(忽略其他部分的光路长度),棱镜的转动角速度为 ω,则由

$$t = \frac{2l}{c}, \quad t = \frac{n\frac{2\pi}{8}}{\omega} = \frac{n\pi}{4\omega}$$

得光速

$$c = \frac{8\omega}{n\pi} l$$

液晶显示器的显示系统

液晶是常温下介于固态和液态之间的物质,称之为 Liquid Crystal(就是液态晶体的意思).它是在 1888 年由奥地利植物学家瑞尼采尔(Reinitzer)首先发现的.

液晶的独特之处,不仅在于具有固态物质和液态物质的双重特性,而且在电压影响下能改变分子的排列.1968 年,美国无线电公司的两位科学家根据液晶的这个特性,研制出第一个液晶显示器(LCD).

现在,我们在平时的生活和学习中,经常会接触到各类液晶显示器,如计算器、数字式电子表、电视机、电脑、道路交通灯等所用的各类液晶显示屏.目前常用的液晶显示器,称为 TN 型显示器(技术上称为"扭曲向列型液晶显示器").它的结构有点像"三明治"——在两片玻璃中间夹一层液晶.在玻璃片的表面先镀有一层导电的薄膜作为电极,在玻璃片的两外侧夹着一对偏振方向一致的偏振器.

偏振器就是能使光的振动方向发生改变的玻璃片.我们知道,光是一种电磁波(电磁振荡).通常从光源直接发出的光称为自然光,它

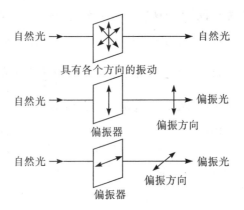

图 3.65　自然光和偏振光

在垂直于传播方向的平面内向各个方向振动的可能性都一样.每个偏振器都有自己的透振方向,也就是说,只允许某方向的振动通过.因此,原来的自然光通过偏振片后,就会变成只具有跟它的透振方向相同的振动,这样的光叫做偏振光(图 3.65).

液晶显示系统正是借助于液晶能改变光的振动方向的作用.图 3.66 和图 3.67 是液晶片的解剖放大图(图中的长方形表示液晶,它与两侧的偏振器密合在一起).

当没有外加电压的时候,入射光经过一个偏振器后形成了偏振光,再通过液晶层时,偏振光被扭转90°,使它与原入射光的偏振方向垂直,因此就无法通过第二个偏振器,整个电极面呈现为黑暗的状态(图 3.66).

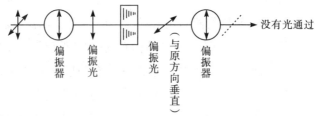

图 3.66

当有外加电压时,每个液晶分子的光轴转成与外加电场方向一致,入射光能顺利地依次通过两个偏振器,电极面呈现为明亮的状态(图3.67).

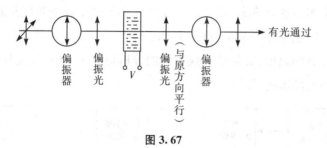

图 3.67

这样的光路示意图,相当于光的流程.用两幅图就可以使我们对陌生的液晶显示原理有了基本的了解,比一大段冗长的文字更为简捷、明白.这就是图示的功劳.

(4) 思维流程图

流程图的含义还可扩展到大脑活动过程中去.平时说的解题思路,其实就是分析、研究问题的思维流程.

如图 3.68 所示的电路中,当滑动变阻器 R_1 的滑动头上移,要求两个电流表 A_1、A_2 的读数变化时,思维流程可表示为:

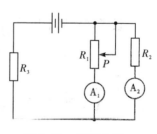

图 3.68 电路分析

$$P 上移 \to R_1 \uparrow \to (R_1 /\!/ R_2) \uparrow \to R_外 \uparrow \to I \downarrow \to$$

$$\begin{cases} U_内 \downarrow \\ U_{R_3} \downarrow \end{cases} \to U_并 \uparrow \to I_2 \uparrow \to I_1 \downarrow \quad (电流表 A_1 读数变小)$$

这种思维流程,在分析物理中的综合题时体现得更为明显.只有确定了基本思路后,接下去的求解就得心应手了.现以下面的问题为例,共同体会一下.

例题 1 光滑水平桌面上有一块质量 $M=400$ g 的木块,被一颗质量 $m=20$ g、以水平速度 $v=500$ m/s 飞行的子弹击中,子弹穿出木块时的速度 $v_1=300$ m/s. 若子弹击中木块的过程中,系统损失的机械能全部转变为热能,其中 $\eta=41.8\%$ 部分被子弹吸收使其温度升高. 已知子弹的比热容 $c=125$ J/(kg·K),为了求出子弹穿越木块过程中升高的温度,如果能形成这样的分析思路——思维流程,可以说问题已经解决了.

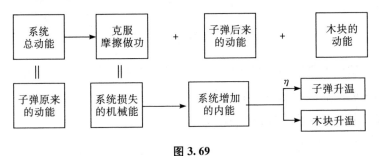

图 3.69

设子弹穿越木块后,木块的速度为 V,由动量守恒,有

$$mv = mv_1 + MV$$

得

$$V = \frac{m(v-v_1)}{M} = \frac{20\times(500-300)}{400} \text{ m/s} = 10 \text{ m/s}$$

所以,系统损失的机械能

$$\Delta E = \frac{1}{2}mv^2 - \left(\frac{1}{2}mv_1^2 + \frac{1}{2}MV^2\right)$$

$$= \frac{1}{2}\times 20\times 10^{-3}\times 500^2 \text{ J}$$

$$\quad - \left(\frac{1}{2}\times 20\times 10^{-3}\times 300^2 + \frac{1}{2}\times 400\times 10^{-3}\times 10^2\right) \text{ J}$$

$$= 1\,580 \text{ J}$$

设子弹的温度升高 Δt,则由

3 中学物理中常用的图示

$$\eta Q = \eta \Delta E = cm \Delta t$$

得

$$\Delta t = \frac{\eta \Delta E}{cm} = \frac{0.418 \times 1580}{125 \div 20 \times 10^{-3}} \text{℃} = 264 \text{ ℃}$$

实际上,除了大家熟知的这种解题思路外,在更宽广的意义上,思维流程常常体现在对事物由表及里、由浅入深、由现象到本质逐步深刻的认识过程中.

例如,以人们对原子结构的认识为例,思维流程(或者称为思维线索)可表示如下:

气体放电的研究 —→ 发现阴极射线(1858) —→ 发现电子(汤姆生,1987) —→ 汤姆生原子模型(实心球模型,1904)

$\xrightarrow{(\alpha \text{粒子散射实验}, 1909—1910)}$ 卢瑟福原子模型(核式结构模型,1911)

$\xrightarrow{(\text{氢光谱的研究})}$ 玻尔模型(分立能级模型,1913)

这样的一个认识流程,基本上概括了从 19 世纪以来近百年内,人们对原子结构的探索经历,历史脉络非常生动、清晰.

在平时的学习活动中,如果能经常有意识地注意思维流程的安排 —— 从如何着手、发展,如何不断纠偏、调整,最终又是如何从纷杂的思绪中选取出最优的方案 —— 必将迅速提高你在未知世界探求中的导航能力.

随着科学的发展,人们有理由相信,今后可以尝试操纵电脑来识别人脑的思维模式,进而研制开发能够阅读大脑思想的电脑.可以预料,终有一天人类能把自己的内心活动显示在荧光屏上.那时,思维流程就真正地图示化了.*

---

* 从 20 世纪 90 年代以来,科学家对"脑机接口"已经进行了许多研究.目前有报道说,已经有科学家找到了高效实现脑机接口的方法,可以快速读取脑信号.

4 中学物理中常用的图像

任何一个物理公式,都可以用图像来描述.因此,对图像的研究在中学物理中有着极为重要的意义.下面,我们选择与中学物理关系最为密切的图像并就其特点及在中学物理中的反映,分别做介绍.

4.1 正比例函数图像

定义与实例

变量 x 和 y 之间满足关系式

$$y = kx$$

的函数形式,称为正比例函数.在 xOy 直角坐标系中是一条通过坐标原点的倾斜直线.其斜率表示比例系数 k 的大小,即

$$k = \frac{\Delta y}{\Delta x} = \tan\alpha$$

如图 4.1 所示.

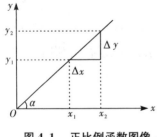

图 4.1　正比例函数图像

在中学物理中,有许多物理量之间的关系遵循着正比例函数关系.例如:

初速为零的匀加速直线运动中速度与时间的关系

4 中学物理中常用的图像

$$v = at$$

在弹性限度内,弹簧的弹力与形变量(伸长量或压缩量)之间的关系

$$F = kx$$

一定质量的理想气体发生等容变化时压强与绝对温度的关系,发生等压变化时体积与绝对温度的关系,分别为

$$p = cT \quad (c \text{ 为常数})$$

$$V = c'T \quad (c' \text{ 为常数})$$

电容器的带电量与两板间电势差的关系

$$Q = CU$$

电阻两端的电压与通过电阻的电流强度的关系

$$U = IR$$

……

如果分别画出上述函数关系的 $v\text{-}t$ 图、$F\text{-}x$ 图、$p\text{-}T$ 图、$V\text{-}T$ 图、$Q\text{-}U$ 图、$U\text{-}I$ 图,可以看到,它们都是形如图 4.1 所示的一条倾斜直线.

斜率与面积

正比例函数图像中有两个重要的特征量——图线的斜率和图线下方的面积.它们在不同的物理规律中有时会有具体且特定的含义.例如:

匀加速直线运动的 $v\text{-}t$ 图,其斜率表示加速度的大小.图线下方某段时间内的面积,表示这段时间内的位移(图 4.2(a)).即

$$a = \frac{v}{t} = \tan\alpha$$

$$s = \frac{1}{2}at^2$$

同理,在某一段时间间隔 $\Delta t = t_2 - t_1$ 内的位移,等于图线下方相应的一块梯形面积(图 4.2(b)).其值为

$$\Delta s = \frac{1}{2}(v_1 + v_2)(t_2 - t_1)$$

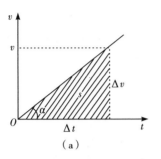
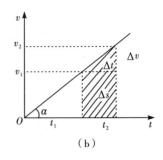

图 4.2 斜率与面积

$$= \frac{1}{2}a(t_2^2 - t_1^2)$$

弹簧形变时的 F-x 图,其斜率表示弹簧的劲度系数,图线下方在某段位移中的面积表示弹簧端点发生这段位移时,弹力功的大小(图 4.3(a))。即

$$k = \frac{F}{x} = \tan\alpha$$

$$W = \frac{1}{2}kx^2$$

同理,在位移区间 $\Delta x = x_2 - x_1$ 内弹力的功(图 4.3(b)),应为

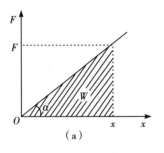
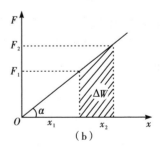

图 4.3 弹力功

$$\Delta W = \frac{1}{2}(F_1 + F_2)(x_2 - x_1)$$
$$= \frac{1}{2}k(x_2^2 - x_1^2)$$

值得注意的是,实际应用中不能用直接量出角度的方法去确定正比例图像中的斜率,也不能用几何方法算出面积直接去确定正比例图像中面积所对应的物理量.因为物理图像的横坐标和纵坐标可以有不同的分度,对应于同一个物理规律,选用坐标轴的分度不同,图线的倾角大小、相应时间内图线下方的面积大小都会不同,但斜率和面积的特性始终不变.

反比例函数图像

定义与实例

变量 x 和 y 之间满足关系式

$$xy = k \quad (k \text{ 为常数})$$

的函数,称为反比例函数.在 xOy 直角坐标系中是一条以横轴和纵轴为渐近线的双曲线.曲线上每一点到两坐标轴的距离之积为常数,如图 4.4 所示.

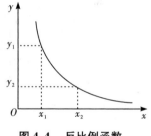

图 4.4　反比例函数

中学物理中,有许多物理量之间的关系遵循着反比例函数关系.例如:

作用在物体上的合外力一定时,物体的质量与其加速度之间的关系

$$ma = F \quad (\text{定值})$$

机械的输出功率一定时,牵引力与牵引速度之间的关系

$$Fv = P \quad (\text{定值})$$

温度一定时,一定质量理想气体的压强与其体积的关系

$$pV = C \quad (\text{定值})$$

有时,对于有三个以上物理量的公式,在一定条件下也可构成反比例关系.例如向心力公式

$$F = m\frac{v^2}{R}$$

当运动物体的质量 m、线速度 v 一定时,运动物体的向心力与其运动半径 R 形成反比例关系.

面　积

在中学物理中的反比例函数图像,其图线下方的面积,只有少数情况下有一定的实际含义而被运用.如一定质量理想气体等温变化时的 p-V 图线(图 4.5),它与横轴之间的一块面积表示在这个等温过程中气体膨胀时对外所做的功的大小(或气体被等温压缩时外界对气体做功的大小).

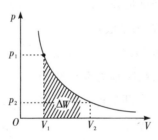

图 4.5　气体膨胀的功

这个道理,我们可以根据等温变化图线、运用极限思想推理而得到.如图 4.6(a) 所示,设想有一个气缸中的封闭气体发生等压膨胀,使活塞从原来位置 A 外推到位置 B,这个过程中气体推动活塞做的功

$$W = F\Delta l = p_0 S\Delta l = p_0 \Delta V$$

式中 S 为活塞面积,Δl 为活塞移动距离.在 p-V 图上它相当于图线下方相应部分的一块面积(图 4.6(b)).

当压强变化时,可设想将整个膨胀过程(或压缩过程)分成许多极小的区间,每个区间(ΔV)足够小时,可认为其间的压强不变,因此每个小区间内气体膨胀时的功为

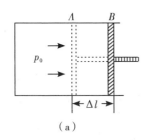 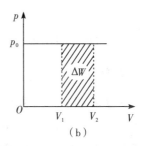

图 4.6 等压膨胀的功

$$\Delta W_i = p_i \Delta V_i$$

整个膨胀过程中气体所做的功等于各区间内气体做微小膨胀时做功之和,即

$$\Delta W = \Delta W_1 + \Delta W_2 + \cdots + \Delta W_i + \cdots$$
$$= p_1 \Delta V_1 + p_2 \Delta V_2 + \cdots + p_i \Delta V_i + \cdots$$

它的数值正好等于图线下方相应区间内的一块面积.如图 4.7 所示.

必须注意,在物理学中运用反比例图像时,两个物理量之间往往还需受到实际物理条件的制约.如机械的额定功率一定时,$F\text{-}v$ 的关系,由于实际机械的牵引力和牵引速度都会受到机械结构、材料强度和摩擦等因素的影响,它们都有一定的限值,因此 F 与 v 的反比关系也仅在一定范围内才成立.画出的图线两端都有"终点",如图 4.8 所示,不能随心所欲无限延伸.

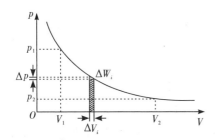 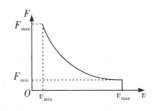

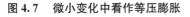

图 4.7 微小变化中看作等压膨胀   图 4.8 $F\text{-}v$ 的制约关系

4.3 一次函数图像

定义与实例

变量 x 和 y 之间满足关系式
$$ax + by + c = 0$$
的函数形式,都称为一次函数(线性函数).其图像如图 4.9 所示.

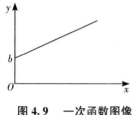

图 4.9 　一次函数图像

在中学物理中,有许多物理量之间遵循着一次函数关系.例如:

初速不为零的匀变速运动中的瞬时速度与时间的关系,分别为
$$v_t = v_0 + at$$
或
$$v_t = v_0 - at$$

一定质量理想气体发生等压变化过程时体积与温度之间的关系,发生等容变化过程时压强与温度之间的关系,分别为
$$V_t = V_0 + \beta V_0 t = V_0 + \frac{V_0}{273}t$$
$$p_t = p_0 + \gamma p_0 t = p_0 + \frac{p_0}{273}t$$

式中 β、γ 分别称为气体的体膨胀系数和压强系数,其值都等于 $\frac{1}{273}$. V_0、p_0 是 $0\,^\circ\!\mathrm{C}$ 时的体积与压强.

在全电路中的路端电压与电流强度之间的关系
$$U = E - Ir$$

光电效应现象中,从阴极发射的光电子的最大初动能与入射光子能量(或入射光频率)之间的关系
$$E_k = h\nu - h\nu_0$$

4 中学物理中常用的图像

截 距

截距是一次函数的一个重要特征量,在物理学中,符合一次函数关系的公式,其图像的截距往往也都有一定的物理意义.例如:

匀变速直线运动的 $v\text{-}t$ 图如图 4.10 所示.其横截距 $\left(-\dfrac{v_0}{a}\right)$,表示物体在计时前由静止开始运动的时刻,纵截距 v_0 表示开始计时时($t=0$)物体的瞬时速度.

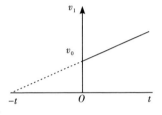

图 4.10 匀变速直线运动 $v\text{-}t$ 图

一定质量理想气体发生等压变化和等温变化时的 $V\text{-}t$ 图与 $p\text{-}t$ 图分别如图 4.11 和图 4.12 所示,它们的横截距都为 $t=-273\,^\circ\mathrm{C}$,称为绝对零度.纵截距分别为 V_0、p_0,表示这一定量气体在 $0\,^\circ\mathrm{C}$ 时的体积和压强.

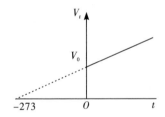 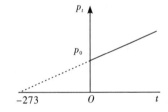

图 4.11 理想气体 $V\text{-}t$ 图　　图 4.12 理想气体 $p\text{-}t$ 图

全电路中路端电压与电流强度的图像如图 4.13 所示,它的横截距和纵截距分别表示短路电流 $I_s\left(I_s=\dfrac{E}{r}\right)$ 和电源电动势 E.

光电效应中光电子的最大初动能与入射光频率之间的关系如图 4.14 所示,它的横截距表示极限频率 ν_0.

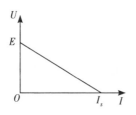
图 4.13 全电路的 U-I 图

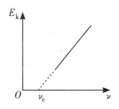
图 4.14 光电效应中 E_k-ν 图

斜　率

一次函数图像与横轴间夹角的正切称为斜率.它在不同的物理规律中也有它不同的含义.现以上述中学物理公式列表比较,如表 4.1 所示.

表 4.1　不同物理规律中一次函数的物理意义

物理规律	图像斜率大小的物理意义
$v_t = v_0 \pm at$	表示加速度的大小,$k = a = \dfrac{\Delta v}{\Delta t}$
$V_t = V_0 + \dfrac{V_0}{273}t$	表示体膨胀系数,$k = \dfrac{v_0}{273} = \dfrac{\Delta V}{\Delta t}$
$p_t = p_0 + \dfrac{p_0}{273}t$	表示压强系数,$k = \dfrac{p_0}{273} = \dfrac{\Delta p}{\Delta t}$
$U = E - Ir$	表示内阻大小,$k = r = \dfrac{\Delta U}{\Delta I}$
$E_k = h\nu - h\nu_0$	表示普朗克常数,$k = h = \dfrac{\Delta E_k}{\Delta \nu}$

面　积

一次函数图像与横轴间所夹的面积(或一组 x、y 值的乘积),在某些物理规律中也有一定的含义.例如:

匀变速直线运动的 v-t 图中(图 4.2),图线下方相应的一块面积表示运动物体在这段时间内的位移.

全电路的 U-I 图中(图 4.15),与图线上某点对应的一组横坐标与纵坐标的乘积表示电源的输出功率,即

$$P = UI$$

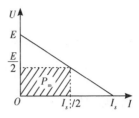

图 4.15 用图线求功率

根据几何知识很容易判知,当 $U = \dfrac{E}{2}$,$I = \dfrac{1}{2}I_s = \dfrac{1}{2}\dfrac{E}{r}$ 时,由图线上这一对数据构成的面积最大,表示电源输出功率最大.其值为

$$P_m = \dfrac{E}{2} \cdot \dfrac{I_s}{2} = \dfrac{E^2}{4r}$$

一次函数的这三个特征量常会在物理图像中得到综合应用.

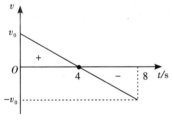

图 4.16 上抛物体 v-t 图

如在一个很高的塔上以初速 $v_0 = 40$ m/s 竖直向上抛出一个小球.由于上升过程和下落过程加速度恒为 g,画出的 v-t 图如图 4.16 所示,其斜率大小等于 g.

根据初速 v_0 和图线斜率很容易判知:

小球经时间 $t = 4$ s,到达最高点($v = 0$).

在抛出后 $t < 4$ s 的时间内,$v > 0$,表示小球在上升过程中;$t > 4$ s 后,$v < 0$,表示小球在下落过程中.抛出后经 $t = 8$ s 落回抛出点,并且落回抛出点的速度大小与抛出时相同.

在 $t < 4$ s 内,图线与 t 轴间所夹面积为正值,表示小球的位移为正(球在抛出点上方),在 $t < 8$ s 内,图线与 t 轴间所夹面积的代数和为正,表示小球的位移仍为正,即球仍在抛出点上方.当 $t > 8$ s 后,由于图线与 t 轴下方间的面积值大于图线与 t 轴上方间的面积值,小球的位移为负,表示球已回落到抛出点下方.

4.4 二次函数图像

二次函数图像有抛物线、双曲线及椭圆等.现分别介绍如下.

抛 物 线

抛物线是中学物理较常用的二次函数曲线.其标准式为

$$y = ax^2 + bx + c$$

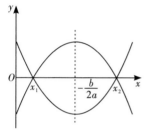

图 4.17 抛物线

在直角坐标中,其图线对称于 $x = -\dfrac{b}{2a}$ 的直线,顶点坐标为 $\left(-\dfrac{b}{2a}, \dfrac{4ac-b^2}{4a}\right)$,如图 4.17 所示.

当 $a > 0$ 时,图线开口向上,函数有极小值,其值为

$$y_{\min} = \frac{4ac - b^2}{4a}$$

当 $a < 0$ 时,图线开口向下,函数有极大值,其值为

$$y_{\max} = \frac{4ac - b^2}{4a}$$

例如,物体做匀减速直线运动时,位移与时间之间是一个二次函数的关系,其公式为

$$s = v_0 t - \frac{1}{2} a t^2$$

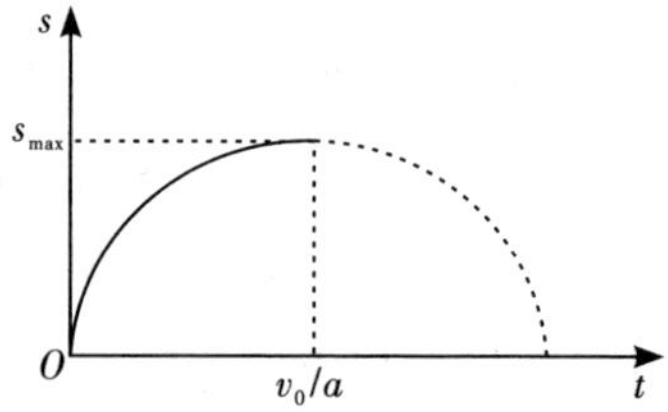

在 s-t 直角坐标中画出的图像如图 4.18 所示.可见其最大位移为

图 4.18 匀减速运动 s-t 图

$$s_{\max} = \frac{-v_0^2}{4\left(-\dfrac{1}{2}a\right)} = \frac{v_0^2}{2a}$$

4 中学物理中常用的图像

此外,如物体在恒定重力场中的平抛运动、斜抛运动;带电粒子在恒定电场中与场强方向成某一角度(0°和180°除外)射入后的运动(不计带电粒子的重力)等,其运动轨迹都是抛物线.

双 曲 线

双曲线的标准式是

$$\frac{x^2}{a^2}-\frac{y^2}{b^2}=1$$

在直角坐标系中,其图像是以 $\frac{x}{a}+\frac{y}{b}=0$ 和 $\frac{x}{a}-\frac{y}{b}=0$ 为渐近线、顶点坐标为 $x=\pm a$ 的两条曲线,如图 4.19 所示.

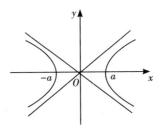

图 4.19 双曲线

在中学物理中双曲线的典型问题是波的干涉.

设两相干波源 S_1、S_2 的振动方程分别为

$$x_1=A_1\cos\omega t$$
$$x_2=A_2\cos\omega t$$

它们发出的两波到达其连线中垂线上各点时,其波程差为零,始终同相到达,振动加强,合振幅为 A_1+A_2,振动方程为

$$x=x_1+x_2=(A_1+A_2)\cos\omega t$$

在中垂线两边离两波源的程差等于波长整数倍(或半波长偶数倍)的各点(在图 4.20 中为实线与实线的交点),两分振动也同相到达,振动加强.

在中垂线两边另一些离两波源的程差等于半波长奇数倍的各点(在图 4.20 中为实线与虚线的交点),两波引起的振动相位差是 180°,始终反相到达,振动减弱,合振幅为 A_1-A_2,振动方程为

$$x=x_1-x_2=(A_1-A_2)\cos\omega t$$

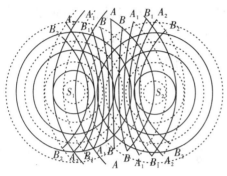

图 4.20 水波干涉

所以,以中垂线为对称面把这些点连接起来时,就形成一簇双曲线.由于位于这些双曲线上的点,到达两波源的距离之差不变,这些点是固定的加强与减弱,互相间隔排列,因而形成漂亮的干涉图样.

椭　　圆

椭圆的标准式是

$$\frac{x^2}{a^2}+\frac{y^2}{b^2}=1$$

在直角坐标中,其图像与 x 轴、y 轴的交点分别为 $\pm a$ 及 $\pm b$,如图 4.21 所示.a、b 分别称为椭圆的半长轴与半短轴.

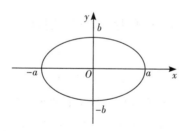

图 4.21　椭圆

卫星和行星在中心天体引力的作用下绕中心天体沿椭圆轨道运动,是一个最典型的实例.

单摆振动过程中,摆球的运动速度 v 与它对平衡位置的位移 x 之间的关系,也是按照椭圆曲线规律变化的.

如图 4.22 所示,设摆球质量为 m,摆长为 l,摆动中的最大偏角为 α,振幅为 $A(Oa=A)$,当摆球在偏角 β 的某位置时的位移为 x,则由机械能守恒定律,有

$$mgl(1-\cos\alpha) = \frac{1}{2}mv_x^2 + mgl(1-\cos\beta)$$

得

$$v_x^2 = 2gl(\cos\beta - \cos\alpha)$$

连接 Oc 和 Oa,对 $\triangle OaO'$ 和 $\triangle OcO'$ 运用余弦定理,有

$$Oa^2 = A^2 = 2l^2(1-\cos\alpha)$$
$$Oc^2 = x^2 = 2l^2(1-\cos\beta)$$

即

$$\cos\alpha = 1 - \frac{A^2}{2l^2}$$

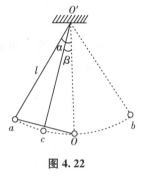

图 4.22

$$\cos\beta = 1 - \frac{x^2}{2l^2}$$

将它们代入 v_x 的表达式,得

$$v_x^2 = \frac{g}{l}(A^2 - x^2)$$

把它变形后,可写成

$$\frac{v_x^2}{\frac{g}{l}A^2} + \frac{x^2}{A^2} = 1$$

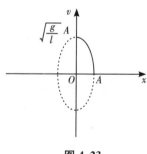

图 4.23

这是一个椭圆方程,其图像如图 4.23 所示.

4.5 三角函数图像

三角函数在中学物理中的应用非常普遍,其中尤以正弦函数和余弦函数更为常用.现以正弦函数为例重点介绍.

一般形式

正弦函数的一般表达式是
$$y = A\sin(\omega x + \varphi_0)$$
图 4.24 中画出两个正弦函数 $y_1 = A\sin\omega x$ 和 $y_2 = A\sin(\omega x + \varphi_0)$ 的图像.

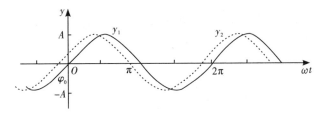

图 4.24　两个有相位差的正弦函数图像

特 征 量

正弦函数图像上有特征意义的量有：

① 最大值、角频率、初相

最大值 A——表示按正弦规律变化过程中 y 的最大取值(通常以绝对值表示).

角频率 ω——表示正弦函数做周期性变化时的变化快慢,又称圆频率.它与变化周期 T 及变化频率(一秒内完成周期性变化的次数) f 的关系为
$$\omega = \frac{2\pi}{T} = 2\pi f$$

初相 φ_0——表示正弦函数初始状态的量.

② 平均值

正弦函数是一个周期函数.它在一个周期内一半取正值(图线在 x 轴上方),一半取负值(图线在 x 轴下方).因此,整个周期内的平均值为零.通常说正弦函数的平均值,指的是 1/4 周期内的平均值.

4 中学物理中常用的图像

实　例

关于正弦函数各特征量的意义,在中学物理问题中可以有很具体的体现.

如图 4.25(a) 所示,在磁感应强度为 B 的匀强磁场中,放置一个面积为 $S(ab \cdot ad = S)$ 的矩形线圈,共绕 n 匝,它可以绕垂直于磁场的水平轴以角速度 ω 逆时针向转动.

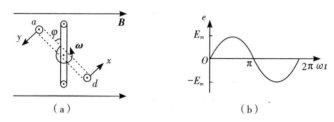

图 4.25　交流电的产生及图像

设在 $t=0$ 时,线圈平面垂直磁感线(即处于中性面),经时间 t 后,线圈转过角度 $\theta = \omega t$,线圈的两条有效边切割磁感线产生的感应电动势为

$$e = n \cdot 2Bl_{ab}v\sin\theta = n \cdot 2Bl_{ab} \cdot \omega \cdot \frac{l_{ad}}{2} \cdot \sin\omega t$$

$$= nB\omega S\sin\omega t = E_m \sin\omega t$$

式中 $E_m = nB\omega S$ 称为电动势的最大值,ω 称为圆频率,画出的图像如图 4.25(b) 所示,称为正弦交流电.

如果 $t=0$ 时,线圈平面已与中性面有夹角 φ_0,则经时间 t 后,线圈平面与中性面的夹角变为 $\varphi = \varphi_0 + \omega t$,因此线圈中感应电动势的表达式为

$$e = E_m \sin(\omega t + \varphi_0)$$

式中 φ_0 就称为初相,画出的图像如图 4.26 所示.相当于把 $e = E_m \sin\omega t$ 的图像沿横轴向左平移.

通常我们把交流电的最大值、角频率、初相称为交流电的三要

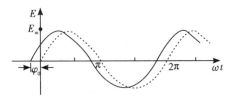

图 4.26 初相不为零的交流电图像

素.知道了三要素,就可以写出函数式,画出图像,也就是这个正弦函数完全被确定了.

正弦交流电在某段时间内的平均值与所取时间间隔有关.以 $t=0$ 时线圈位于中性面的情况为例,在 $\Delta t=T/4$ 内的平均感应电动势为

$$E=n\frac{\Delta\varphi}{\Delta t}=n\frac{BS}{\frac{1}{4}T}=n\frac{BS}{\frac{1}{4}\cdot\frac{2\pi}{\omega}}=\frac{2}{\pi}nB\omega S$$

$$=\frac{2}{\pi}E_m=0.637E_m$$

实用上,常把这个值称为正弦交流电的平均值.

在中学物理中,除了上述 5 类图像外,还会遇到其他一些函数图像.例如,放射性元素按指数函数规律衰变.原来质量为 m_0、半衰期为 τ 的放射性元素,经时间 t 后剩下的质量数为

$$m=m_0\left(\frac{1}{2}\right)^{t/\tau}$$

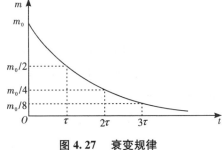

图 4.27 衰变规律

画出的图像如图 4.27 所示.

还有一些图像,由于在中学阶段还无法得出它们的解析式,只能通过实验进行描绘(如电容放电曲线等)或用示波器直接显示(如阻尼振荡图像等).

有时,为了更直观地显示物理量之间的关系和便于绘制,常采用"变曲为直"的方法,使非线性图像线性化.例如:

验证牛顿第二定律的实验中,保持外力 F 一定,研究物体的加速

度与质量的关系时,可以把横坐标改为$\frac{1}{M}$,这样就把原来a与M成反比的关系转换成a与$\frac{1}{M}$成正比的关系,在$a - \frac{1}{M}$直角坐标系中画出的图像是一条通过原点的倾斜直线,如图 4.28 所示.

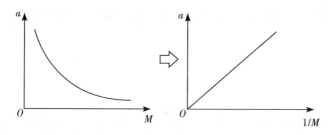

图 4.28　曲线图像转换成直线图像

必须认识到,无论做怎样的变换,在物理学中的任何图像,其最终目的都是为了服务于物理.

5 图示与图像对学习和运用物理知识的指导作用

图示(包括示意图)和图像是一种形象的语言,它往往能飞越冗长的文字长河,给人以直观、鲜明的形象.学习物理离不开图.图示和图像在物理教学中的功能,归纳起来,主要体现在以下几方面.

5.1 描述物理现象

物理现象的描述有多种方法,可以用文字记叙、数据列表、实验再现等.其中用图示和图像来描述,可以说是物理学中最基本、最常用的方法.从力学中简单的受力图、物体运动状态图,电学中各种电路图,光学中的光路控制、成像技术到原子结构、能级间跃迁以及反映各物理量间关系的各种图线等,每一部分都离不开图.许多地方在描述物理现象上还显示出它独特的功用.

平抛运动与自由落体运动

研究平抛运动时,虽然从受力分析上基本上都能够认可它在水平方向和竖直方向的运动性质,如果再出示一幅平抛物体和自由落体对比的频闪照片(图 5.1),那就更为一目了然:水平方向匀速直线运动;竖直方向与自由落体运动相同,即经过相同的时间,落到与自由落体运动相同高度的地方.

5 图示与图像对学习和运用物理知识的指导作用

显然,这样的一幅图,把运动独立性原理已经和盘托出,胜过喋喋不休的几番解释.

空间点阵

金刚石和石墨都由碳原子构成,金刚石坚硬无比,石墨松软滑润.两者何以有如此强烈的反差特性呢？如果用语言描述它们的原子结构,从而说明其宏观特性的差异,用冗长的一段文字也许还难以把它们原子的排列(空间点阵)说得透彻.倘若画出了它们的空间点阵结构图(图 5.2),可以

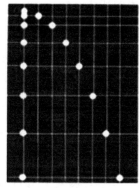

图 5.1

看到:金刚石晶体中,每个碳原子与另外 4 个碳原子构成正四面体结构(图 5.2(a));石墨晶体中,碳原子在一个平面上结合成蜂窝状,相互间成片状结构(图 5.2(b)).两者力学性质上的差异一目了然.

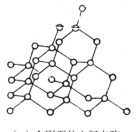
（a）金刚石的空间点阵

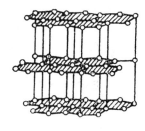
（b）石墨的空间点阵

图 5.2

多普勒效应

多普勒效应是指波源和观察者相对于介质运动时,观察者发觉波的频率会有所改变的现象.用图示法很容易理解这个道理.

图 5.3 表示波源(如汽笛)和观察者都相对地面静止.设某瞬间,汽笛声波的波前刚好到达察者,经过 $t=1$ s 后,波前推进了距离 u(u 为波速,据 $v=\lambda f$,用图中的圆圈数表示波的频率),从波源发出声波

的波阵面一个个间隔均匀地通过观察者，因此观察者也就不会感到频率的变化.

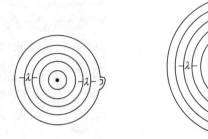

图 5.3　观察者与波源都不动

当观察者向着静止的波源运动时，从波源发出的声波的波阵面仍一个个间隔均匀地向前传播，由于观察者的运动，1 s 内通过观察者的波阵面比观察者静止时多，观察者感到的频率升高(图 5.4).

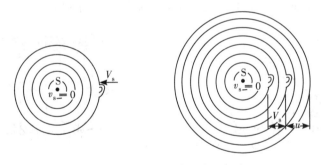

图 5.4　观察者运动而波源不动

当波源向着静止的观察者运动时，由于作为波阵面的球心(声源)在不断前移(每经过时间 T 球心前移 $v_s T$，v_s 为波源的速度)，使前方波阵面挤紧(相当波长缩短)，每秒内观察者接收到的声波的波阵面增加，感到的频率当然升高了(图 5.5).不用一个算式，用不了几句话，一个中学生感到陌生的现象已完全可被领悟.

5 图示与图像对学习和运用物理知识的指导作用

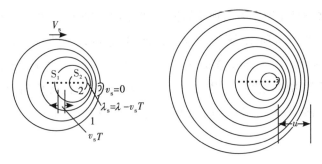

图 5.5　波源运动而观察者不动

> **气体分子速率分布**

分子运动论指出,所有各种物质的分子始终不停地做着无规则的热运动.在某一定状态下,各个分子的运动速率大小不同.用热力学方法虽然无法测定(也没有必要测定)组成物质的各个分子的速率大小,但可以通过实验测出一定状态下不同速率区间内分子数的相对比例.

表 5.1　0 ℃ 和 100 ℃ 时氧气分子速率的分布情况

速率区间 / (m/s)	不同温度各速率区间分子数的百分率 /%	
	0 ℃	100 ℃
100 以下	1.4	0.7
100～200	8.1	5.4
200～300	17.0	11.9
300～400	21.4	17.4
400～500	20.4	18.6
500～600	15.1	16.7
600～700	9.2	12.9
700～800	4.5	7.9
800～900	2.0	4.6
900 以上	0.9	3.9

这就是用数据表对现象的描述.如果改用图示法,可以显得更为直观.如图 5.6 所示,这种图称为直方图,它可以反映事件的分布特点.由图可知,0 ℃时大多数氧分子速率约几百 m/s,速率很低或很高的分子数占的比例很小.温度升高,直方图中速率的峰值向着速率大的方向移动,表示速率大的分子所占的比例有所增加.

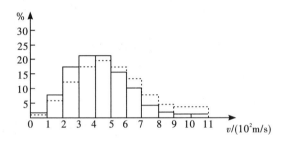

图 5.6　气体分子速率分布直方图

麦克斯韦(J. C. Maxwell,英国,1831—1879)通过研究,找出了气体分子速率的分布函数,就可以用连续的曲线对气体分子速率分布现象做出更为精细的描述.如图 5.7 所示.这种分布曲线,称为麦克斯韦速率分布.温度升高,分子速率普遍增大.其峰值右移.这样一幅图像就把隐藏在总体上无序的分子热运动中的微妙规律形象地揭示出来了.

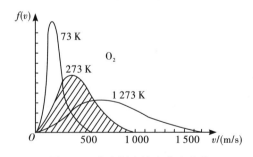

图 5.7　麦克斯韦速率分布曲线

5.2　反映动态特性

物理图示虽然在一定程度上也能反映出物理现象或过程的动态

5 图示与图像对学习和运用物理知识的指导作用

特性,但多数情况下,图示法侧重于描述的是静态现象,或"定格"于运动变化过程中某个瞬间的状态.采用函数图像的方法,才能更好地反映物理现象(或过程)的动态特性.通常需要通过实验测定或根据物理规律对现象的研究,找出与某个物理现象相关的各物理量间的函数关系(简单情况中可进行定性分析),然后画出图像.这样,就可以把某个现象(或过程)的发生、发展、变化的趋势显示出来了.

图的这种功能,在中学物理的各个领域有着十分丰富、生动的内容.

龟兔赛跑

大家都听过龟兔赛跑的故事:一天,兔子提出要和乌龟赛跑.它们从同一地点开始,沿着一条笔直的大路向前跑.很快,兔子就冲到前面去了.于是,骄傲的兔子就在大路上打起了瞌睡.乌龟不紧不慢,依然用自己习惯的速度不停地向前爬.时间无情地流逝了,等到兔子猛然醒来,发现乌龟已经接近终点.兔子马上加快速度,拼命向前追赶,可惜为时已晚.等到兔子气喘吁吁赶到终点,乌龟已经笑哈哈地在等待它了.

假设兔子和乌龟的运动都是匀速运动,它们的位移-时间图像(s-t图像)、或者速度-时间图像(v-t图像)分别如图5.8(a)和图5.8(b)所示.这样的一幅图像,就把骄傲的小兔子的运动过程无情地揭示出来了.

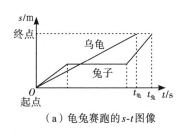
(a)龟兔赛跑的s-t图像

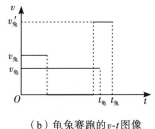
(b)龟兔赛跑的v-t图像

图 5.8

收尾速度

雨滴在空中下落,可以简化为只受重力和空气阻力的作用.随着下落速度的增大,雨滴所受的阻力也变大,因此,一定质量的雨滴在空中下落的运动,开始是一种变加速运动.当雨滴速度增大到它所受阻力与重力相等时,雨滴开始匀速下降.这一速度,通常称它为收尾速度,雨滴下落过程中速度-时间图像大致如图5.9所示.

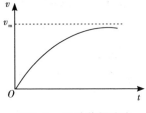

图 5.9 雨滴收尾速度

机车(或汽车)在平直道路上从启动到匀速运动的过程与雨滴的下落也很相似.只是机车(或汽车)的牵引力(动力)是变化的,其发动机的输出功率和所受阻力恒定*.运动过程中牵引力和速度的制约关系如图5.10所示.车辆启动后,速度较小时(如 v_1),牵引力(F_1)较大,车辆加速运动,加速度

$$a_1 = \frac{F_1 - \mu mg}{m} > 0$$

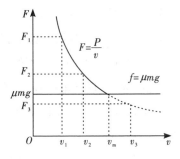

图 5.10 汽车收尾速度

随着车速逐渐增大,牵引力按反比关系逐渐减小,加速度减小,即

$$a_2 = \frac{F_2 - \mu mg}{m} < a_1$$

当速度增大到牵引力恰等于阻力时,车辆的加速度为零,速度达最大值 v_m.以后就进入匀速运动的状态.车速不会再自行增大或降低.从图线可知,若车速继续增大到 v_3($v_3 > v_m$),此时的牵引力

---

* 在中学物理中,通常不考虑速度对摩擦力的影响和不计风力的作用,阻力可认为是恒定.

$F_3 <$ 阻力 f,车立即要做减速运动,使车速又降回到 v_m 而达到平衡状态.这个 v_m 值,也可称作车辆运动中的收尾速度.这样一幅 F-v 图像,清楚显现了车辆运动的动态特性.

分子力

分子运动论指出,两个分子相距较远时(如 10^{-9} m),分子间仅有相互吸引力,称为范德瓦耳斯力.随着两个分子间距的减小,引力增大,引力和间距的关系为

$$f_引 \propto \frac{1}{r^7}$$

但当两个分子接近,它们的电子云开始重叠时,同时存在相互间的斥力.随着分子继续接近,斥力的增大要比引力的增大快得多.斥力与间距的关系可以表示为

$$f_斥 \propto \frac{1}{r^n} \quad (\text{式中 } n \text{ 是比 7 大的整数})$$

当分子间距减小到某个值 r_0 时,$f_斥 = f_引$,每个分子所受的合力为零.r_0 便是两个分子处于平衡时的距离,它的数量级为 10^{-10}(单位为 m 时).

每个分子受到的引力和斥力以及两者间的合力随分子间距 r 的变化如图 5.11 所示.

分子间相互作用很复杂,在中学物理中,一般也不给出相互作用力随间距的函数关系,但画出了这样一幅图像,分子力随间距而变化的动态特性已尽收眼底.

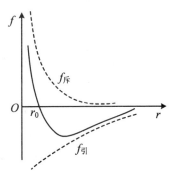

图 5.11

P-R 图

在电动势和内阻一定的直流电源上,接入不同阻值的外电阻时,电源的输出功率不同.由

$$P = I^2 R = \left(\frac{E}{R+r}\right)^2 R$$

画出的输出功率随外电阻 R 变化的图线如图 5.12 所示.

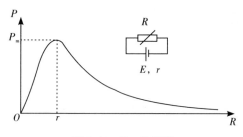

图 5.12　P-R 图像

由图可知,在 $R>r$ 和 $R<r$ 的范围内,外电阻增大或减小时,引起输出功率的变化是不同的.利用图 5.12 所揭示的动态特性,可以很有效地帮助我们作出判断.

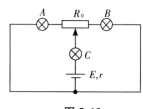

图 5.13

如图 5.13 所示的电路中,A、B、C 是三个相同的小灯,其电阻 R 大于电源内阻.把滑动变阻器 R_0 的滑动头左移时,要求判断此时输出功率的大小变化.

倘若我们熟悉输出功率随 R 的变化图像,上述问题就转化为判断外电阻大小的变化.由数学知识很容易看出,滑动头左移时,两并联分路的总电阻减小,整个外电路的电阻减小,由于 $R_外 > r$,因此由图 5.12 可知,电源的输出功率将会增大.

如果用电路计算方法做出上述判断,会显得非常麻烦.有兴趣的读者不妨自行练习比较.

5 图示与图像对学习和运用物理知识的指导作用

E、U 分布

场强和电势的分布,是对静电场研究的两个重要问题,它们在某些界面两侧往往会发生突变,在函数式中即对应着不同的定义域,用图像来表示会显得更醒目.

如图 5.14(a) 是一个电量为 Q 的均匀带电球壳的场强分布,图 5.14(b) 是它的电势分布.由图可知,在 $r < R$ 时,各处场强为零,电

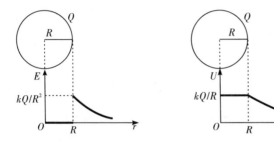

图 5.14 均匀带电球壳的场强分布与电势分布

势处处相等;在 $r > R$ 时,整个球壳可以看作一个电量集中在球心的点电荷,随着离开球心的距离 r,分别以 $\dfrac{1}{r^2}$ 与 $\dfrac{1}{r}$ 减小.在 $r=R$ 处,就是场强和电势突变点.

$m - u$ 图像

凸透镜成像的放大率(m)与物距(u)有关.由放大率的定义结合成像公式可知

$$m = \dfrac{|v|}{u} = \dfrac{f}{|u-f|}$$

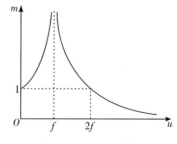

图 5.15 m-u 图像

画出的 m-u 图像如图 5.15 所示.在 $u < f$ 时,总是成放大的虚像;在 $u > f$ 时,会出现放大、等大小、缩小的实像等多种情况.在 $u = f$ 时,图线发生了突变,对应它是虚、实分界点.一

幅图像已把物体从贴着光心逐渐向无限远处移动时成像的动态变化特性和盘托出.

5.3 提供诠释基础

在物理学习中,对于一些比较深奥的问题或超越当前教学要求(或内容)的新知识,为了能够对它们有所了解,可以利用图示或图像先建立一个直观的形象,提供一个简明的诠释基础.这样,不仅有助于以后的正确认识,也可以为进一步的探究形成知识的铺垫.下面,以若干饶有兴趣的问题为例共同体会一下.

(1)"香蕉球"的奥秘

观看足球比赛中罚前场直接任意球,往往是个激动人心的时刻.防守方5、6个队员在球门前组成一道"人墙",阻挡着进球路线;守门员两眼炯炯,摩拳擦掌做好准备;进攻方主罚队员,深吸一口气若有所思……此刻,全场的空气也仿佛凝固起来一样.猛然间,主罚队员起脚一记劲射,球凌空越过人墙,守门员正朝着来球方向鱼跃式扑去,却不料球在空中划出一道美丽的弧线,飞入网中.这就是在绿茵场上一直被人们狂热欢呼的"香蕉球"破门技术(图5.16).

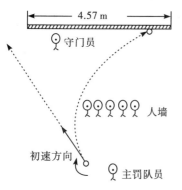

图 5.16　香蕉球直接破门

这个足球为什么能很听话似的自动转弯呢?其奥秘就在于主罚队员使球旋转,巧妙地利用了物理学中的"伯努利原理"的缘故.

如果踢出的足球在空中不旋转(只是平动),球两侧的空气均匀地流过,气流仅对球的前进产生阻碍作用,不会产生附加压强,球的运动轨迹依然是直线(图5.17(a)).如果球在空中飞行时,一边前进、

5 图示与图像对学习和运用物理知识的指导作用

一边旋转,由于空气的黏滞性,旋转的球体会带着周围的空气层一起转动(图 5.17(b)).这样,就造成球的旋转方向与球的前进方向相同一侧气流的速度比较大;球的旋转方向与球的前进方向相反一侧气流的速度比较小(图 5.17(c)).

图 5.17

根据流体中的伯努利原理,气流速度大的地方,即流线密的地方,空气的压强小;气流速度小的地方,即流线疏的地方,空气的压强大.于是,在足球两侧压强差的作用下,就会对球产生一个附加的作用力,使球偏离直线前进的方向.

实际足球的运动是一个非常复杂的问题,如图 5.17 采用流线这种图示的方法,可以很方便和形象化地提供粗浅的解释,使人们一目了然、很容易理解.

1852 年,德国物理学家马格努斯首先对于旋转球在空中形成弯曲轨迹的现象做了研究,因此这个效应也称为"马格努斯效应"*.当然,要求足球运动员踢出漂亮的"香蕉球",并精准地越过防守队员飞入网中,绝非一日之功,需要经过千锤百炼,具有一套娴熟的脚头功夫,才能达到出神入化、让对方防不胜防的地步.

其实,各种球类运动(乒乓球、排球、网球、保龄球、水球、篮球以及冰壶等)都离不开旋转,也都会产生类似"香蕉球"的现象.只是当球的质量越小或球速越大时,这种现象产生的效用越明显.所以,比

---

* 据说,牛顿在 1672 年观看剑桥学院网球比赛后,已经描述和推断了这种现象.

足球中"香蕉球"更变幻莫测的就是在乒乓球中的各种旋转球——上旋球、下旋球、侧旋球以及名声很大的弧圈球等,它们的运动也都可以采用画流线的图示方法作出粗浅的解释.

(2) 再说"四两拨千斤"

在前面"矢量图(3.1节)"一节中,说到一个"四两拨千斤"的实例.画出力的分解矢量图后(图 5.18),在直观的定性解释基础上也很容易进一步做出计算:

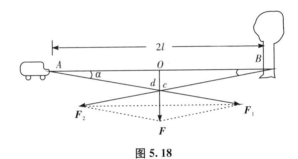

图 5.18

设绳子 AB 总长度为 $2l$,在中点 O 施以垂直 AB 方向的力 F 后,中点被拉过距离 d 到达 C.将力 F 沿 AC、BC 两方向分解构成力的平行四边形(实为菱形).因为在力的平行四边形中,各个边长按比例表示相应力的大小,因此两个分力 F_1 和 F_2 的大小均为

$$F_1 = F_2 = \frac{F}{2\sin\alpha}$$

显然,它们比所施出的力 F 大得多.

如果说,定性分析和上面的计算是认识这个问题的两个层次的话,那么以这幅图为基础还可以向更深的层次进行探究:为了使汽车受到最大的拉力,应该沿着怎样的方向对中点 O 施力?

这是一个很有意思的新问题,可以用上面的图示为铺垫.设人对中点施力后把 O 点拉至某位置,此时 AC、BC 与原 AB 方向之间的夹角为 α,人的施力方向与 BC 段的夹角为 θ,如图 5.19 所示.

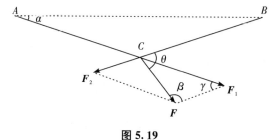

图 5.19

把拉力 F 沿 AC、BC 两方向分解成两个分力 F_1、F_2. 在力三角形 FF_1C 中,由正弦定理得

$$\frac{F_1}{\sin\beta} = \frac{F}{\sin\gamma}$$

因为 $\beta = 180° - \theta$,$\gamma = 180° - \angle ACB = 2\alpha$,代入上式得

$$\frac{F_1}{\sin(180° - \theta)} = \frac{F}{\sin 2\alpha}$$

得

$$F_1 = \frac{\sin\theta}{\sin 2\alpha} F$$

这就是说,对汽车的有效拉力(F_1)与拉力 F 的大小、施力方向以及绳子偏离原来方向的角度有关. 当 $\theta = 90°$ 时,可使汽车受到的拉力最大. 其值为

$$F_{1\max} = \frac{F}{\sin 2\alpha}$$

显然,绳子绷得越紧,中点施力后形成的夹角越小,对汽车的有效拉力就越大.

说明 为了对拉动汽车的力有个具体的印象,下面以 $F = 500$ N 为例,对不同的 α 值做一计算,如表 5.2 所示.

表 5.2

α	1°	2°	3°	4°	5°	8°	10°	15°
sin2α	0.034 9	0.069 8	0.105	0.139	0.174	0.276	0.342	0.500
F_{1max}/N	14 326	7 163	4 762	3 597	2 873	1 811	1 462	1 000

由此可见,在实际应用中,只要把绳子绷得足够紧,驾驶员一个人把汽车拉出泥坑完全是可能的.

(3) 船行八面风的道理

优秀的帆船运动员和经验丰富的舵手,可以在任何风向下使帆.因此,有句俗话:"船行八面风".那么,为什么遇到横向吹来的风、甚至逆风时,也能够借着风力使帆船前进呢? 这个问题采用力分解的图示方法,可以提供一个最简单明了的解释.

我们知道,风是空气流动形成的.简化情况下,可以把风看成由一群弹性微粒组成的,船帆看成光滑的弹性墙,风与帆面的作用仿佛是微粒与墙面的弹性碰撞.

如图 5.20 所示,假设风斜向吹到帆面上,经帆面反弹,由反射角和入射角相等,形成垂直于帆面的压力 F.把这个压力 F 沿着船的航向和垂直航向分解成两个力 F_1 和 F_2.其中分力 F_2 垂直船轴(俗称"龙骨"),会被水很大的横向阻力相平衡;分力 F_1 就可以作为驱使船前进的动力.

为了保证帆船在任何风向下,都能够得到有效风力,聪明的舵手在逆风中常常会采用"之"字形的航线(图 5.21),使帆面总是位于航向与风向之间,于是就可以一直借着风力前进了*.

---

* 由于风对帆的作用力是大量空气分子与运动帆面的碰撞所形成的,因此帆船走风是一个比较复杂的问题.上面仅以已经形成稳定的帆面压力做了分解处理,提供一个非常简化的、合理的诠释.

5　图示与图像对学习和运用物理知识的指导作用

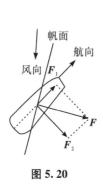

图 5.20

图 5.21

(4) 放风筝中的学问

放风筝时,使风筝获得上升力的道理,同样可以采用力分解的图示方法做简单解释.

如图 5.22 所示,设风筝面与水平面间的夹角为 θ,风沿水平方向从右向左吹来,对风筝面的入射角为角 1,经与风筝面碰撞后的反射角为角 2.同理,由反射角等于入射角,反弹中形成垂直风筝面的压力 F_i.把这

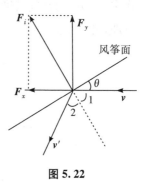

图 5.22

个力沿着竖直方向和水平方向分解,就可以得到风筝的上升力(和前进的力).

有了这个简化的感性认识基础,也便于做进一步的探究——风筝面的倾角多大时,可以获得最大的上升力呢?为此,可以先研究一个空气分子与风筝面的弹性碰撞所产生的作用力,然后再推广到一群空气分子.

设空气分子的质量为 m,以速率 v 水平向左运动,与风筝面做弹性碰撞后的速率为 v',且 $v'=v$.考虑垂直风筝面方向的作用,并规定

垂直风筝面向外的方向为正方向,根据动量定理,即可得一个空气分子与风筝面碰撞后产生的作用力为

$$F_i = m\frac{\Delta v}{\Delta t} = m\frac{v'\sin\theta - (-v\sin\theta)}{\Delta t} = \frac{2mv\sin\theta}{\Delta t}$$

设单位体积内的空气分子数为 n,风筝的受风面积为 S,则垂直风向的面积为 $S\sin\theta$,在时间 Δt 内与风筝相碰撞的分子数和风筝受到的作用力分别为

$$N = n \cdot S\sin\theta \cdot v\Delta t$$
$$F = NF_i$$

竖直向上的分力(升力)为

$$F_y = F\cos\theta = 2\rho v^2 S \sin^2\theta \cos\theta$$

式中 $\rho = nm$ 为空气密度.对上式变换,并根据几何平均≤算术平均的道理,可以得到

$$F_y = 2\rho v^2 S \sqrt{4 \cdot \frac{\sin^2\theta}{2} \cdot \frac{\sin^2\theta}{2} \cdot \frac{\cos^2\theta}{1}}$$

$$\leq 2\rho v^2 S \sqrt{4\left[\frac{\frac{\sin^2\theta}{2} + \frac{\sin^2\theta}{2} + \frac{\cos^2\theta}{1}}{3}\right]^3}$$

其中

$$\frac{\sin^2\theta}{2} + \frac{\sin^2\theta}{2} + \frac{\cos^2\theta}{1} = 1$$

因此,当 $\cos^2\theta = \frac{\sin^2\theta}{2} = \frac{1}{3}$,即 $\theta = \cos^{-1}\sqrt{\frac{1}{3}} = 54.73°$ 时,上式取等号,F_y 有最大值.其值为

$$F_{ymax} = \frac{4\sqrt{3}}{9}\rho v^2 S$$

可见风筝的最大上升力与风筝面积、风速、空气密度等有关.

(5) 使干摩擦力变成湿摩擦

在生活中和技术上常常有这样的体会:为了从木板里把钉子拔

5 图示与图像对学习和运用物理知识的指导作用

出来,采用边转边拉的办法,会省力不少.这个问题一般化地说,如果在跟相对滑动方向(如转动的方向)垂直的方向上(如向外拉的方向上)施力,由于需要克服的摩擦力比直接拉动时小得多,会显得很省力.这里的道理,用速度合成的矢量图示方法很容易说明.

假设两个干燥固体表面间沿纵向(x 轴方向)相对滑动速度为 $v_x = v$,两者间的摩擦力大小为 $f = \mu N$,其方向与 v_x 相反,且与速度的大小无关.如果同时使物体获得一个很小的侧向速度 v_y,则其合速度 u(即两物体的相对速度)将从原方向偏过一个很小的角度 α,如图 5.23 所示.因为滑动摩擦力的方向与它们

图 5.23

的相对速度方向相反,即与合速度 u 的方向相反.因此,滑动摩擦力也从原来与 v 相反的方向偏过同样的小角度 α,但其大小不变.横向推动时需要克服的摩擦力 f_y 仅是该滑动摩擦力的一个分力,偏角 α 越小,这个分力也越小,横向推动也越容易了.

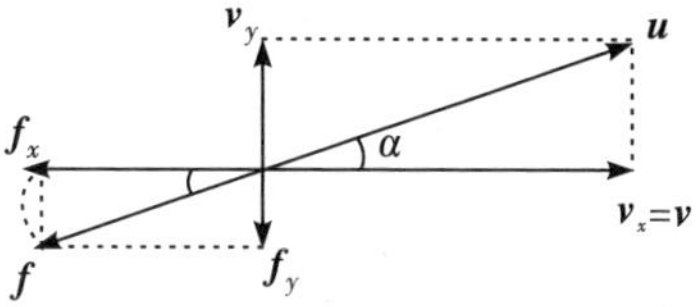

有了这样初浅的认识后,辅以适当的计算也就水到渠成了.由图 5.23 可知

$$\tan\alpha = \frac{v_y}{v_x} = \frac{v_y}{v} \quad \Rightarrow \quad \alpha = \arctan\frac{v_y}{v}$$

而阻碍侧向滑移的摩擦力大小则为

$$f_y = f\sin\alpha = \mu N \sin\alpha = \mu N \frac{v_y}{\sqrt{v_y^2 + v^2}}$$

所以,为了引起侧向滑移,所需要的外力大小为

$$F \geqslant f_y = \mu N \sin\alpha = \mu N \frac{v_y}{\sqrt{v_y^2 + v^2}}$$

当侧向滑移速度(v_y)与原来的纵向速度($v_x = v$)相比越小时,图中的角度 α 越小,侧向滑移的摩擦力也越小.上式可以表示为

$$F \geqslant f_y \approx \mu N \frac{v_y}{v}$$

即 $f_y \propto v_y$，这个特性跟两层液体之间的摩擦（即湿摩擦）相似. 且当 $v_y \to 0$ 时，有 $f_y \to 0$，这就是说，当 $v_x \neq 0$ 时，只需以极小的力 F_y 就可以从侧向推动很重的物体. 因此，"一边转、一边拉"，相当于将原来直接拉时的"干摩擦"变成了"湿摩擦".

为了对这里的摩擦力有一个更深刻的印象，下面再通过一个以往的竞赛题做计算比较.

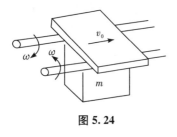

图 5.24

问题：一个质量 $m = 20$ kg 的钢件，架在两根完全相同的、平行的长直圆柱上（图 5.24），钢件的重心与两柱等距. 两柱的轴线在同一水平面内. 圆柱的半径 $r = 0.025$ m，钢件与圆柱间的滑动摩擦因数 $\mu = 0.2$. 两圆柱各绕自己的轴线做转向相反的转动，角速度 $\omega = 40$ rad/s. 若沿平行于柱轴的方向施力推着钢件做速度 $v_0 = 0.050$ m/s 的匀速运动，推力是多大？设钢件左右受光滑导槽限制（图中未画出），不发生横向运动.

对照上面的情况，两者相当的关系是：

纵向(x) ↔ 钢件接触处线速度方向

横向(y) ↔ 推动钢件的方向

纵向速度(v_x) ↔ 线速度(ωr)

横向速度(v_y) ↔ 钢件移动速度(v_0)

因此合速度方向对原来方向的偏角

$$\alpha = \arctan \frac{v_0}{\omega r}$$

或

$$\tan \alpha = \frac{v_0}{\omega r}$$

阻碍钢件滑动的摩擦力为

$$f_y = f\sin\alpha = \mu N \sin\alpha = \mu\left(\frac{m}{2}\right)g\sin\alpha$$

所以推动钢件的力

$$F = 2f_y = \mu mg\sin\alpha = \mu mg\frac{1}{\sqrt{1+\cot^2\alpha}} = \frac{\mu mg v_0}{\sqrt{v_0^2 + \omega^2 r^2}}$$

代入数据,得

$$F \approx 2\text{ N}$$

如果直圆柱不转动,直接推动钢件需要的推力至少为

$$F' = \mu mg = 0.2 \times 20 \times 10 \text{ N} = 40 \text{ N} \approx 20F$$

也就是说,由于圆柱的转动,推动钢件的力仅为直接推动时的$\frac{1}{20}$,这恐怕是以前没有想到的.

在相对滑动的垂直方向出现的摩擦,仿佛被加了润滑油一样,能够使原来的干摩擦具有"湿摩擦"的特性,摩擦力大为减小.人们在生活中、在技术上经常不知不觉地应用着摩擦这个特性.例如,电钻钻孔、钻机打井、车刀切削、用手电钻紧固螺钉等作业时,都是利用钻头或工件高速转动,从而使物体沿轴向移动时受到的阻力极大地减小.你也许没有想到,平时不经意地拧瓶塞的一个活儿,已经巧妙地应用到摩擦力的这个特性了!

5.4 启发科学思维

无论是图示或图像(包括示意图)由于它自身所具有的直观、生动的特性,常能有效地启发人们的科学思维,并且可以作为一种分析、研究物理问题的手段和直接用来解决物理问题的有力工具.

常发现有些学生,面对物理问题束手无策,难以下手.其中很重要的一个原因,是他们在学习中不重视图的功能,没有学会作图

分析.

> 找到入口

例题1 一个学生在学习气体性质时,遇到这样一个问题:氧气瓶的容积 32 L,充足后氧气的压强是 130 atm.某厂吹玻璃需用氧气,平均每天使用 1 atm 的氧气 400 L.规定氧气瓶内的压强降到 10 atm 时就应重新充气.试问一瓶氧气该厂可用几天?假设使用过程中氧气的温度不变.

这个学生去请教老师时,老师并没有多说几句话,而是引导学生根据题意画出了这样一幅图(图 5.25).结果,学生自己立即领悟了.

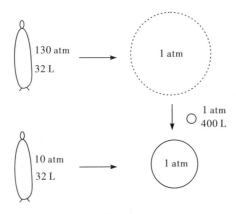

图 5.25

例题2 电子枪中的电子,经 $U = 1000$ V 电势差加速后沿图 5.26 中直线 aa' 射出,要求击中与出射方向成 θ 角、距枪口为 d 的靶 M,应加上怎样的磁场?已知 $d = 5$ cm,$\theta = 60°$,电子质量 $m = 9.1 \times 10^{-31}$ kg,电量 $e = 1.6 \times 10^{-19}$ C.

要求击中靶 M,电子应顺时针做圆运动,必须加上垂直纸面向内的磁场.aM 连线就是电子做圆运动的一条弦,其圆心必在出射方向的垂线与 aM 中垂线的交点,如图 5.27 中 O 点所示.画出了这样一幅图,由几何知识可算出圆半径,由静电场加速和洛伦兹力做向心力列

5　图示与图像对学习和运用物理知识的指导作用

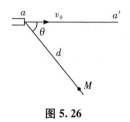

图 5.26

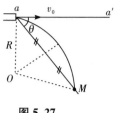

图 5.27

出算式,这个题目立即可解.显然,这里通过作图确定圆心,就是通向解题正确方向的入口.

一幅图,无异于是一种无声的启发.通过作图帮助我们迅速找到解题入口的作用是绝不能低估的.

敏捷求解

物理问题的解法比较灵活.同一个问题,往往可以从不同角度,用不同方法(或规律)去分析、研究.其中,运用物理图示和图像的方法,许多时候常可以使你敏捷地求解成功.

例题 1　汽车从甲站出发,先以匀加速走了 5 min,后以匀减速走 2 min 而在乙站停止.设甲、乙两站相距 3.5 km,求汽车行驶过程中的最大速度.

画出汽车的 v-t 图(图 5.28),由

$$s = \frac{1}{2}(t_1 + t_2)v_m$$

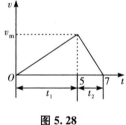

图 5.28

立即得最大速度

$$v_m = \frac{2s}{t_1 + t_2} = \frac{2 \times 3.5}{5+2} \text{ km/min} = 1 \text{ km/min}$$

这里利用了物理图像并灵活选择了计算单位,都使求解显得敏捷.

例题 2　一个重为 G 的物体,能静止在粗糙的斜面上.现对物体施加一个水平推力,如图 5.29(a) 所示.试问当推力 F 逐渐增大物体

保持静止的过程中,物体所受各力如何变化?

物体所受重力 G 的大小、方向恒定,斜面支持力的方向也不变(垂直斜面向上).当物体未受水平推力时,设所受摩擦力 f_0,则 f_0 与 G、N 必构成封闭三角形,如图 5.29(b) 中 $\triangle OAB_0$ 所示.

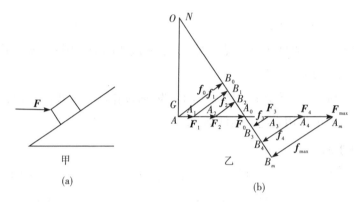

图 5.29

加上水平推力时,物体受 4 个力作用,设推力较小,为 F_1,而平衡时,摩擦力方向不变,大小变为 f_1,斜面支持力为 N_1,则 F_1、f_1、G、N_1 4 个力组成封闭四边形 OAA_1B_1.

当推力 F 逐渐增大时,这四个力又依次构成封闭四边形 OAA_2B_2、三角形 OAA_0,双三角形 OAA_3B_3O,…,双三角形 OAA_mB_mO.直到静摩擦达到最大值 $F_{max} = \mu_0 N$(μ_0 为静摩擦因数),推力也达最大值 F_{max}.以后再增大推力,物体就会沿斜面向上运动了.

由图清楚可见,在 F 增大的过程中,斜面弹力一直在增大,静摩擦力先是沿斜面向上,由大到小变到零,又改为沿斜面向下,由小变大直到最大静摩擦力(注意,这里由于压力 N 的不断增大,最大静摩擦也不断增大).

本题采用图示法,比用计算法判断敏捷得多.

5　图示与图像对学习和运用物理知识的指导作用

突破难点

通过审题后的作图分析,对图形(或图像)的变形、转换,不仅有助于找到入口,也是活化思维、突破难点的重要手段.

例题 1　如图 5.30 所示,在水平光滑的细杆上套着 A、B 两小球,相距为 l,另用长 l 的细绳与小球 C 相连,并用手按住 A、B 两球,使三小球均处于静止状态.已经三球质量均为 m.若同时把 A、B 两球放开,则在放手瞬间三小球的加速度大小各为多少?

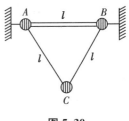

图 5.30

由于 A、B、C 三小球的运动相互牵连,使本题颇具难度.突破关键是正确画出放手瞬间的受力图和运动状态图.

A、B 两球竖直方向上力平衡,使它们做加速运动的仅是 AC、BC 绳中的张力,C 球共受三个力作用,三球受力图如图 5.31(a) 所示.

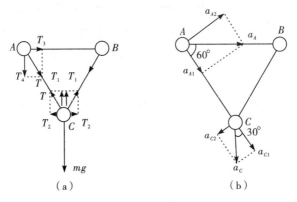

图 5.31

A、B 两球由于受光滑直杆的约束,在绳中张力 T 作用下的加速度方向只能沿着杆子,C 球只能竖直下落,因此

$$T\cos 60° = ma_A$$
$$mg - 2T\cos 30° = ma_C$$

把 A、C 两球的加速度按图 5.31(b) 的方式做正交分解. 由于 AC 绳长不变, 且始终处于张紧状态, 因此沿 AC 绳的加速度分量应相等, 即

$$a_{A1} = a_{C1}$$

或

$$a_A\cos 60° = a_C\cos 30°$$

画出这两幅矢量图后, 很容易找出关系, 问题就迎刃而解了.

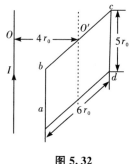

图 5.32

例题 2 一个有固定转轴的矩形导线框 $a \to b \to c \to d$, 处在直线电流的磁场中, 转轴与直导线平行, 相距 $4r_0$, 线框的 ab 和 cd 两边与转轴平行, 长度都为 $5r_0$, bc 和 da 两边与转轴垂直, 长度都为 $6r_0$, 转轴通过这两条边的中点, 如图 5.32 所示. 直导线中的电流方向向上. 当导线框垂直于由直线电流与转轴构成的平面时, ab 边和 cd 边所在处的磁感应强度大小都是 B.

① 若导线框以恒定角速度 ω 绕轴转动到上述位置时, 线框中的感应电动势多大?

② 若转到上述位置时, 框中电流为 I, 方向为 $a \to b \to c \to d \to a$, 线圈所受的磁力矩多大?

本题中线框处于非匀强磁场中, ab、cd 所在处的磁感应强度仅大小相同, 方向不同. 又由于题中画出的是立体图, 增加了难度. 突破关键是把它转换成平面图(俯视图), 如图 5.33(a) 和 (b) 所示. 在平面图上根据 ab、cd 两边的切割速度方向与 B 之间的夹角 φ ($\varphi = 90° - \theta$) 及两边所受磁场力对转轴的力臂 L_1、L_2, 即可分别算出感应电动势

5 图示与图像对学习和运用物理知识的指导作用

和磁力矩.

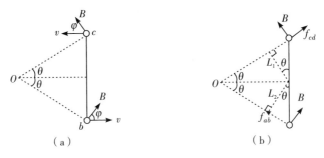

图 5.33

如果本题不是先做这种转换,接下去的计算是非常困难的.

巧求极值

物理中有大量有趣的极值问题,一般的方法是解析法.但其中也有不少问题,通过作图就能巧妙地求解或简化运算.

例题 1 图 5.34 中 AB 为一传送带,P 点为原料出口,试问,应该如何安装笔直光滑的原料输送板,才能使得从 P 处出口的原料在最短时间内送到传送带上?最短时间为多少?设过 P 点竖直线与传送带相交于 C,$CP = 2R$.

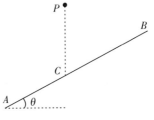

图 5.34

常规方法是从 P 铺设一任意输送板,利用运动学公式通过求极值找出铺设条件.整个运算过程较繁复.

如果我们结合类比思考,先画一些以 P 为切点、与通过 P 的水平线 MN 相切的圆,把从 P 引向传送带的各输送板,看作是这些圆内始于 P 的割线(图 5.35).由力学知识知,当从 P 点沿各割线方向的光滑板释放各小球时,它们会分别同时到达各割线与圆的交点处,即图中的 C_1、C_2、C_3、$\cdots$;D_1、D_2、D_3、$\cdots$;E_1、E_2、E_3、$\cdots$.显然,其中与 AB 相切的那个圆上的 D_2 点会最先到达传送带.于是我们找到了求解该问题的作图法.

作 $\angle MNA$ 的分角线与过 P 点的竖直线 PC 交于 O，以 O 为圆心、以 OP 为半径画圆，它切于 AB 的 D_2 点，则 PD_2 就是所求的"捷径"(图 5.36).

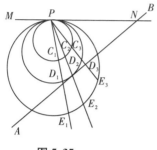

图 5.35

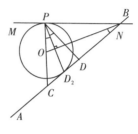

图 5.36

因 $PC=2R$，$\angle CPD=\theta$，$PD=2R\cos\theta$，$PD_2=\dfrac{2R\cos\theta}{\cos\dfrac{\theta}{2}}$，由

$$PD_2=\frac{1}{2}at^2=\frac{1}{2}g\cos\frac{\theta}{2}\cdot t^2$$

得滑到传送带的最短时间为

$$t=\sqrt{\frac{8R}{g}\cdot\frac{\cos\theta}{1+\cos\theta}}$$

例题 2 在平静的湖面上有 A、B 两船，相距 L. 当 A 船以速度 v_A 由西向东匀速航行时，B 船同时起航匀速追赶 A 船. 已知 B 船原来离开 A 船航线方向的垂直距离为 d. 试求 B 船能追上 A 船时的最小速度(图 5.37).

B 追 A，当以 A 为参照物时，B 对 A 的速度必须沿着 BA 连线方向. 由

$$v_{BA}=v_B-v_A=v_B+(-v_A)$$

画出速度三角图. 由于 v_A、φ 均恒定，显然，只有当 v_B 垂直 BA 连线时速度为最小(图 5.38). 其值为

5　图示与图像对学习和运用物理知识的指导作用

$$v_{\min} = v_A \sin\varphi = \frac{d}{L} v_A$$

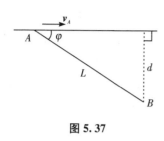
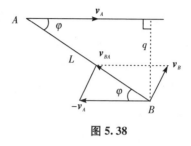

图 5.37　　　　　　　　　图 5.38

 5.5 充当实验助手

在中学物理的实验探究中,图像的应用极为普遍.例如,经常用图像直观地显示物理现象,利用图像进行物理测量,依靠对实验图像的分析得出实验结果、总结出相应的物理规律,通过对图像的分析、比较实验误差的大小等.下面针对图像的不同功能,选择若干具体实例共同体会一下.

(1) 显示

显示作用力与反作用力的图像

牛顿第三定律指出,两个物体间的作用力和反作用力总是大小相等、方向相反,作用在一条直线上.如果用数学公式表示的话,可以写成

$$F_{甲对乙} = -F_{乙对甲}$$

这里的负号表示方向相反.

表面看来,牛顿第三定律很简单,不像牛顿第二定律那样应用时灵活多变.不过,对于许多初学者来说,往往只是机械地背诵条文,并没有真正理解它的物理内涵.因此,在许多实际问题面前往往产生错误,尤其是当相互作用的物体发生加速运动的时候,对"作用力与反

作用力的大小相等"更会表现出"口服心不服"、疑窦丛生.

例如,他们总认为:马拉车向前运动时,总是马的拉力比车拉马的力大;汽车拉挂车前进,总是汽车对挂车的力比挂车对汽车的力大——否则挂车怎么会加速前进呢?消除这样的疑虑,最好的办法就是实验.

如图 5.39 所示,将两个力传感器的测量钩相互钩住,两手用力拉或压,屏幕上显示出来的两组波形在坐标系内上下完全对称,表示相互作用的两个力的大小总是相等的.

如果在一辆电动玩具车和一个木盒之间夹入力的传感器,当小车接通电源拉着木盒运动的过程中,在屏上显示出来表示两者彼此拉力的大小,虽然有着复杂的变化,但图像始终是上下对称的(图 5.40).

图 5.39

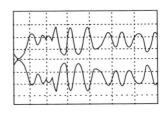

图 5.40

这样的图像很直观地证明了,无论在静态或加速运动的状态中,也无论相互之间的作用力发生了怎样的变化,物体间的相互作用力始终大小相等、方向相反.一幅图像可以赛过喋喋不休的一大堆语言,令人无可置疑地信服牛顿第三定律.

把声音显示出来

大家知道,各人唱歌的声音各不相同,那么能否把各人唱歌的声音直观地显示出来呢?利用示波器这是很容易办的事.

用示波器显示声音信号的基本过程如下:先把敲击音叉(或唱歌)的声音通过话筒转变为电信号,由于这个电信号很微弱,可以通

5 图示与图像对学习和运用物理知识的指导作用

过一个电子放大器把信号放大,然后送入示波器,这样就可以在屏上显示出声音的振动图像了.

图 5.41 中显示的就是不同音调(频率)的两个声音;图 5.42 中显示的是不同强弱的两个声音.

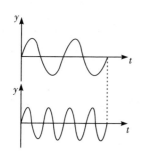

图 5.41 不同音调的两个声音

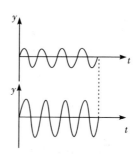

图 5.42 不同强弱的两个声音

(2) 测量

平抛运动的初速度

测定平抛运动的初速度,是中学物理中的一个重要实验.实验中,通常都需要画出平抛物体的图像,然后依据图像进行测定.

如图 5.43 所示,就是某种研究平抛运动的实验装置*.小球每次都从斜槽的同一位置无初速度释放,并从斜槽末端水平飞出.改变水平板的高度,就改变了小球在板上落点的位置,从而可描绘出小球的运动轨迹.

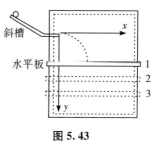

图 5.43

得到平抛小球的图像后,可根据图像上任意一点的坐标(x, y),由

---

* 该实验装置取自 2013 年北京高考物理试题.

$$x = v_0 t, \quad y = \frac{1}{2}gt^2$$

联立后得到平抛小球的初速度

$$v_0 = x\sqrt{\frac{g}{2y}}$$

实验中,往往会要求先在坐标纸上标出斜槽末端的位置,并将它作为坐标原点.因此,图像上每一点的坐标(x,y)都可以直接表示小球的水平位移和竖直位移,以便简化计算.

如果某个同学做实验时,忘记了标出坐标原点,并且只画出小球运动的一部分轨迹,得到了如图 5.44 所示的一幅图像(ax 为水平方向),那么能否利用这幅图像进行计算呢?

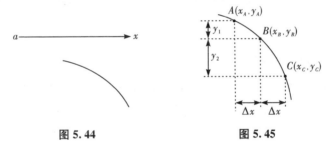

图 5.44   图 5.45

请不必担心,由于图像具有"形与数统一"的特征,同样可以从这幅"残缺不全"的图上把初速度计算出来.如图 5.45 所示,在这条曲线上任取水平间隔相等的三点 A、B、C,设它们的水平间隔均为 Δx,并设它们在以抛出点为原点的直角坐标系中的坐标分别为

$$A(x_A, y_A), \quad B(x_B, y_B), \quad C(x_C, y_C)$$

因为运动轨迹上的每一点都应该适合轨道方程,因此

$$y_A = \frac{g}{2v_0^2}x_A^2, \quad y_B = \frac{g}{2v_0^2}x_B^2, \quad y_C = \frac{g}{2v_0^2}x_C^2$$

所以

$$y_1 = y_B - y_A = \frac{g}{2v_0^2}(x_B^2 - x_A^2) = \frac{g}{2v_0^2}\Delta x(x_B + x_A)$$

5 图示与图像对学习和运用物理知识的指导作用

$$y_2 = y_C - y_B = \frac{g}{2v_0^2}(x_C^2 - x_B^2) = \frac{g}{2v_0^2}\Delta x(x_C + x_A)$$

则

$$y_2 - y_1 = \frac{g}{2v_0^2}\Delta x(x_C - x_A) = \frac{g}{v_0^2}\Delta x^2$$

得初速度

$$v_0 = \sqrt{\frac{g}{y_2 - y_1}}\Delta x \text{ *}$$

这就是说,只要用刻度尺量出水平间隔相等的连续三点的竖直位移间隔之差$(y_2 - y_1)$和水平间隔之差(Δx),就可以用上面的表达式算出初速度.

显然,在这个实验中(包括对部分曲线的应用)图像的"助手"作用得到了淋漓尽致的发挥.

例题 1 (2012,江苏)为测定木块与桌面之间的动摩擦因数,小亮设计了如图 5.46 所示的装置进行实验.实验中,当木块 A 位于水平桌面上的 O 点时,重物 B 刚好接触地面,将 A 拉到 P 点,待 B 稳定后静止释放,A 最终滑到 Q 点,分别测量 OP、OQ 的长度 h 和 s,重复上述实验,分别记录几组实验数据.

① 请根据下表的实验数据作出 s-h 关系图像.

h/cm	20.0	30.0	40.0	50.0	60.0
s/cm	19.5	28.5	39.0	48.0	56.5

② 实验测得 A、B 的质量分别为 $m = 0.40$ kg、$M = 0.50$ kg,根据图 5.47 所示的 s-h 图像可计算出 A 木块与桌面间的动摩擦因数 $\mu =$

---

* 这里的计算完全是为了体现图线上各点坐标与轨迹方程的关系,更方便些,v_0 的表达式也可以直接从 $\Delta s = aT^2$,即 $y_2 - y_1 = g\left(\dfrac{\Delta x}{v_0}\right)^2$ 得到.

_____(结果保留一位有效数字).

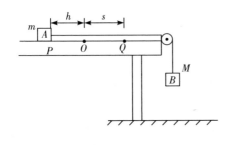

图 5.46 图 5.47

分析与解答 ① s-h 图像如图 5.48 所示.

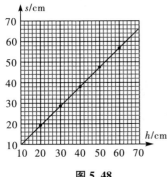

图 5.48

② 从 B 释放到落地的过程由动能定理

$$Mgh - \mu mgh = \frac{1}{2}(M+m)v^2$$

B 落地后,A 继续运动到 Q 的过程,同理有

$$-\mu mgs = 0 - \frac{1}{2}mv^2$$

联立两式得

$$\mu = \frac{Mh}{(M+m)s + mh}$$

代入数据 $M = 0.5$ kg、$m = 0.4$ kg,得

$$\mu = \frac{5h}{9s + 4h} = \frac{5}{9 \times \frac{s}{h} + 4}$$

根据 s-h 关系图像,取斜率

$$k = \frac{s}{h} = 0.96$$

代入上式,得动摩擦因数(取一位有效数字)

5 图示与图像对学习和运用物理知识的指导作用

$$\mu = 0.4$$

说明　这里仅选取该试题中的两小题,侧重于作图和对图像的应用.题中对动摩擦因数的测量,设计得极为新颖,知识的含金量很高,值得仔细体会.必须注意,根据实验数据点画出图像时,不允许直接连接数据点画成折线.

本题解答中最容易发生错误的地方,一些学生忽略了重物 B 与地面相互作用的能量损失,认为整个过程中,重物 B 所减小的重力势能完全消耗于木块 A 克服摩擦所做的功.于是由

$$Mgh = \mu mg(h+s)$$

得

$$\mu = \frac{Mh}{m(h+s)} = \frac{5}{4\left(1+\dfrac{s}{h}\right)} = 0.64$$

这样就错了.

(3) 分析误差

<u>电动势和内电阻的测量误差</u>

测定电池电动势和内电阻的基本方法是用被测电池跟滑动变阻器组成闭合电路,用电压表和电流表测出外电路取不同阻值时的路端电压和电流,并以电流(I)为横坐标、电压(U)为纵坐标,画出 U-I 图像(图5.49).然后将实验图像向两端延伸,根据闭合电路欧姆定律,由图线与纵轴的交点得电源电动势 E,由图线对横轴倾角 α 的正切得内电阻,即

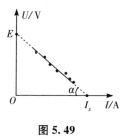

图 5.49

$$r = \tan\alpha = \frac{E}{I_s}$$

由于电压表和电流表都有一定的电阻,因此无论用电流表内接

法或电流表外接法测量时,都会产生误差.有关测量值与真实值的大小关系,除了通过误差计算外,更方便的方法就是从图像进行比较.

如图 5.50 所示,是用电流表内接时的测量电路和实验得到的图线.实验中造成的误差,主要是由于电压表内阻的分流作用引起的,使得电流表的示数比真实的总电流(即流过电源的电流)小一些.

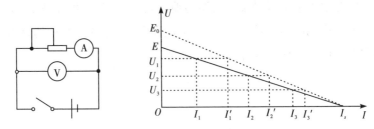

图 5.50 电流表内接时的电路、实验图线和定性理论图线

设电压表的内阻为 R_V,则流过电压表的电流为

$$I_V = \frac{U}{R_V}$$

当路端电压 U 越大时,电压表分流的电流 I_V 也越大,因此电流的测量值与真实值之间的偏差将越大.反之,当路端电压越小时,I_V 也越小,电流的测量值与真实值之间的偏差越小.短路时,路端电压等于零,可以认为测量值与真实值相等.根据这个道理,可以在实验所得到的伏安特性线(U-I 图线)旁边定性画出考虑了电压表分流作用后的另一条图线,如图 5.50 中的虚线所示.在同样的路端电压 U_1、U_2、U_3、… 下,电流的真实值 I_1'、I_2'、I_3'、… 均较测量值 I_1、I_2、I_3、… 稍稍大些.由此可见,电源电动势的真实值 E_0、内电阻的真实值 r_0 与实验中的测量值 E、r 的关系为

$$E_0 > E, \quad r_0 = \frac{E_0}{I_s} > r$$

同理,当采用电流表外接法测量时,同样可以在实验得到的图线旁边画出考虑了电流表内阻分压作用后的另一条图线,如图 5.51 中

5 图示与图像对学习和运用物理知识的指导作用

的实线和虚线所示.电源电动势的真实值 E_0、内电阻的真实值 r_0 与实验中的测量值 E、r 的关系为

$$E_0 = E, \quad r_0 = \frac{E_0}{I_s'} < r$$

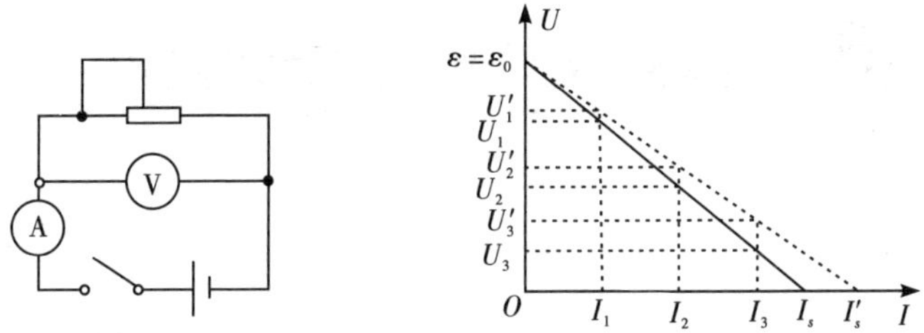

图 5.51 电流表外接时的电路、实验图线和定性理论图线

在这个实验中,利用图像对实验误差进行定性判断,称得上最直观明了,也是最方便的方法了.

6 物理图示在中学物理解题中的应用

把图示和图像运用于解题,泛称为图解法.其结果往往显得简单、明了,常可收到用解析法难以达到的效果.由于图示和图像所具有的特点不同,其内容又极为丰富,下面分别予以介绍.当然,两者也常会互相交织.因此,不要在名称上过于"计较",重在对应用它们的理解和把握.

图示方法的含义很普遍.宽泛地说,借助于图形来研究物理问题的,都可以属于图示方法的范畴.无论是表述物理内容或研究实际问题,"图文并茂"往往可以起到更为形象、直观的作用.

在解题中,同学们都有切身的体会,通常都需要结合着示意图进行分析,或者需要先画出示意图,将文字内容转化为生动的物理情景,所谓"读题审题,作图示意".许多时候,一幅受力分析图、一幅运动过程图……往往会给人无声的启发,差不多已经对问题成功地解答了"一半".几何光学中的光路控制和成像作图,电学中的电路图等,更是图示法的一种最典型的应用.

因此可以这么说,学习物理离不开图,解题过程也离不开图.下面,以某些比较典型的图示方法为主,并分成若干小专题,结合着具体的物理问题,体会一下这些方法在解题中的应用.

 **力三角形**

一个物体受到同一平面内三个共点力的作用而平衡时,用图示法按同一比例表示的这三个力,一定可以构成一个封闭三角形.如图 6.1(a) 所示,用三根细绳悬挂一个重 G 的电灯.设结点 O 受到 AO、BO、CO 三根绳中的张力分别为 T_1、T_2、T_3($T_3=G$).因为这三个力的合力为零,所以其中任意两个力的合力(如 T_3、T_2 的合力 R)一定与第三个力(如 T_1)等值反向,根据这三个力的作用方向按一定比例构成的封闭三角形如图 6.1(b) 所示.

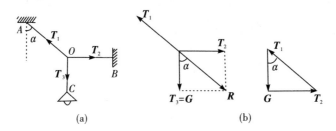

图 6.1

在实际问题中应用力三角形方法,可以分为直接应用和变通应用两部分."直接应用"问题中的研究对象只受三个共点力的作用,相对比较简单;"变通应用"问题中的研究对象不止受到三个共点力的作用,通常需要进行转换.

例题 1 (2013,辽宁) 如图 6.2 所示,一个小球放置在木板与竖直墙面之间.设墙面对球的压力大小为 N_1,木板对球的压力大小为 N_2.以木板与墙连接点所形成的水平直线为轴,将木板从图示位置开始缓慢地转到水平位置.不计摩擦,在此过程中( ).

A. N_1 始终减小,N_2 始终增大

B. N_1 始终减小,N_2 始终减小

图 6.2

C. N_1 先增大后减小，N_2 始终减小

D. N_1 先增大后减小，N_2 先减小后增大

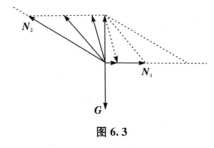

图 6.3

分析与解答 以球为研究对象，平衡时它所受 N_1 与 N_2 的合力必定与重力等值反向．由图 6.3 可知，当木板缓慢转动时，N_1 的方向不变仅大小变化，N_2 的方向与大小均发生变化，但它们两者的合力大小不变，因此正确的是 B．

例题 2 （2013，天津）如图 6.4 所示，小球用细绳系住，绳的另一端固定于 O 点．现用水平力 F 缓慢推动斜面体，小球在斜面上无摩擦地滑动，细绳始终处于直线状态，当小球升到接近斜面顶端时细绳接近水平，此过程中斜面对小球的支持力 F_N 以及绳对小球的拉力 F_T 的变化情况是（　　）．

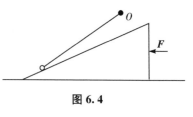

图 6.4

A. F_N 保持不变，F_T 不断增大

B. F_N 不断增大，F_T 不断减小

C. F_N 保持不变，F_T 先增大后减小

D. F_N 不断增大，F_T 先减小后增大

分析与解答 小球受到三个力的作用：重力 G 的大小与方向恒定；斜面支持力 F_N 的方向不变（与重力间夹角一定）；细绳拉力 F_T 的方向由倾斜向上逐渐变到接近水平．小球处于平衡状态时，由这三个力矢量构成的封闭三角形可知（图 6.5），斜面的支持力 F_N

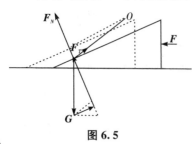

图 6.5

不断增大;绳的拉力 F_T 先变小,后增大.正确的是 D.

例题 3 如图 6.6 所示,三个完全相同的小球用细线系住静止在倾角 $\theta=30°$ 的光滑斜面上,各小球对斜面的压力大小关系是( ).

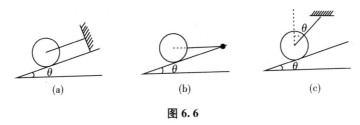

图 6.6

A. $N_1 > N_2 > N_3$
B. $N_1 < N_2 < N_3$
C. $N_2 > N_3 > N_1$
D. $N_2 > N_1 > N_3$

分析与解答 小球受三个力作用:重力 G、斜面支持力 N'、绳子拉力 T.平衡时,这三个力首尾相接必可构成一个封闭三角形.

由于三情况中小球重力大小、方向恒定,斜面支持力的方向不变(垂直斜面向上),画出的力三角形如图 6.7 所示.很容易判知,三情况中斜面对球支持力的大小关系是 $N_2' > N_1' > N_3'$.因此,小球对斜面压力的正确关系是 D.

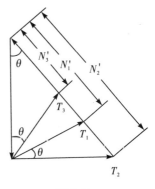

图 6.7

说明 如果把图 6.6 的斜面用一根方向不变的细线代替,用手把另一根细线从水平位置缓缓转到竖直位置(图 6.8(a)).则由画出的力三角形可知(图 6.8(b)),这一过程中 AO 绳中的拉力 T_A 单调减小,而 BO 绳中的拉力 T_B 则经历着由大变小、再由小变大的过程.当 BO 与水平方向的夹角 $\theta=\varphi$ 时,BO 绳中拉力方向恰垂直于 AO,T_B 则有最小值 $T_{B\min}=G\sin\varphi$.这比用正交分解法,列出共点力平衡的方程,通过计算确定 AO、BO 中张力随角度 θ 的变化,并由此求出极值条件要简单得多.

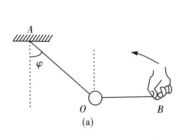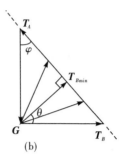

图 6.8

从上述例题可以看出,用力三角法进行分析时,先把大小和方向确定的某个力画出(如例题 1 中的重力 G),再画出有确定作用方向的某个力的方向线(如例题 3 中的 T_A),然后根据第三个力作用方向的变化,确定它们的大小随角度变化的关系.

利用力三角形法,不仅可以判断力的变化,同样可以计算力的大小.

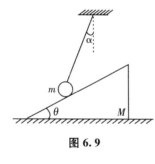

图 6.9

例题 4 在粗糙水平面上有一个质量 $M=3$ kg 的斜面体,其倾角 $\theta=30°$.在它光滑的斜面上放一个质量 $m=1$ kg 的小球,小球被细绳拴住,绳与竖直方向间夹角 $\alpha=30°$,如图 6.9 所示.试求细线对球的拉力和斜面对球的支持力的大小.取 $g=10$ m/s².

分析与解答 小球受到三个力作用:重力 mg、线的拉力 T、斜面支持力 N.平衡时,根据这三个力首尾相接组成的三角形(图 6.10),由

$$\frac{N}{\sin\alpha}=\frac{mg}{\sin\left(180°-(\alpha+\theta)\right)}$$

$$\frac{T}{\sin\theta} = \frac{mg}{\sin(180° - (\alpha + \theta))}$$

得

$$N = mg \cdot \frac{\sin\alpha}{\sin(\alpha+\theta)} = \frac{\sqrt{3}}{3}mg = 5.78 \text{ N}$$

$$T = mg \cdot \frac{\sin\theta}{\sin(\alpha+\theta)} = \frac{\sqrt{3}}{3}mg = 5.78 \text{ N}$$

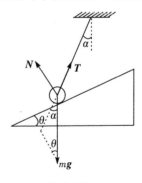

图 6.10

说明 对于受到三个共点力而平衡的物体,画出封闭的力三角形后,利用正弦定理求解,往往比采用正交分解法简单.

变通运用

当一个物体受到同一平面内不止三个共点力作用而平衡时,如果其中某两个力的合力有确定的方向,这时就可以把这两个力合成后转化为三力平衡问题,同样可以运用力三角形方法进行研究.

例题 1 在水平地面上放一个重为 G 的物体,受到一个斜向拉力 F 作用沿地面匀速移动,若物体与地面间的动摩擦因数为 μ,则当拉力与水平面间夹角 α 为多大时,拉力最小?

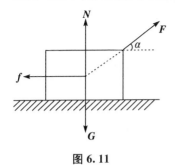

图 6.11

分析与解答 物体沿地面滑动时受 4 个力作用:重力 G、拉力 F、地面支持力 N、地面摩擦力 f(图 6.11).匀速时满足条件

$$F\cos\alpha - f = 0$$
$$F\sin\alpha + N - G = 0$$

又

$$f = \mu N$$

联立三式解出 F,再通过求极值找出 α 角.这是一种常规的解法.

如果我们把地面支持力 N 和摩擦力 f 合成一个力 R,就转化为一个三力平衡问题,同样可用力三角形法求解.

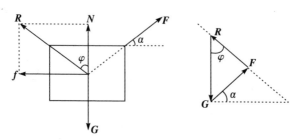

图 6.12

由于 $\mu = \dfrac{f}{N}$ 是一个确定值,当拉力方向变化时,地面摩擦力 f 和支持力 N 的合力 R 与竖直方向间的夹角 φ(称摩擦角,$\tan\varphi = \mu$)不变.这样,在恒定的 G、确定方向的 R 和拉力 F 画出力三角形,从中立即可以看出(图 6.12):当拉力与水平方向间夹角 α 恰等于摩擦角 φ 时,拉力 F 有极小值,其值为

$$F_{\min} = G\sin\varphi = G\dfrac{\mu}{\sqrt{1+\mu^2}}$$

说明 如果把题中物体置于倾角为 θ 的斜面上,物体与斜面间的摩擦因数为 μ,欲求使物体沿斜面匀速上滑时所需最小拉力时,可采用同样的方法——把 f、N 合成一个力 R,它与竖直方向间夹角($\theta+\varphi$)恒定($\tan\varphi = \mu$).由 G、R、F 画出的力三角形立即可知(图 6.13),使物体沿斜面匀速上滑时拉力 F 的最小值为

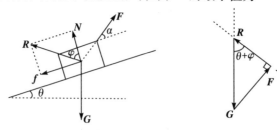

图 6.13

$$F_{\min} = G\sin(\theta + \varphi)$$

摩擦力 f 与支持力 N 的合力 R，也称为全反力．这种变通方法，可以有很灵活的应用．

例题 2 （2009，宁夏）水平地面上有一木箱，木箱与地面之间的动摩擦因数为 $\mu(0<\mu<1)$．现对木箱施加一拉力 F，使木箱做匀速直线运动．设 F 的方向与水平

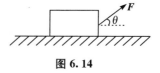

图 6.14

面夹角为 θ，如图 6.14 所示，在 θ 从 $0°$ 逐渐增大到 $90°$ 的过程中，木箱的速度保持不变，则（　　）．

A. F 先减小后增大　　　　B. F 一直增大

C. F 的功率减小　　　　　D. F 的功率不变

分析与解答 木箱受到 4 个力的作用：重力 mg、拉力 F、地面支持力 N 和地面摩擦力 f．把其中的 N 和 f 合成一个力 R，它与竖直方向间的夹角 φ 恒定，即

$$\tan\varphi = \frac{f}{N} = \frac{\mu N}{N} = \mu$$

因此木箱可以看成受到三个共点力作用，它们首尾相接构成一个封闭三角形．由图 6.15 立即可知，当 θ 从 $0°$ 逐渐增大到 $90°$ 的过程中，拉力 F 先减小、后增大．由于拉力在水平方向的投影 $F\cos\theta$ 单调减小，拉力的功率

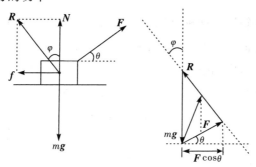

图 6.15

$$P = Fv\cos\theta = v \cdot F\cos\theta$$

也单调减小.所以正确的是 A、C.

说明 如果采用列方程求解的方法:由木箱的平衡条件得
$$mg - N - F\sin\theta = 0$$
$$F\cos\theta - f = 0$$
联立两式并结合摩擦力的关系式 $f = \mu N$ 得
$$F = \frac{\mu mg}{\cos\theta + \mu\sin\theta}$$
$$P = Fv\cos\theta = \frac{\mu mgv\cos\theta}{\cos\theta + \mu\sin\theta}$$

然后,根据三角函数的变化确定其值.两者相比,采用画力三角形的方法简便得多.

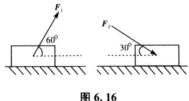

图 6.16

例题 3 (2010,全国新课标) 如图 6.16 所示,一物块置于水平地面上.当用与水平方向成 60°角的力 F_1 拉物块时,物块做匀速直线运动;当改用与水平方向成 30°角的力 F_2 推物块时,物块仍做匀速直线运动.若 F_1 和 F_2 的大小相等,则物块与地面之间的动摩擦因数为(　　).

A. $\sqrt{3} - 1$　　B. $2 - \sqrt{3}$　　C. $\frac{\sqrt{3}}{2} - \frac{1}{2}$　　D. $1 - \frac{\sqrt{3}}{2}$

分析与解答 两种情况下物块都受到四个力的作用:重力、拉力或推力、地面支持力和地面摩擦力.由于支持力和摩擦力有确定的关系,当把支持力和摩擦力合成为一个力 R_1 和 R_2 后,它们对竖直方向的夹角(摩擦角)相同,设为 φ.这样,两情况下就都可以转化为受到三个力作用,它们在力平衡时构成的封闭三角形如图 6.17 所示.

根据题设条件,F_1 和 F_2 的大小相等,因此由 F_1、F_2 和 $R_2 - R_1$ 三边构成一个等腰三角形.作出这个三角形的高后,根据角度关系立

即可知摩擦角 $\varphi = 15°$，即
$$\tan\varphi = \tan 15° = \mu$$
利用半角公式 $\tan\dfrac{x}{2} = \dfrac{1-\cos x}{\sin x}$，因此
$$\mu = \dfrac{1-\cos 30°}{\sin 30°} = 2 - \sqrt{3}\quad (\text{B 正确})$$

说明 本题的通常解法是根据水平方向和竖直方向的力平衡条件列出方程，合并后可以简化为两个方程，即
$$F_1\cos 60° = \mu(mg - F_1\sin 60°)$$
$$F_2\cos 30° = \mu(mg + F_2\sin 30°)$$
然后联立求解．同学们可自行求解比较．

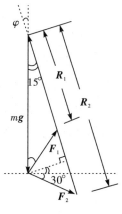

图 6.17

例题 4 一根直杆（重力不计）斜靠在水平地面和竖直光滑的墙上，在一个重为 G 的猴子从底端缓缓沿杆而上的过程中，墙对杆的作用力和地面对梯的摩擦力如何变化？

分析与解答 猴子与杆组成的系统，共受到 4 个力作用：猴重 G、墙对杆的作用力 N（垂直墙面）、地面支持力和静摩擦力．如把地面支持力和静摩擦力合成一个力 R（称地面全反力），它的方向必通过 N、G 两力作用线的交点 O，如图 6.18(a) 所示．这样就转化为一个三力平衡的问题．

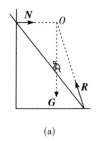 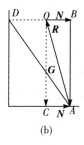 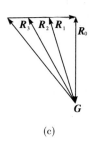

(a)　　　　(b)　　　　(c)

图 6.18

画出的力三角形如图 6.18(b)所示.由于 G 的大小、方向恒定,N 的方向不变,随着猴子的上爬,地面全反力 R 的作用方向越来越斜,墙对杆的作用力 N 逐渐增大,地面全反力 R 的大小也逐渐增大,如图 6.18(c)所示,可见地面静摩擦力也逐渐增大.

例题 5 如图 6.19 所示的装置中,轻质杆 AB 长 l,可绕铰链 A 转动,B 端用绳子 BC 悬吊,当把一个重为 G 的物体悬挂在杆上从 B 向 A 移动的过程中,BC 绳中的张力 T 和铰链 A 中的作用力如何变化?

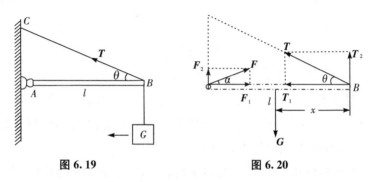

图 6.19　　　　　　图 6.20

分析与解答 AB 杆受到绳 CB 的张力 T 和悬挂物的拉力(等于 G)都有确定的方向,因此研究张力 T 随物体离 B 端距离 x 变化的关系时,只需根据它们对转轴 A 的力矩平衡就可确定.困难的是对 A 端作用力的研究.由于铰链 A 的作用力方向未知,通常用解析法时常把铰链作用力 F 分解为沿着杆子和垂直杆子的两个分力 F_1、F_2(图 6.20),然后根据平衡条件由

$$T\cos\theta = F\cos\alpha$$

$$T\sin\theta + F\sin\alpha = G$$

再结合前面由力矩平衡求出的 T 值求解.

或者改用 B 端为假想的转轴,由力矩平衡方程

$$Gx = Fl\sin\alpha$$

再结合三力共点的边角关系(图 6.21)

$(l-x)\tan\alpha = x\tan\theta$

联合求解.

用上面的两种方法得到 T、F 的解析式后,再分析其对 x 的变化关系,整个过程较复杂.

本题如采用力三角形法,则显得十分简便巧妙.

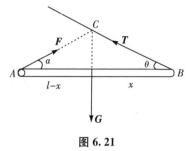

图 6.21

重物从 B 端向 A 移动时,在不同位置作用在 AB 杆上的三个力所画出的力三角形如图 6.22 所示.为了便于直观地比较,可以把各三角形平移到最右端的三角形中,如图 6.23 所示.

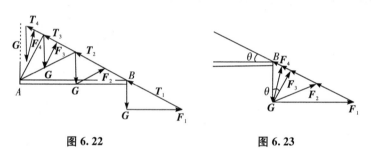

图 6.22　　　　　　　　图 6.23

这些力三角形都有一条公共边(G) 和一条确定的方向线(T 的作用线).当重物逐渐移向 A 端时,从图中可直观地看出,绳中张力 T 单调减小,铰链 A 的作用力 F 先减小,后增大.当 F 垂直 T 时,铰链中作用力有极小值,即

$$F_{\min} = G\cos\theta$$

 **力多边形**

物体受到三个以上共点力作用而平衡时,把这几个力矢量平移后首尾相接,一定可以构成一个封闭多边形.利用边、角关系的几何方法,就可以用来讨论力的变化和进行辅助计算.

如果物体受到三个以上共点力作用而不平衡时,把这几个力矢量平移后首尾相接,会形成一条不封闭的折线,此时连接首、尾两端的矢量表示这些力的合力.借助于平衡时的力多边形方法,也可以用类似于封闭多边形的方法进行研究.

下面,分平衡状态和不平衡状态两种情况予以介绍.

平衡状态

例题 1 如图 6.24 所示,小船用绳牵引匀速前进,水阻力不变,则在船靠岸过程中浮力和绳的拉力大小如何变化?

分析与解答 小船共受四个力:重力 G、浮力 Q、绳中拉力 F、水的阻力 f.它们组成的封闭多边形如图 6.25 所示.

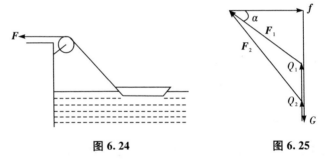

图 6.24　　　　图 6.25

由于 G 与 f 的大小、方向恒定,从力多边形容易判知,随着船靠岸,拉力与水平方向间夹角 α 增大,浮力 Q 变小($Q_2 < Q_1$),绳中拉力变大($F_2 > F_1$).

例题 2 在光滑的斜面上有一个重为 $G = 2P$ 的物块.当在这个物块上沿斜面向上和沿水平向右分别加一个大小均为 $F = \dfrac{G}{2} = P$ 的力后,物块正好处于平衡状态.这个物块对斜面的压力多大?这个斜面的底和高的比是多少?

分析与解答 物块受到四个力的作用,平衡时这 4 个力矢量首尾相接恰好构成一个封闭四边形(图 6.27).由边角关系易知,斜面对

物块的支持力 $N=G=2P$.

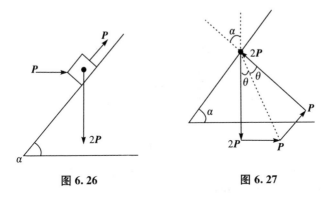

图 6.26　　　　　图 6.27

设斜面倾角为 α，由图中角度关系知 $\theta=\dfrac{\alpha}{2}$，则

$$\tan\theta=\tan\dfrac{\alpha}{2}=\dfrac{P}{2P}=\dfrac{1}{2}$$

利用半角公式

$$\tan\dfrac{\alpha}{2}=\dfrac{1-\cos\alpha}{\sin\alpha}=\dfrac{1}{2}$$

展开后解得

$$\cos\alpha=\dfrac{3}{5}$$

所以斜面的底与高之比 $\dfrac{3}{4}$.

例题 3　木箱重为 G，与水平地面间的摩擦因数为 μ，推力 F 与竖直方向间的夹角为 θ，如图 6.28(a) 所示．试问：当 θ 角多大时，无论用多大的力都推不动箱子．

分析与解答　先设想木箱受水平推力 $\left(\theta_1=\dfrac{\pi}{2}\right)$ 做匀速运动．作用在箱子上有 4 个力：重力 G、推力 F_1、地面弹力 N_1 和摩擦力 f_{m1}（最大静摩擦力，认为等于滑动摩擦力）．画出的封闭多边形如图

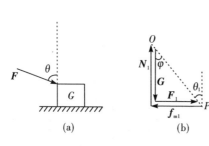
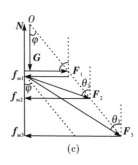

图 6.28

6.28(b)所示(G 与 N_1,F_1 与 f_{m1} 互相重合,构成直角).设连接两端点的斜线 OP 与竖直方向间夹角为 φ,则

$$\tan\varphi = \frac{f_{m1}}{N_1} = \mu$$

当 θ 角减小为 $\theta_2\left(\theta_2 < \dfrac{\pi}{2}\right)$ 时,上述 4 力沿折线 $OGF_2f_{m2}O$ 构成封闭图形(图 6.28(c)),其中 F_2、N_2、f_{m2} 都变大. θ 角继续减小(设 $\theta_3 < \theta_2$),上述 4 力沿折线 $OGF_3f_{m3}O$ 构成封闭图形,F_3、N_3、f_{m3} 都继续变大.

根据由箱子所受力构成的多边形可知,当 θ 减小到使推力 F 平行 OP 线,即无法再构成封闭图形时,表示无论用多大推力已不能推动箱子.所以推力与竖直方向间夹角应满足条件

$$\theta \leqslant \varphi = \tan^{-1}\mu$$

不平衡状态

物体受不平衡力作用时,由牛顿第二定律 $F_合 = ma$,即 $F_合 - ma = 0$,如果把 $-ma$ 看成一个力(惯性力),就可以把原来各个力矢量平移后形成的折线封闭起来.这样的"动静转化"就是物体受到不平衡力作用时,运用力多边形方法的依据.

如果物体受到不平衡力作用时,其中某两个力的合力恰好有确定的方向,可以先把它们合成起来,然后类似地采用平衡状态的力三角形(或力多边形)方法进行研究,会收到异曲同工之妙.

6 物理图示在中学物理解题中的应用

例题 1 如图 6.29 所示,质量为 m 的小球被细绳系于光滑的斜面上,斜面倾角为 θ.当斜面向左运动的加速度 a 从零逐渐增大且球保持与斜面接触时,绳的拉力 T 和斜面支持力 N 如何变化?

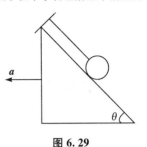

图 6.29

分析与解答 小球受到三个力:重力 mg、拉力 T、支持力 N.由于它不是处于平衡状态,这三个力不能构成封闭三角形,只能形成一条不封闭的折线,如图 6.30 中 $OABC$ 所示.根据力多边形的道理可知,OC 边按一定比例表示小球所受的合力,即 $F_合 = ma$.

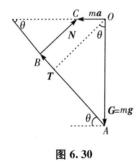

图 6.30

由图 6.30 可知,因其中 mg 恒定,T 的方向和 $F_合 = ma$ 的方向确定,因此当加速度增大时,要求 $F_合$ 增大,必然情况是绳中拉力 T 增大,斜面支持力 N 减小.当加速度满足条件 $a = g\cot\theta$ 时,斜面支持力 $N = 0$,绳中拉力达最大,$T_m = mg/\sin\theta$.以后小球就将离开斜面飘起来.

所以,当 a 从零逐渐增大到 $a_m = g\cot\theta$(球不脱离斜面)过程中,T、N 的变化情况如下:

$$T \text{ 由 } mg\sin\theta \to \frac{mg}{\sin\theta}, N \text{ 由 } mg\cos\theta \to 0.$$

例题 2 (2013,山东理综)如图 6.31 所示,一质量 $m = 0.4$ kg 的小物块,以 $v_0 = 2$ m/s 的初速度,在与斜面成某一夹角的拉力 F 作用下,沿斜面向上做匀加速运动,经 $t = 2$ s 的时间物块由 A 点运动到 B 点,A、B 之间的距离 $L = 10$ m.已知斜面倾

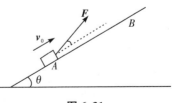

图 6.31

角 $\theta = 30°$,物块与斜面之间的动摩擦因数 $\mu = \dfrac{\sqrt{3}}{3}$.重力加速度 g 取 10 m/s^2.

① 求物块加速度的大小及到达 B 点时速度的大小.

② 拉力 F 与斜面的夹角多大时,拉力 F 最小？拉力 F 的最小值是多少？

分析与解答 ① 设物块的加速度大小为 a,到达 B 点时的速度大小为 v,由

$$L = v_0 t + \dfrac{1}{2} a t^2$$

$$v = v_0 + at$$

代入数据后得两方程

$$10 = 4 + 2a$$

$$v = 2 + 2a$$

联立解得

$$a = 3 \text{ m/s}^2, \quad v = 8 \text{ m/s}$$

② 物块沿斜面上行时受到四个力的作用:重力、拉力、斜面支持力和斜面摩擦力.由于摩擦力 f 与支持力 N 有确定的关系,可以把它们合成一个力 R(全反力),设 R 与 N 间的夹角为 φ,则

$$\tan\varphi = \dfrac{f}{N} = \mu \quad \Rightarrow \quad \varphi = \tan^{-1}\mu = 30°$$

于是,可以把物块看成只受到三个力(mg、R、F)的作用.它们的合力为 $F_{合} = ma$.从重力矢量 mg 的末端画出全反力 R 的方向线,显然,从 $F_{合}$ 的末端引到 R 方向线的垂线所表示的力矢量,就表示最小拉力(图 6.32).

由于 $\theta = 30°$,立即可知拉力方向与斜面间的夹角为

$$\alpha = 30°$$

所以,拉力的最小值为

$$F_{\min} = (mg + F_{合})\sin 60° = (mg + ma)\sin 60°$$
$$= (4 + 1.2) \times \frac{\sqrt{3}}{2} \text{ N} = \frac{13}{5}\sqrt{3} \text{ N}$$

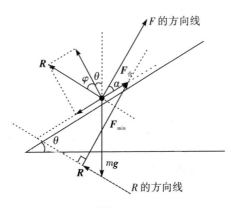

图 6.32

说明 本题的前半题是一个很简单的运动问题,关键是后半题. 习惯的解法是沿斜面和垂直斜面建立运动方程,找出拉力 F 与其倾角 α 的表达式,然后通过三角函数求极值的方法得解. 这里采用画出力多边形的方法,只需认识其中的边、角关系,就可以很方便地得解了,请结合下面的习惯解答,比较体会.

设拉力与斜面的夹角为 α,将作用于物块的各个力沿斜面和垂直斜面分解,结合摩擦力与对斜面压力的关系,一起列出方程

$$\begin{cases} F\cos\alpha - mg\sin\theta - f = ma \\ F\sin\alpha + N - mg\cos\theta = 0 \\ f = \mu N \end{cases}$$

联立三式,得

$$F = \frac{mg(\sin\theta + \mu\cos\theta) + ma}{\cos\alpha + \mu\sin\alpha}$$

其分母

$$\cos\alpha + \mu\sin\alpha = \cos\alpha + \frac{\sqrt{3}}{3}\cos\alpha = \frac{2\sqrt{3}}{3}\sin(60° + \alpha)$$

当分母取最大值时,F 有最小值,所以对应的倾角和最小值分别为

$$\alpha = 30°, \quad F_{\min} = \frac{13}{5}\sqrt{3}\,\text{N}$$

6.3 速度三角形

根据运动合成与分解原理,一个物体同时参与两个运动时,合运动的速度(或位移、加速度),可以用这两个分运动的速度(或位移、加速度)为邻边构成的平行四边形对角线表示,如图 6.33(a) 所示.因此,两个分运动的速度(v_1、v_2)和合运动的速度(v)同样可构成一个封闭三角形,如图 6.33(b) 所示.

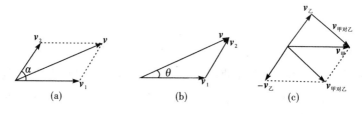

图 6.33

引入相对速度概念后,很容易从速度三角形找出相对速度.因为

$$v_{甲对乙} = v_甲 - v_乙 = v_甲 + (-v_乙)$$

所以,为了求出甲相对于乙的速度(即以乙为参考系观察到的甲的速度),只需画出从 $v_乙$ 末端到 $v_甲$ 末端的一根矢量,如图 6.33(c) 所示.*

例题 1 与水平面成 $30°$ 角向斜上方抛出一个小球,经时间 $t=3$ s 后,小球的速度方向与水平面成 $45°$ 角斜向下,试求抛出时的初速度和 3 s 末的速度大小(空气阻力不计).

分析与解答 斜抛物体运动中仅受重力作用,可看成沿抛出方

---

* 速度符号 v 下角仅用一个字表示的,均为对地速度,如 $v_甲$、$v_乙$ 分别为甲、乙对地速度.下同.

向的匀速直线运动和自由落体运动的合运动.任何时刻的速度等于这两个分运动的合速度,因此在 $t=3$ s 末时画出的速度三角形如图 6.34 所示.

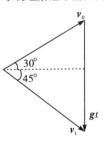

图 6.34

因为 3 s 末的竖直分速度

$$v_y = gt = 9.8 \times 3 \text{ m/s} = 29.4 \text{ m/s}$$

在速度三角形用正弦定理,有

$$\frac{gt}{\sin 75°} = \frac{v_0}{\sin 45°} = \frac{v_t}{\sin 60°}$$

解得 $v_0 = 21.5$ m/s, $v_t = 26.4$ m/s.

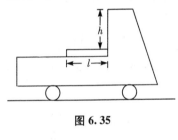

图 6.35

例题 2 一辆货车在平直公路上行驶过程中,遇到竖直下落的大雨,车上紧靠挡板平放着一块长 $l = 1$ m 的木板,木板距挡板最高处 $h = 1$ m,如图 6.35 所示.如果雨下落的速度 $v_1 = 12$ m/s,那么货车的速度 v_2 应该多大,才能使木板不被雨淋?

分析与解答 雨点相对于车的速度

$$v_{雨对车} = v_{雨} - v_{车} = v_{雨} + (-v_{车})$$

要求车上的木板不被雨淋,雨点相对于车的速度方向应该沿着车顶和木板的边缘,由图 6.36 可知

$$\tan\theta = \frac{l}{h} = 1 \quad \Rightarrow \quad \theta = 45°$$

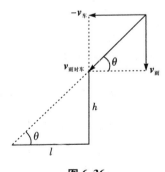

图 6.36

得车速

$$v_2 = v_1 = 12 \text{ m/s}$$

例题 3 河宽 $l = 300$ m,水速 $v_水 = 5$ m/s,船保持以静水中的速

度 $v_{船}=3$ m/s 渡河,要求渡河的航程最短,船的航向如何?最短航程多大?

分析与解答 当 $v_{船}>v_{水}$ 时,只需使渡河时的合速度垂直河岸(到达正对岸),渡河的航程最短(即等于河宽).由于题中 $v_{船}<v_{水}$,已无法使合速度垂直河岸,最短航程也就不再等于河宽.通常的方法需通过列方程求极值,而如果采用速度矢量三角形图解法,就变得直观、简便.

先以一定比例画出矢量 **AB** 表示 $v_{水}$,然后以 B 为圆心,按同样比例以 $v_{船}$ 为半径画圆,过 A 点画圆的切线(图 6.37),则切线 AC 方向就是航线方向,即合速度方向.

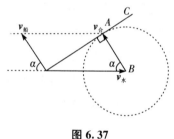

图 6.37

根据这个速度三角形,很容易求出渡河时船头指向(航向)对河岸的夹角为

$$\alpha = \cos^{-1}\frac{v_{船}}{v_{水}} = \cos^{-1}\frac{3}{5}$$

渡河时间

$$t = \frac{l}{v_{船}\sin\alpha}$$

所以,最短航程为

$$s_{min} = v_{合}t = v_{水}\sin\alpha \cdot t = \frac{v_{水}}{v_{船}}l = \frac{5}{3}\times 300 \text{ m} = 500 \text{ m}$$

例题 4 如图 6.38 所示,甲、乙两个游泳运动员在河两岸的 A、B 两处,已知两处连线长 $AB=s$,与河岸形成 α 角.甲、乙两游泳运动员在静水中的最大速度分别为 v_1、v_2,水速恒定为 v.两运动员同时从两地出发,求他们从出发到相遇的最短时间及游泳的方向.

分析与解答 如果水静止,要求在最短时间内相遇,必然应该沿着 A、B 两处连线向对方游去.当水流动时,设甲的游泳方向为北偏东 β 角,乙的游泳方向为南偏西 γ 角(图 6.39).

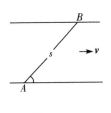

图 6.38

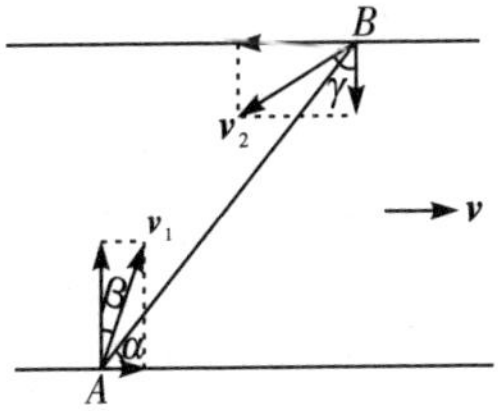

图 6.39

甲相对于乙的速度为

$$v_{12} = v_{甲对地} - v_{乙对地}$$
$$= (v_1 + v) - (v_2 + v)$$
$$= v_1 - v_2$$

或

$$v_{12} = v_1 + (-v_2)$$

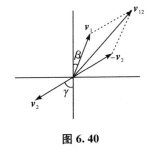

图 6.40

其矢量图如图 6.40 所示.

两人为了尽快相遇,显然,只有当 v_1 与 $-v_2$ 方向一致,即 $\beta = \gamma$ 时,v_{12} 有最大值,相遇时间最短.其值为

$$t_{\min} = \frac{s}{v_1 + v_2}$$

例题 5 一个人东行,速度为 4 m/s,觉得风从南方吹来.若其速度增至 6 m/s,便觉得风从东南吹来,试求风速的大小和方向.

分析与解答 人感觉到的风的方向,就是风相对于人的速度方向.因为,风对地的速度大小、方向可认为不变,只是由于人对地的速度不同,才引起感觉上的风向不同.根据相对速度的概念,有

$$v_{风对人} = v_风 - v_人$$

由题意可画出两情况中的速度矢量三角形,如图 6.41 所示.由图可知

$$v_{风对人} = v'_人 - v_人 = 2 \text{ m/s}$$

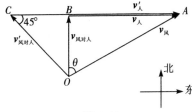

图 6.41

因此,风速大小为

$$v_风 = \sqrt{v_人^2 + v_{风对人}^2} = \sqrt{4^2 + 2^2} \text{ m/s} = 4.47 \text{ m/s}$$

设风速与正北方向之间的夹角为 θ,则

$$\tan\theta = \frac{v_人}{v_{风对人}} = \frac{4}{2} = 2, \quad \theta = 64.4°$$

所以,风速(即风对地的速度)大小为 4.47 m/s,风向为北偏东 64.4°.

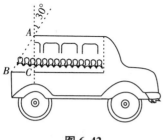

图 6.42

例题 6 有一汽车,后部敞开,顶篷也只有半截,而乘客已坐满到车的后部(图 6.42).最后边的乘客 B 观察车篷边缘 A 点时,视线方向与竖直线成 30° 角.汽车静止时雨点洒到大部分乘客身上.若汽车以 $v_1 = 2$ m/s(7.2 km/h)的速度东行时,正在 A 点之下的乘客 C 恰不遭雨淋;当车速增加到 $v_2 = 5$ m/s 时,全部乘客刚好不遭雨淋.试求雨点的速度.

分析与解答 车速为 v_1 时,雨对车的速度方向为竖直向下;车速为 v_2 时,雨对车的速度方向为斜向下与竖直线成 30° 角.两情况中速度矢量三角形如图 6.43 所示.

设雨对地的速度与竖直方向成 θ 角,由图 6.43 可知

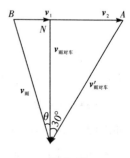

图 6.43

$$\frac{\tan\theta}{\tan 30°} = \frac{\dfrac{v_1}{v_{雨对车}}}{\dfrac{v_2 - v_1}{v_{雨对车}}} = \frac{v_1}{v_2 - v_1}$$

则

$$\tan\theta = \frac{v_1}{v_2 - v_1}\tan 30° = \frac{2}{3} \times \frac{\sqrt{3}}{3} = \frac{2}{9}\sqrt{3}$$

即
$$\theta \approx 21°$$
所以
$$v_雨 = \frac{v_1}{\sin\theta} = \frac{2}{\sin 21°} \text{ m/s} = 5.58 \text{ m/s}$$

例题 7 在离开地面有足够高度 h、相距 l 的两处,同时抛出两个小球.一个以速度 v_1 竖直向上抛出;另一个以速度 v_2 对着第一个小球水平抛出,两球初速度方向都在同一个竖直平面内.试求这两个小球在运动过程中的最小距离.

分析与解答 竖直上抛由向上的匀速运动和自由落体运动所合成,平抛由水平方向的匀速运动和自由落体运动所合成.因此,如果以第一个小球为参考系,第二个小球相对第一个小球的加速度为零,做匀速直线运动.相对速度为

$$v_{2对1} = v_2 - v_1 = v_2 + (-v_1)$$

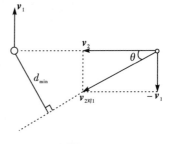

图 6.44

如图 6.44 所示.设 $v_{2对1}$ 与 v_2 方向间的夹角为 θ,则由图可知

$$\theta = \tan^{-1}\frac{v_1}{v_2}$$

运动过程中两球最短距离为

$$d_{\min} = l\sin\theta = \frac{v_1}{\sqrt{v_1^2 + v_2^2}}l$$

例题 8 女子铅球是我国田径传统项目.某运动员在一次国际比赛中,经仪器测得铅球出手时的速率为 14.21 m/s,此时球离地面高 1.842 m.为使铅球获得最大水平射程,抛射角应为多少?铅球落地点对抛出点的水平距离是多少(不计空气阻力,$g = 9.8 \text{ m/s}^2$)?

分析与解答 必须注意,斜抛运动中仅当落地点跟抛出点在同

一水平面上时,才可直接由射程公式 $x=\dfrac{v_0^2\sin 2\alpha}{g}$ 得出 $\alpha=45°$ 时射程最大的结论.题中落地点与抛出点不在同一水平面上,需根据其在水平方向和竖直方向的运动规律列式

$$s=v_0\cos\alpha t$$
$$-h=v_0\sin\alpha t-\dfrac{1}{2}gt^2$$

联立后通过求极限解出.计算过程较复杂.

如果我们根据运动合成原理,画出小球落地的速度矢量三角形,就可以很方便地求出结果.

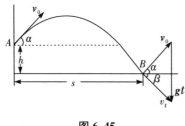

图 6.45

设小球落地速度 v_t 与水平面的夹角为 β,画出落地点的速度矢量三角形,如图 6.45 所示.由正弦定理得

$$\dfrac{gt}{\sin(\alpha+\beta)}=\dfrac{v_0}{\sin(90°-\beta)}=\dfrac{v_0}{\cos\beta}$$

根据斜抛运动水平方向做匀速直线运动的特性和机械能守恒定律,得关系式

$$v_0\cos\alpha=v_t\cos\beta$$
$$v_t^2=v_0^2+2gh$$

联立得水平射程

$$s=v_0\cos\alpha t=v_t\cos\beta t=\sqrt{v_0^2+2gh}\cdot\dfrac{v_0}{g}\sin(\alpha+\beta)$$

可见,当 $\alpha+\beta=90°$ 时,水平射程最大,其值为

$$s_m=\dfrac{v_0}{g}\sqrt{v_0^2+2gh}=22.37\text{ m}$$

由速度矢量三角形得对应的抛射角

$$\alpha=\tan^{-1}\dfrac{v_0}{v_t}=\tan^{-1}\dfrac{v_0}{\sqrt{v_0^2+2gh}}=42.65°$$

6.4 电场的图示

(1) 电场线

电场线是一种很典型的图示方法.利用它可以形象化地描述电场——用电场线的切线方向,表示电场的方向;用电场线的疏密程度,表示电场的强弱.电场线始于正电荷,终于负电荷,"有头有尾".

由于电场线不仅联系着带电粒子的受力方向,还可以联系着电势的高低、电场力做功以及电荷电势能的变化等许多方面,因此应用上显得很普遍和多样化.

在研究联系着电场线的有关问题时,除了需要认识电场线的特性外,还应该注意这样几方面:

① 当只有一条电场线(直线)时,无法判断场的性质(匀强电场或非匀强电场);

② 电场线处处与等势面垂直,沿电场线的方向是电势降落最快的方向;

③ 在非匀强电场中,电场线越密的地方,沿场强方向每单位距离上的电势差越大.引入"平均电场强度",可借助于匀强电场中 $U = Ed$ 的关系式进行类比研究.

例题 1 (2010,陕西理综)静电除尘器是目前普遍采用的一种高效除尘器.某除尘器模型的收尘板是很长的条形金属板,图 6.46 中直线 ab 为该收尘板的横截面.工作时收尘板带正电,其左侧的电场线分布如图 6.46 所示;粉尘带负电,在电场力作用下向收尘板运动,最后落在收尘板上.若用粗黑曲线表示原来静止于 P 点的带电粉尘颗粒的运动轨迹,下列 4 幅图中可能正确的是(忽略重力和空气阻

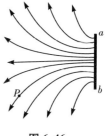

图 6.46

力)( ).

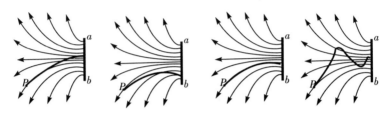

图 6.47

分析与解答 忽略重力和空气阻力后,粉尘在电场中仅受到电场力作用.从静止开始,粉尘应该沿着电场力方向(即电场线的切线方向)做加速运动.当电场线是曲线时,由于粉尘的速度方向与电场力方向并不一致,因此不会沿着电场线运动.对照上面的四幅图,B、C、D 都错,正确的是 A.

说明 一些同学把电场线与带电粒子的运动轨迹混淆起来,认为粉尘是沿着电场线被吸附进去的,错选为 C.必须注意:只有同时满足电场线是直线、不计粒子的重力、没有初速度(或初速度方向沿着电场线方向)三个条件时,带电粒子才会沿着电场线运动.

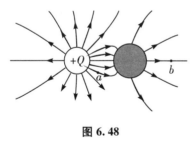

图 6.48

例题 2 (2013,江苏)将一电荷量为 $+Q$ 的小球放在不带电的金属球附近,所形成的电场线分布如图 6.48 所示,金属球表面的电势处处相等.a、b 为电场中的两点,则( ).

A. a 点的电场强度比 b 点的大
B. a 点的电势比 b 点的高
C. 检验电荷 $-q$ 在 a 点的电势能比在 b 点的大
D. 将检验电荷 $-q$ 从 a 点移到 b 点的过程中,电场力做负功

分析与解答 根据电场线的疏密反映场强大小、电场线的方向

就是电势降落的方向可知,a 点的电场强度比 b 点的大,a 点的电势比 b 点的高,A、B 正确.

电荷的电势能 $\varepsilon = q\varphi$,当 $\varphi_a > \varphi_b$,电荷 q 为负时,$\varepsilon_a < \varepsilon_b$,因此 C 错.

检验电荷 $-q$ 从 a 点移到 b 点的过程中,电场力做功

$$W_{ab} = -qU_{ab} = -q(\varphi_a - \varphi_b) < 0 \quad (\text{D 正确})$$

说明 公式 $W_{ab} = qU_{ab}$ 中的三个物理量 q、U_{ab} 和 W_{ab} 都有正负,计算时应该带正负号一起代入.

例题 3 (2012,重庆)空中 P、Q 两点处各固定一个点电荷,其中 P 点处为正点电荷,P、Q 两点附近电场的等势面分布如图 6.49 所示. a、b、c、d 为电场中的四个点. 则( ).

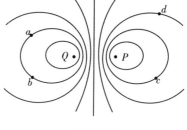

图 6.49

A. P、Q 两点处的电荷等量同种

B. a 点和 b 点的电场强度相同

C. c 点的电势低于 d 点的电势

D. 负电荷从 a 到 c,电势能减少

分析与解答 根据等势面的对称性可知,P、Q 一定是等量异种电荷,A 错.电场强度的方向垂直等势面,a、b 两点的场强方向不同,B 错.c 点的等势面靠近正电荷,因此 c 点的电势比 d 点高,C 错.负电荷从 a 到 c 电场力做功

$$W_{ac} = -qU_{ac} = -q(\varphi_a - \varphi_c) > 0$$

可见电势能应该减小,D 正确.

说明 认识某些典型电场的电场线和等势线的分布很有好处.如等量同种电荷和等量异种电荷的电场线和等势面分别如图 6.50 和图 6.51 所示.可见 P、Q 必然为等量异种电荷.

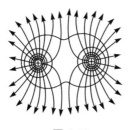

图 6.50

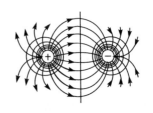

图 6.51

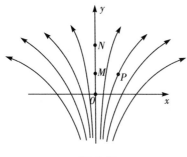

图 6.52

例题 4 （2009，全国理综）如图 6.52 所示，一电场的电场线分布关于 y 轴（沿竖直方向）对称，O、M、N 是 y 轴上的三个点，且 $OM=MN$. P 点在 y 轴右侧，$MP \perp ON$，则（　　）．

A. M 点的电势比 P 点电势高

B. 将负电荷由 O 点移动到 P 点，电场力做正功

C. M、N 两点间的电势差大于 O、M 两点间的电势差

D. 在 O 点静止释放一个带正电粒子，该粒子将沿 y 轴做直线运动

分析与解答 因为等势面与电场线垂直，画出 P 点所在电场线的某个等势面（如图 6.53 中虚线所示），使它恰能通过 M 点，由图 6.53 可知，$\varphi_M = \varphi_{M'} > \varphi_P$，所以 A 正确．

负电荷从 O 点移动到 P 点，是从高电势移向低电势，电场力做负功，B 错．

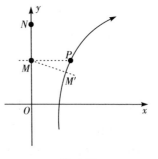

图 6.53

图中显示沿 y 轴方向电场线的分布变疏,引入平均电场强度,则 $\bar{E}_{OM} > \bar{E}_{MN}$,应该是 O、M 两点间的电势差大于 M、N 两点间的电势差,C 错.

由于电场线呈对称分布,y 轴就是其中的一条电场线,正电荷受力方向与电场方向相同,因此从 O 点静止释放一个带正电粒子,它将沿 y 轴做直线运动,D 正确.

说明 为了比较非匀强电场中某两点间电势差,解答中通过引入"平均电场强度"概念,并利用类比,对非均匀电场进行转化,从而化解了这里的困难.

例题 5 (2011,江苏) 一粒子从 A 点射入电场,从 B 点射出,电场的等势面和粒子的运动轨迹如图 6.54 所示,图中左侧前三个等势面彼此平行,不计粒子的重力. 下列说法正确的有( ).

A. 粒子带负电荷
B. 粒子的加速度先不变,后变小
C. 粒子的速度不断增大
D. 粒子的电势能先减小,后增大

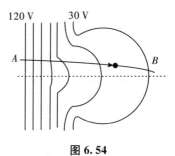

图 6.54

分析与解答 题中等势线的特点:左侧是平行等间距分布的,对应着匀强电场;右侧不均匀分布,且间距逐渐增大,对应着不均匀电场,且电场强度逐渐减小. 明确了电场的特点后,就容易判断了.

根据电场线垂直等势线的原理,可以大体画出电场线(图 6.55).结合粒子的偏转方向与电场线方向的关系可知,该粒子带负电,A 正确.

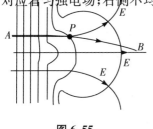

图 6.55

粒子在左侧匀强电场区域受到的电场力恒定,加速度不变;进入非匀强电场区域,由于电场强度逐渐减小,加速度也逐渐减小,B正确.

粒子从 A 到 B 是由高电势处向低电势处运动,结合其电性可知,电场力始终做负功,因此其电势能不断增大,动能不断减小,速度也不断减小,所以 C、D 都不正确.

(2) 场强图和电势图

相对于前面电场线的图示,场强图和电势图则带有函数图像的色彩.根据真空中点电荷(q)电场的电场强度和电势公式

$$E = k\frac{q}{r^2}, \quad \varphi = k\frac{q}{r} *$$

可以画出对应的图像如图 6.56 和图 6.57 所示.这样的图像直观地反映了电场强度与电势随距离的变化关系,只是场强随距离的变化比电势随距离的变化更快.

由点电荷的场强和电势分布可知,离开正点电荷越近,场强越大、电势越高;离开负点电荷越近,场强的大小仍然越大,但电势越低.

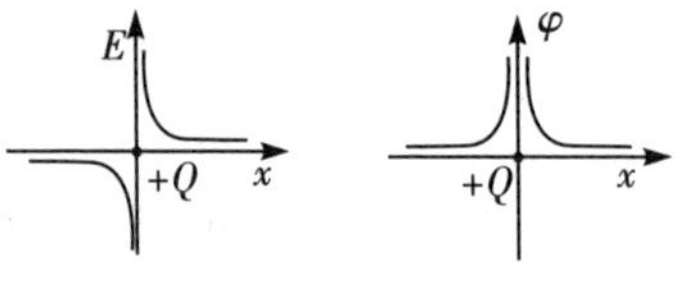

图 6.56　正点电荷的场强和电势分布 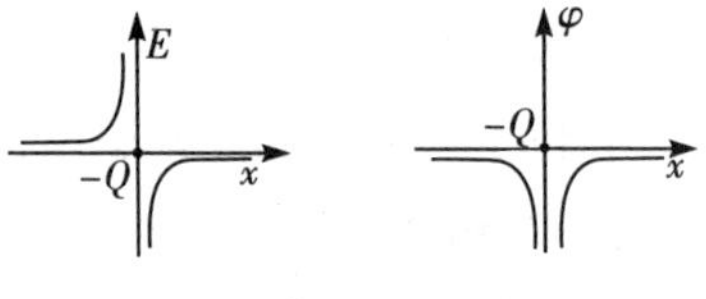　　图 6.57　负点电荷的场强和电势分布

当空间同时存在几个点电荷时,某处的场强和电势等于各个点电荷单独产生的场强和电势之和——电场强度遵循矢量合成法则叠加,电势按照代数和的方法叠加.因此,空间某处附近带正电的点

---

* 目前中学物理教材中尚未正式出现点电荷的电势公式(分析一些问题时会有所涉及),这里做补充介绍仅是为了说明其分布规律.

电荷越多,该处的场强不一定越大,但电势一定越高.

例题 1 (2009,上海)两带电量分别为 q 和 $-q$ 的点电荷放在 x 轴上,相距为 L,下列能正确反映两点电荷连线上场强大小 E 与 x 关系的图像是( ).

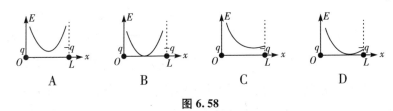

图 6.58

分析与解答 因为电场强度的方向就是正电荷所受电场力的方向,所以在 x 轴上的各点由正、负两点电荷产生的电场强度方向相同,合场强为两者同向叠加.即合场强的大小为

$$E_合 = E_+ + E_- = k\frac{q}{r_+^2} + k\frac{q}{r_-^2}$$

显然,其值不可能为零,B,D 错.

根据点电荷电场强度的公式可知,当距离 $r \to 0$ 时,电场强度 $E \to \infty$. 如今两点电荷的电量相等,由对称性可知,C 错,正确的必然是 A.

说明 本题显然是不可能从函数关系上作出判断的,为此,题中解答包含着三种思想方法:

① 排除法——先去掉明显错误的选项,缩小可选范围;

② 特殊值法——取有关变量为 0(或 ∞) 等特殊值,从而可以确定有关函数的变化趋势;

③ 对称性方法——取相等的量(或对称的位置等)进行比较.对于复杂函数的图像,这些方法往往很有作用,请注意体会.

例题 2 (2009,江苏)空间某一静电场的电势 φ 在 x 轴上分布如图 6.59 所示,x 轴上 B、C 的电场强度在 x 方向的分量分别是 E_{Bx}、

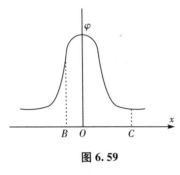

图 6.59

E_{Cx}. 下列说法中正确的有( ).

A. E_{Bx} 的大小大于 E_{Cx} 的大小

B. E_{Bx} 的方向沿 x 轴正方向

C. 电荷在 O 点受到的电场力在 x 方向上的分量最大

D. 负电荷沿 x 轴从 B 移到 C 的过程中,电场力先做正功,后做负功

分析与解答 根据匀强电场中电势差与电场强度的关系 $U = \Delta\varphi = Ed$,沿 x 轴方向的电场强度可以表示为

$$E_x = \frac{\Delta\varphi}{\Delta x}$$

上式表示,电势曲线在某点的斜率反映了电场强度在 x 方向的大小.

在图中电势曲线上 B、O、C 三点分别作切线,B 点的斜率大于 C 点的斜率,O 点的斜率为零(其切线平行于 x 轴),可见

$$E_{Bx} > E_{Cx}, \quad E_O = 0$$

A 正确,C 错.

因为沿着电场强度的方向为电势降落的方向,图中从 O 点向左侧电势不断降低,所以在 O 点左侧电场强度沿 $-x$ 轴的方向,即 E_{Bx} 是指向 x 轴负方向的,B 错.

负电荷从 B 移到 C 的过程中,在 BO 段受到的电场力指向 x 轴正方向,电场力做正功,在 OC 段受到的电场力指向 x 轴负方向,电场力做负功,所以 D 正确.

说明 本题中运用类比思维,认识到电势曲线的斜率与电场强度的关系,是突破难点的关键.

例题 3 (2010,江苏)空间有一沿 x 轴对称分布的电场,其电场强度 E 随 x 变化的图像如图 6.60 所示.下列说法正确的是( ).

A. O 点的电势最低

B. x_2 的电势最高

C. x_1 和 $-x_1$ 两点的电势相等

D. x_1 和 x_3 两点的电势相等

分析与解答 图中显示电场强度从 O 点指向正负两侧,对称分布,根据沿着电场强度方向电势降落最快的道理,O 点的电势应该最高,A、B 都不正确.

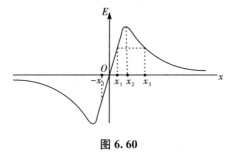

图 6.60

为了判断 $-x_1$、x_1 和 x_3 三点的电势关系,同样可以借助匀强电场 $U = \Delta\varphi = Ed$ 的关系.设想把非匀强电场中沿 x 方向的某段距离分割成许多小段,在这些小段的电场强度可以认为恒定,因此场强曲线在这些小段上的面积就对应着一定的电势差.利用这块面积很容易知道,$O \to x_1$ 与 $O \to -x_1$ 的电势差相等,$O \to x_1$ 与 $O \to x_3$ 的电势差不相等,所以 x_1 和 $-x_1$ 两点的电势相等,x_1 和 x_3 两点的电势不相等.D 错,C 正确.

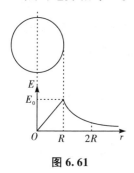

图 6.61

说明 如果同学们对图 6.50 中的电场线理解比较深刻的话,可以领悟到题中的场强分布就是由一对等量正电荷形成的.题中同样运用类比思维,并需要认识到根据场强曲线下方的面积对应着电势差的关系.理解了这一点的话,对于如图 6.61 中均匀带电球体的电场在空间的场强分布,就很容易根据其面积关系算出球心与表面间的电势差

$$U = \frac{1}{2}E_0 R$$

例题 2 和例题 3 可以说是在中学物理中研究非均匀电场的典型

问题,有着一定的示范作用,值得好好体会.

例题 4 (2011,上海)如图 6.62 所示,两个等量异种点电荷位于 x 轴上,相对原点对称分布,正确描述电势 φ 随位置 x 变化规律的是图( ).

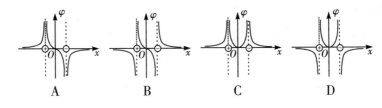

图 6.62

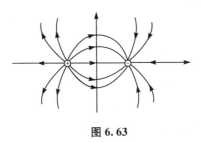

图 6.63

分析与解答 为了确定其电势随位置的变化,可以先画出等量异种电荷的电场线,如图 6.63 所示.因为沿着电场线方向电势逐渐降低,若以正电荷为参考点,则正电荷的左右两侧电势都是降低的;同理,因为逆着电场线方向电势逐渐升高,若以负电荷为参考点,则负电荷左右两侧的电势都是升高的.由此可见,在整个电场中,正电荷所在处的电势最高,负电荷所在处的电势最低.对照上面的 4 幅图,正确的是 A.

说明 孤立地看题中 4 幅图,开始会觉得没有头绪.考虑到题中给出的是两个等量异种点电荷,如果能够先画出如图 6.63 所示的电场线,可以说思路已经走上轨道了,接着,就只需抓住电场线与电势降落的关系,答案马上明朗起来.

例题 5 图 6.64 中(a)是某同学设计的电容式速度传感器原理图,其中上板为固定极板,下板为待测物体,在两极板间电压恒定的条件下,极板上所带电量 Q 将随待测物体的上下运动而变化,若 Q 随

时间 t 的变化关系为 $Q=\dfrac{b}{t+a}$(a、b 为大于零的常数),其图像如图 6.64(b)所示,那么图 6.64(c)和图 6.64(d)中反映极板间场强大小 E 和物体速率 v 随 t 变化的图线可能是( ).

A. ① 和 ③　　B. ① 和 ④　　C. ② 和 ③　　D. ② 和 ④

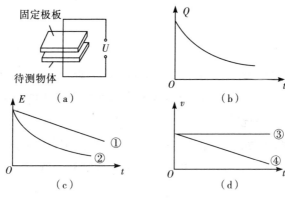

图 6.64

分析与解答　平行板电容器的电场强度可以表示为

$$E=\frac{U}{d}=\frac{Q}{Cd}=\frac{q}{\dfrac{\varepsilon S}{4\pi kd}d}=\frac{4\pi k}{\varepsilon S}Q$$

可见,它与电容器极板上的电量同步变化.所以,当极板上的电量按图 6.64(b)的方式变化时,极板间的电场强度应该如图线 ② 变化.

待测物体的速率 v 显然与两板间距 d 的变化有关.根据题设条件可以把电量表示为

$$Q=CU=\frac{\varepsilon S}{4\pi kd}U=\frac{b}{t+a}$$

则间距为

$$d=\frac{\varepsilon SU}{4\pi kb}t+\frac{\varepsilon SUa}{4\pi kb}$$

可见,间距 d 与时间 t 是一次函数的关系.也就是说,间距 d 随时间均匀变化的,表示待测物体在做匀速运动,所以其 v-t 图像如图线③所示.正确的是 C.

说明 本题跳出了研究点电荷电场的常规思路,结合着平行板电容器及其极板的运动,并要求通过函数表达式进行判断,很有新意.

6.5 径迹图

直接反映物体或带电粒子运动轨迹的图像,称为径迹图(或轨迹图).从径迹(轨迹)图可以获得有关物体或带电粒子的运动性质、速度方向、受力情况等信息.

径迹图在微观粒子的研究方面(如放射性现象、粒子的衰变等)有着特别重要的意义.因为许多微观粒子无法直接观察,而且其变化过程非常快,为了让这些神秘莫测的微观粒子显出"庐山真面目",可以利用威尔逊云室、气泡室等方法,把它们经过的轨迹显示出来,然后通过对这些径迹的研究,去认识它们.

例如,1925年英国物理学家布拉凯特为了弄清楚卢瑟福实验中发现的质子,究竟是α粒子从氮核中打出的,还是α粒子打进氮核后形成的复核放出的,他做了个实验,使α粒子穿过充满氮气的云室,拍摄了2万多张云室照片,从40多万条α的径迹中发现有8条产生了分叉.其中粗而短的径迹是氮核反冲的径迹,细而长的径迹就是新产生的质子的径迹(图6.65).从而确认了卢瑟福实验中发现的质子是形成复核后放出的.

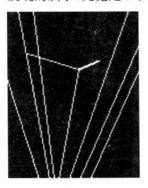

图 6.65

所以对径迹的研究有着很重要的意义.

例题 1 (2013,江苏)如图 6.66 所示,

从地面上同一位置抛出两小球 A、B，分别落在地面上的 M、N 点，两球运动的最大高度相同，空气阻力不计，则( ).

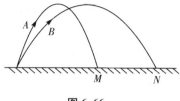

图 6.66

A. B 的加速度比 A 的大

B. B 的飞行时间比 A 的长

C. B 在最高点的速度比 A 在最高点的大

D. B 在落地时的速度比 A 在落地时的大

分析与解答 小球抛出后仅受重力作用，其加速度均为 g，A 错.

设抛射角为 θ，斜抛物体的射高和飞行时间分别为

$$h = \frac{(v_0 \sin\theta)^2}{2g}$$

$$t = 2\frac{v_0 \sin\theta}{g}$$

当两球抛射高度相同时，其初速度的竖直分量（$v_0 \sin\theta$）相同，因此两球的运动时间相等，B 错.

题中小球 A 的抛射角大，当抛射高度相同时初速度 v_0 必定小. 因为斜抛物体到达最高点的速度为

$$v = v_0 \cos\theta$$

小球 B 的初速度大、抛射角又小，所以它到达最高点的速度比小球 A 大，C 正确.

根据对称性可知，斜抛物体的落地速度与抛出初速度的大小相等，由于 B 的初速度大，所以 D 正确.

例题 2 （2009，全国）如图 6.67 所示，一带电粒子以某速度进入水平向右的匀强电场中，在电场力作用下形成图中所示的运动轨迹. M 和 N 是轨迹上的两点，其中 M 点在轨迹的最右点. 不计重力，

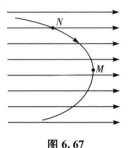

图 6.67

下列表述正确的是( ).

A. 粒子在 M 点的速率最大

B. 粒子所受电场力沿电场方向

C. 粒子在电场中的加速度不变

D. 粒子在电场中的电势能始终在增加

分析与解答 根据曲线运动的特点,所受电场力一定指向曲线凹的一侧,因此该粒子一定带负电荷,所受电场力与电场方向相反,B 错. 由于这是一个匀强电场,粒子所受的电场力大小、方向恒定,其加速度也恒定不变,C 正确. 在电场中,沿着电场线方向电势逐渐降低,因此粒子从 N 运动到 M 的过程中,是从高电势位置运动到低电势位置,电场力始终做负功,粒子的动能减小,速率也减小,A 错. 这个粒子从 N 到 M 的过程中,其电势能在增大;从最右端 M 继续运动的过程中,电场力做正功,电势能减小. 所以粒子在电场中的电势能并非始终增大,D 错.

例题 3 (2010,江苏) 如图 6.68 所示,在匀强磁场中附加另一匀强磁场,附加磁场位于图中阴影区域,附加磁场区域的对称轴 OO' 与 SS' 垂直. a、b、c 三个质子先后从 S 点沿垂直于磁场的方向射入磁场,它们的速度大小相等,b 的速度方向与 SS' 垂直,a、c 的速度方向与 b 的速度方向间的夹角分别为 α、β,且 $\alpha > \beta$. 三个质子经过附加磁场区域后能达到同一点 S',则下列说法中正确的有( ).

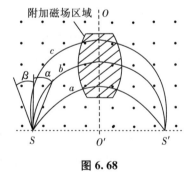

图 6.68

A. 三个质子从 S 运动到 S' 的时间相等

B. 三个质子在附加磁场以外区域运动时,运动轨迹的圆心均在 OO' 轴上

C. 若撤去附加磁场,a 到达 SS' 连线上的位置距 S 点最近

D. 附加磁场方向与原磁场方向相同

分析与解答 三个质子从 S 到 S' 经过的圆弧所对的圆心角大小不同,运动时间必定不相等,A 错.

为了找出附加磁场外这部分圆弧的圆心,可以通过发射点 S 和进入附加磁场的点画两条垂直圆弧切线的线段,它们的交点就是圆心(用三角板比划一下即可).显然,这些交点并不都在 OO' 轴上,B 错.

若撤去附加磁场,质子 b 垂直磁场边界入射,在磁场中经过的圆弧所对的圆心角分别等于 π,质子 a 与 c 在磁场中经过的圆弧所对的圆心角分别小于 π 和大于 π.当入射方向与垂直入射方向间夹角为 φ 时,到达边界上时离开入射点的距离为 $d = 2R\cos\varphi$.题中 a 的入射方向与 b 的夹角大($\alpha > \beta$),所以 a 到达 SS' 连线上的位置最近,C 正确.

根据撤去附加磁场后的情况可知,质子 b 到达 SS' 连线上的位置最远.加上附加磁场后要求它们到达同一点,势必要增大 b 运动的曲率,才能使它到达 SS' 连线上的位置向 S 点靠近,因此附加磁场方向必须与原磁场方向相同,D 正确.

说明 本题虽然没有复杂的计算,由于构思新颖,具有相当难度.为了能够正确判断,需要掌握几个要点:

① 带电粒子在磁场中做圆运动的圆心位置,一定是入射速度和出射速度两方向垂线的交点.

② 带电粒子在磁场中的运动时间与轨迹圆弧所对的圆心角(即出射方向对入射方向的偏角)成正比.

③ 带电粒子进出两个不同的磁场区域时,速度方向不能突变.因此题中质子在前后两个磁场中的运动轨迹一定光滑连接.

④ 从有界磁场边缘以相同速度垂直入射和倾斜入射的粒子,它们到达磁场边界时,垂直入射粒子的位置最远($2R$),倾斜入射粒子的位置为 $x = 2R\cos\varphi$ (图 6.69).

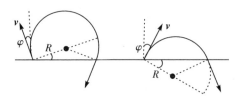

图 6.69

例题 4 (2011,上海)卢瑟福利用α粒子轰击金箔的实验研究原子结构,正确反映实验结果的示意图是( ).

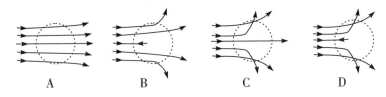

图 6.70

分析与解答 由于原子核只占整个原子体积的极小一部分,用α粒子轰击金箔时,绝大部分α粒子由于离开核比较远,沿原方向直进;少数α粒子靠近核通过,受到核的斥力会发生小角度偏转;极少数α粒子很靠近核通过,受到核强大的斥力作用会发生大角度偏转;个别的α粒子正对着核入射,就发生了反弹.由此可见,正确的是 D.

例题 5 (2007,海南)粒子甲的质量与电荷量分别是粒子乙的 4 倍和 2 倍,两粒子均带正电,让它们在匀强磁场中同一点以大小相等、方向相反的速度开始运动.已知磁场方向垂直纸面向里.如图 6.71 所示的四个图中,能正确表示两粒子运动轨迹的是( ).

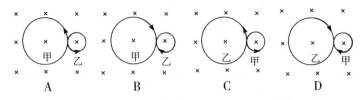

图 6.71

分析与解答 设粒子的运动速度为 v,在磁场中以洛伦兹力作为向心力做匀速圆周运动.由

$$qvB = m\frac{v^2}{R} \Rightarrow R = \frac{mv}{qB}$$

所以甲乙两粒子的运动半径之比为

$$\frac{R_甲}{R_乙} = \frac{m_甲}{m_乙}\frac{q_乙}{q_甲} = \frac{4}{1} \times \frac{1}{2} = 2$$

即甲的运动半径比乙大,C,D 可以排除.由于两粒子均带正电,速度方向相反,根据洛伦兹力的方向知,A 正确.

说明 带电粒子在磁场中形成两个相切的圆轨迹,在原子核的衰变中常有应用.如果放射性元素的原子核在磁场中发生衰变,且速度方向与磁场垂直,由于放出的粒子与母核动量相等,因此形成两个轨迹圆的半径与其电量成反比.当放出的粒子带正电时(如 α 粒子),形成两个外切的轨迹圆;当放出的粒子带负电时(如 β 粒子),形成两个内切的轨迹圆.

必须注意:只有当带电粒子在磁场中间运动时,才会形成整圆的轨迹.如果从磁场边缘射入,那么只能形成圆弧形的轨迹.

6.6 光路图

几何光学是建立在光的直线传播概念基础上的.分析研究几何光学问题的关键在于能否正确画出光路图.这里需要注意的是:

① 涉及照射区域、视场等范围时,必须找出边缘光(或极限位置的光线).

② 光线从光密介质进入光疏介质时,必须考虑是否会发生全反射现象.

③ 同一透明介质对不同色光的折射率不同.频率越大的光,通过透明介质时偏折越大,说明相对介质的折射率越大.

例题 1 （2002，江苏）近年来，我国房地产业发展迅速，居住条件和环境显著改善．请结合图并运用以下公式和相关知识：

① 某地正午太阳高度的大小：

$$H = 90 - |\varphi - \delta|$$

式中 H 为正午太阳高度，φ 为当地纬度，取正值，δ 为太阳直射点的纬度，夏半年取正值，冬半年取负值．

② 已知 $\tan 35° \approx 0.7$，$\tan 45° = 1$，$\tan 60° = 1.732$，$\delta = 23°16'$．

试说明房地产开发商在北纬 30° 建楼时，应该使北楼所有朝南房屋在正午时终年都能被太阳照射，那么在两幢楼间距不变的情况下（图 6.72），南楼的高度最高为（　　）．

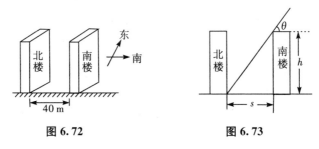

图 6.72　　　　　图 6.73

A. 20 m　　B. 30 m　　C. 40 m　　D. 50 m

分析与解答　设冬天的太阳高度角为 θ，南楼的最大高度由图 6.73 所示的极限光线决定．

由于北半球的冬天太阳直射点的纬度 $\delta = -23°16'$，因此正午时的太阳高度

$$H = 90° - |\varphi - \delta| = 90° - (30° + 23°16') = 36°44'$$

即 $\theta = 36°44'$．

所以南楼的高度应为

$$h = s\tan\theta = 40\tan 36°44' \approx 30 \text{ m}$$

说明　本题结合了地理知识和实际应用，只有懂得太阳高度的意义，会画出极限位置的光路才可得解．

例题 2 假设地球表面不存在大气层,那么人眼观察到日出的时刻与大气层中的实际情况相比(　　).

A. 将提前

B. 将延后

C. 保持不变

D. 在某些地区将提前,另一些地区将延后

分析与解答 由于地球表面覆盖的大气层是密度不均匀分布的介质,越靠近地球表面越稠密(密度越大),折射率也越大.为了便于分析,可以粗略地认为,地球上空的大气是一层层分布的,每一层的密度相同,由地面向上密度越来越小,折射率也越来越小.

太阳光从上层大气进入下一层大气,都是从光疏介质折射到光密介质,折射线向法线靠拢,人眼看到的太阳位置总比实际位置高些(图 6.74).当太阳位于地平线之下时,依靠大气的折射,人眼就可以提前看见太阳了.显然,如果没有大气层,同样位于图中 P 处的人们,只有当地球自转到图中 Q 处时才能看见太阳.所以 B 正确.

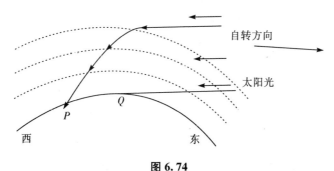

图 6.74

说明 判断本题的关键在于知道地面上空大气的分布,并能画出光通过大气层的偏折光路图.

例题 3 (2010,重庆)如图 6.75 所示,空气中有一折射率为 $\sqrt{2}$ 的玻璃柱体,其横截面是圆心角为 90°、半径为 R 的扇形 OAB,一束平

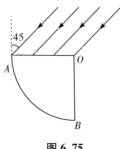

图 6.75

行光平行于横截面,以45°入射角照射到 OA 上,OB 不透光,若只考虑首次入射到圆弧 $\overset{\frown}{AB}$ 上的光,则 $\overset{\frown}{AB}$ 上有光透出部分的弧长为( ).

A. $\dfrac{1}{6}\pi R$ B. $\dfrac{1}{4}\pi R$

C. $\dfrac{1}{3}\pi R$ D. $\dfrac{5}{12}\pi R$

分析与解答 设光线从 OA 面进入玻璃柱体时的折射角为 r,根据折射定律,有

$$n = \frac{\sin\alpha}{\sin r} \Rightarrow \sin r = \frac{\sin 45°}{n} = \frac{1}{2} \Rightarrow r = 30°$$

设从 O 点进入的光射至圆弧面上的 C 点,由于它沿着半径方向入射,直接从 C 点射出,不折射. 显然,在 CB 间没有光线射出,因此 OC 就是一条边缘光(图 6.76).

越靠近 A 的入射光进入玻璃体后在 AB 面上的入射角越大. 设临界角为 C,由

$$\sin C = \frac{1}{n} = \frac{1}{\sqrt{2}} \Rightarrow C = 45°$$

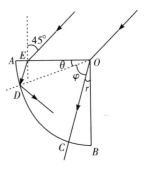

图 6.76

假设从 E 点入射的光在 AB 面上的入射点为 D,入射角恰好等于临界角,显然,在 DA 间也没有光线射出,OD 也是一条边缘光. 连接 OD,即为入射点 D 处的法线(圆半径),它与水平面之间的夹角为

$$\theta = 180° - (120° + 45°) = 15°$$

所以,在圆弧面上没有光线射出部分的圆弧所对的圆心角为

$$\varphi = 90° - \theta - r = 45°$$

所对应的弧长为 $\dfrac{1}{4}\pi R$,B 正确.

说明 求解出射区域(范围)的问题,关键是根据临界条件设法找出边缘光.这里,正确画好光路图至关重要.

例题 4 (2013,山东理综)如图 6.77 所示,$ABCD$ 是一直角梯形棱镜的横截面,位于截面所在平面内的一束光线由 O 点垂直 AD 边射入.已知棱镜的折射率 $n=\sqrt{2}$,$AB=BC=8$ cm,$OA=2$ cm,$\angle OAB=60°$.

① 求光线第一次射出棱镜时,出射光线的方向.

② 第一次的出射点距 C _____ cm.

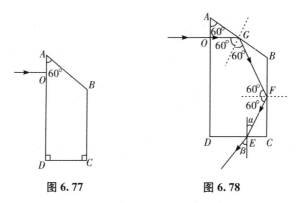

图 6.77   图 6.78

分析与解答 ① 设光线在棱镜与空气界面上的临界角为 C,则由

$$\sin C = \frac{1}{n} = \frac{1}{\sqrt{2}} \quad \Rightarrow \quad C = 45°$$

作出光路图(图 6.78),由于光线在 AB 面、BC 面上的入射角均为 $60°$,依次发生全反射,射至 CD 面上的入射角 $\alpha=30°$.设在空气中的折射角为 β,由

$$n \cdot \sin\alpha = \sin\beta \quad \Rightarrow \quad \sin\beta = \frac{\sqrt{2}}{2}$$

所以光线第一次射出棱镜时的折射角 $\beta=45°$.

② 为了求出射点的位置,依次推理如下:

$$AO = 2 \text{ cm} \Rightarrow AG = 4 \text{ cm}$$
$$\Rightarrow BF = BG = 4 \text{ cm}$$
$$\Rightarrow CF = 4 \text{ cm}$$
$$EF^2 = CF^2 + CE^2 \Rightarrow 4CE^2 = 4^2 + CE^2$$
$$\Rightarrow CE = \frac{4}{3}\sqrt{3} \text{ cm}$$

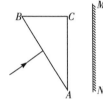

图 6.79

例题 5 (2013,海南) 如图 6.79 所示,三棱镜的横截面为直角三角形 ABC,$\angle A = 30°$,AC 平行于光屏 MN,与光屏的距离为 L,棱镜对红光的折射率为 n_1,对紫光的折射率为 n_2.一束很细的白光由棱镜的侧面 AB 垂直射入,直接到达 AC 面并射出.画出光路示意图,并标出红光和紫光射在光屏上的位置,求红光和紫光在光屏上的位置之间的距离.

分析与解答 光线从 AB 面垂直入射时不发生折射,从 AC 面射出时,由于三棱镜对紫光的折射率比对红光的折射率大,因此折射线分成两束.设红光和紫光在 AC 面上的折射角分别为 r_1 和 r_2,其入射角 $i = 30°$,光路示意图如图 6.80 所示.

由图 6.80 可知

$$d_1 = L\tan r_1 = L\frac{\sin r_1}{\cos r_1}$$

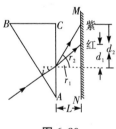

图 6.80

根据折射定律和几何关系,有

$$\sin r_1 = n_1 \sin i = \frac{n_1}{2}$$

$$\cos r_1 = \frac{L}{\sqrt{L^2 + d_1^2}}$$

把它们代入上式后即得

$$d_1 = \frac{n_1 L}{\sqrt{4 - n_1^2}}$$

同理知
$$d_2 = \frac{n_2 L}{\sqrt{4-n_2^2}}$$

所以红光和紫光在光屏上位置之间的距离
$$d = d_2 - d_1 = L\left(\frac{n_2}{\sqrt{4-n_2^2}} - \frac{n_1}{\sqrt{4-n_1^2}}\right)$$

例题 6 如图 6.81 所示,有一块透明等腰直角棱镜 ABC,使光线从 AB 面入射,调整入射角取某个值,恰好能使它在 AC 面上满足临界角条件.试求这种透明材料的折射率.

图 6.81

分析与解答 设光线在 AB 面上的入射角为 i,据题意,射至 AC 面时的折射线应该沿着 AC 方向(折射角为 $90°$).设光线进入 AB 面的折射角为 r,在 AC 面上的入射角为 θ,其光路如图 6.82 所示.

在 $\triangle ADE$ 中,由
$$(90° - r) + (90° - \theta) + 45° = 180°$$
$$\Rightarrow r = 45° - \theta$$

得
$$\sin r = \sin(45° - \theta) = \sin 45°\cos\theta - \cos 45°\sin\theta = \frac{1}{\sqrt{2}}(\cos\theta - \sin\theta)$$

据题意,$\sin\theta = \frac{1}{n}$,则 $\cos\theta = \sqrt{1 - \sin^2\theta} = \frac{\sqrt{n^2-1}}{n}$,得
$$\sin r = \frac{1}{\sqrt{2}}\left(\frac{\sqrt{n^2-1}}{n} - \frac{1}{n}\right) = \frac{1}{\sqrt{2}n}(\sqrt{n^2-1} - 1)$$

根据折射率的定义式,代入后即得
$$n = \frac{\sin i}{\sin r} = \sqrt{(\sqrt{2}\sin i + 1)^2 + 1}$$

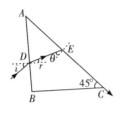

图 6.82

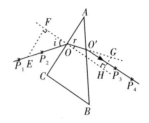

图 6.83

说明 本题提出了测量等腰直角棱镜折射率的一种方法.实验中,只需调整入射角,使折射线掠面而出,测出入射角,即可算出折射率.它比利用棱镜的一角,如图 6.83 所示用插针法通过测量几段线段算出折射率更为方便和准确.

6.7 电压三角形

如果你用一个交流电压表去测量一下家用日光灯正常工作时各处的电压值(图 6.84),结果也许会令你大吃一惊:灯管和镇流器的串联电压之和($U_R + U_L$)甚大于电源电压 U!这似乎违背串联电路常理的事实,却正是交流电路上所特有的表现.

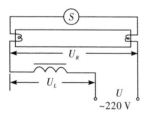

图 6.84

灯管工作时可以认为是一个电阻性负载,流过灯管的电流与其两端电压同相位.镇流器是一个电感性负载,把它简化为纯电感(不计导线电阻等影响)时,流过镇流器的电流的相位落后其两端电压 $\dfrac{\pi}{2}$.因此,这里电压关系的矢量图如图 6.85(a)所示.各部分电压间的数值关系应是

$$U_R^2 + U_L^2 = U^2$$

或

$$U = \sqrt{U_R^2 + U_L^2}$$

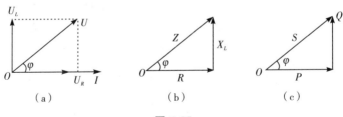

图 6.85

由于串联电路中电流强度处处相同,且各部分同样遵守欧姆定律,因此根据图 6.85(a) 可画出图 6.85(b) 的阻抗三角形或图 6.85(c) 的功率三角形.相互间的数值关系是

$$Z^2 = R^2 + X_L^2$$

$$S^2 = P^2 + Q^2$$

式中 $X_L = \dfrac{U_L}{I} = \omega L$ 是镇流器的感抗,它与交流电的频率 ω 及镇流器的自感 L 有关. Z 称为电路的总阻抗,单位是 Ω. $P = IU_R$,称有功功率,单位是 W. $Q = IU_X$,称无功功率,它反映了电感器与电源之间往返交换的这部分功率,单位是 var(乏). $S = IU$,称为视在功率,反映了向整个电路提供的功率的多少,单位是 VA.有功功率在视在功率中所占的比例用相位角 φ 的余弦函数表示,称为功率因数,即

$$\cos\varphi = \dfrac{P}{S}$$

在电容性电路(R-C 电路)上,同样可画出其电压三角形或对应的阻抗三角形和功率三角形.只是通过电容的电流的相位超前其两端电压 $\dfrac{\pi}{2}$.

在研究交流电路时,画出相关的电压三角形(或阻抗三角形、功率三角形),可以帮助我们认识和分析交流电路的特性,便于进行交流电路的计算.

例题 1 某仪器(纯电阻负载)的工作电压是 36 V,工作电流为 1.2 A,串联一个电容器后接到 220 V、50 Hz 的交流电路上,为了使仪器正常工作,这个电容器的电容量为多少?

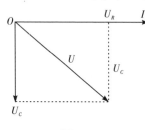

图 6.86

分析与解答 通过电容器的电流的相位超前电压 $\frac{\pi}{2}$,画出的电压三角形如图 6.86 所示,得电容器两端电压

$$U_C = \sqrt{U^2 - U_R^2}$$
$$= \sqrt{220^2 - 36^2} \text{ V}$$
$$= 217 \text{ V}$$

由

$$U_C = IX_C = \frac{I}{2\pi fC}$$

得

$$C = \frac{I}{2\pi f U_C} = \frac{1.2}{2 \times 3.14 \times 50 \times 217} \text{ F}$$
$$= 17.6 \times 10^{-6} \text{ F}$$
$$= 17.6 \text{ }\mu\text{F}$$

说明 也可以先算出 R-C 串联电路的总阻抗

$$Z = \frac{U}{I} = \frac{220}{1.2} \text{ }\Omega = 183.3 \text{ }\Omega$$

根据阻抗三角形(图 6.87),得容抗

$$X_C = \frac{1}{2\pi fC} = \sqrt{Z^2 - R^2}$$

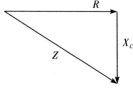

图 6.87

式中 $R = \frac{3.6}{1.2} \text{ }\Omega = 30 \text{ }\Omega$,于是得电容量为

$$C = \frac{1}{2\pi f \sqrt{Z^2 - R^2}} = \frac{1}{314\sqrt{183.3^2 - 30^2}} \text{ F}$$
$$= 17.6 \text{ }\mu\text{F}$$

例题 2 一电感线圈与一纯电阻 R 串联($R = 20$ Ω)后接到电压为 120 V、频率为 50 Hz 的交流电路上,测得电感线圈两端电压为 91 V,电阻两端电压为 44 V,若电感线圈的电阻不能忽略,试计算电感器和电阻器所消耗的功率.

分析与解答 由于电感线圈的电阻不能忽略(设为 R_L),它自身形成的阻抗三角形和电压三角形分别如图 6.88 中 $\triangle OA'B'$ 和 $\triangle OC'D'$ 所示.整个电路的阻抗三角形和电压三角形分别如图 6.88 中 $\triangle OAB$ 和 $\triangle OCD$ 所示.

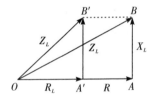
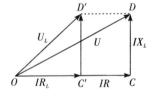

图 6.88

根据图 6.88 中的阻抗三角形和电压三角形,可列出两个电压关系方程:

$$\left(I(R + R_L)\right)^2 + (IX_L)^2 = U^2 \quad \text{①}$$

$$(IR_L)^2 + (IX_L)^2 = U_L^2 \quad \text{②}$$

对纯电阻 R 上的电压又有关系式

$$(IR)^2 = U_R^2 \quad \text{③}$$

联立式①~③,得

$$U^2 - U_L^2 - U_R^2 = 2I^2 R R_L$$

所以电感器和电阻器所消耗的功率分别为

$$P_L = I^2 R_L$$
$$= \frac{U^2 - U_L^2 - U_R^2}{2R}$$
$$= \frac{120^2 - 91^2 - 44^2}{2 \times 20} \text{ W}$$
$$= 104.6 \text{ W}$$
$$P_R = I^2 R = \frac{U_R^2}{R} = 96.8 \text{ W}$$

例题 3 计算例题 2 中电路的功率因数.

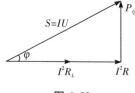

图 6.89

分析与解答 根据例 2 中电流、电压间的相位关系,先画出功率三角形,如图 6.89 所示.因此

$$\cos\varphi = \frac{I^2(R_L + R)}{IU} = \frac{I(R_L + R)}{U}$$

$$I = \frac{U_R}{R} = \frac{44}{20} \text{ A} = 2.2 \text{ A}$$

$$R_L = \frac{P_L}{I^2} = \frac{104.6}{2.2 \times 2.2} = 21.6 \text{ Ω}$$

得

$$\cos\varphi = \frac{2.2^2 \times (21.6 + 20)}{120} = 0.763$$

例题 4 如图 6.90 所示为 R-L 串联电路.假设电路总的等效电阻 $R = 350$ Ω,线圈的自感系数 $L = 1.5$ H,接在频率为 50 Hz 电路上时的功率因数为多少? 如在电路中再串联一个电容量为 $C = 4.75$ μF 的电容,功率因数变为多少?

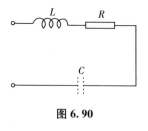

图 6.90

分析与解答 未接入电容器时,电压超前电流,画出的阻抗三角形如图 6.91(a) 所示.

接入电容器后,由于其容抗和电感器的感抗分别为

$$X_C = \frac{1}{2\pi fC} = \frac{1}{314 \times 4.75 \times 10^{-6}} \, \Omega \approx 671 \, \Omega$$

$$X_L = 2\pi fL = 314 \times 1.5 \, \Omega = 471 \, \Omega < X_C$$

原电路从电感性负载变为电容性负载,电压落后于电流,如图 6.91 (b) 所示. 两情况的相位角分别以 φ 和 φ' 表示.

由阻抗三角形得未接电容时的功率因数

$$\cos\varphi = \frac{R}{Z} = \frac{R}{\sqrt{R^2 + X_L^2}} = \frac{350}{\sqrt{350^2 + 471^2}} \approx 0.60$$

接入电容后的功率因数

$$\cos\varphi' = \frac{R}{Z'} = \frac{R}{\sqrt{R^2 + (X_C - X_L)^2}}$$

$$= \frac{350}{\sqrt{350^2 + (671 - 471)^2}} = 0.87$$

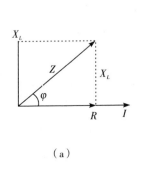

(a)

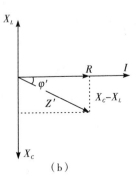

(b)

图 6.91

说明 由上面的计算可知,在日光灯电路中串联电容器同样会提高功率因数. 但由于通常用电器是根据电源电压设计的,串联电容器后,用电器两端电压会发生变化,将影响其正常工作,所以通常在日光灯上采用并联电容器方法提高功率因数,但其计算原理相同.

7 物理图像在中学物理解题中的应用

前面图示方法所介绍的,除了可以通过线段的长度和角度按比例直接确定所对应物理量的大小和方向外,大多数情况下适宜做定性的分析,几何特征比较明显.

与图示方法相比,图像方法一般并不具有明显的几何特征,它依据相关物理量之间更普遍的函数关系,可以更深刻地表现事物的动态特性.利用图像不仅能进行定性的比较、分析,还能进行定量的计算、论证.并且,通过图像的启发,常常能找到巧妙的解题途径,可以避免许多繁复的计算.

任何一个物理量,只要能确定它与其他相关量的函数关系,就可以画出它的图像.例如,用一个电池和一个可变电阻(包括开关、导线等)组成的最简单电路中,就可以画出 U-I、P-U、U-R、I-R、P-R、η-R(η 为电源效率)等各种图像.因此,在物理学中可以画出许多函数图像.

当然,实际应用中,并不需要对图示和图像很明确地划分,我们主张重在对它们所表示的物理内涵的理解.下面,仅选择在中学物理解题中最为典型的若干图像,并分成若干小专题,结合着具体问题分别介绍它们的应用.

7 物理图像在中学物理解题中的应用

位移图像

位移图像(s-t 图)反映运动质点的位移随时间变化的关系.

匀速直线运动的位移公式为

$$s = vt$$

它的位移-时间图像(s-t 图)是一条通过坐标原点的倾斜直线(图 7.1),其斜率等于速度的大小,即 $v = \tan\alpha$.

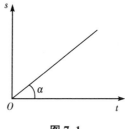

图 7.1

匀变速直线运动的位移公式为

$$s = v_0 t + \frac{1}{2}at^2$$

当 $v_0 = 0$ 时,其 s-t 图为一抛物线,如图 7.2 所示.线上各点处切线的斜率反映了对应时刻速度的大小.

当 $v_0 \neq 0$ 且 $a > 0$ 时的 s-t 图,如图 7.3 所示.

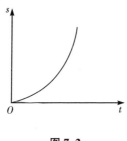

图 7.2

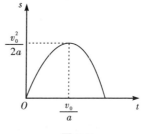

图 7.3

物体做简谐运动时,它的位移-时间图像则为一条正弦或余弦曲线.

从位移图像可以获得的信息:

① 确定任何一段时间内物体的位移和相应时间内的平均速度;

② 根据图像的斜率,确定物体在任何时刻的运动速度.必须注

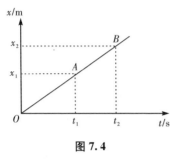

图 7.4

意:位移图像上的一个点(如图 7.4 中的 A 点),并不是运动物体的实际位置;两点之间的线段(线段 AB),也不是运动物体的实际路径.它们所反映的意义是:在 t_1 时间内,物体的位移是 x_1;在 $\Delta t = t_2 - t_1$ 时间内,物体的位移为 $\Delta x = x_2 - x_1$.

各种不同运动的位移图像,在分析、研究中学物理问题中都有广泛的应用.

例题 1 (2012,上海)质点做直线运动,其 s-t 关系如图 7.5 所示,质点在 $0 \sim 20$ s 内的平均速度大小为 _____ m/s,质点在 _____ 时的瞬时速度等于它在 $6 \sim 20$ s 内的平均速度.

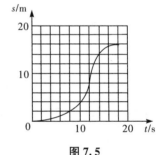

图 7.5

分析与解答 由图可知该质点在 20 s 内位移是 16 m,因此平均速度的大小为

$$\bar{v}_{0\sim20} = \frac{16}{20} \text{ m/s} = 0.8 \text{ m/s}$$

同理可知,质点在 $6 \sim 20$ s 内的平均速度为

$$\bar{v}_{6\sim20} = \frac{16-1}{20-6} \text{ m/s} = 1.1 \text{ m/s}$$

为了确定瞬时速度与平均速度的关系,可以连接图线上对应于坐标 6 s 和 20 s 的两点,然后可用三角板平移,在图线上找出斜率与其相同的切线所对应的时刻,得答案为 10 s 和 14 s.

说明 一些习惯于计算的同学,根据图中时间均匀分段,读出各段时间内的位移(如表 7.1 所示),期望从位移关系找出瞬时速度.由于运动的不规则,结果无功而返.本题只需根据 s-t 图像斜率的意义,用几何方法确定,无疑是对思维定势的一次很好的教育.

表 7.1

t/s	0	2	4	6	8	10	12	14	16	18	20
s/m	0	0.1	0.25	1	2	4	7	14	15	15.8	16

例题 2 上海至重庆的长江航线全长 $s = 2\,500$ km.若高速直达客轮每日上午 8 时整各从上海和重庆起航,平均航速分别为 $v_1 = 600$ km/d,$v_2 = 800$ km/d.试问某天从重庆驶向上海的轮船沿江而下时可遇见几艘从上海驶向重庆的轮船?

分析与解答 两船同时出发相向而行,相遇时两船通过的路程之和应等于两地间距.利用 s-t 图求解,只需从两地对开的轮船的 s-t 图线交点数即可确定相遇船数.

在 s-t 直角坐标中的 s 轴上取原点($s=0$)和 A 点($s=2\,500$ km)时分别代表上海、重庆两地,从上海每隔 1 日画出一系列斜率为 600 km/d 的平行倾斜直线($t<0$ 的各线,表示前几天发出的船),从重庆作出一条斜率为 -800 km/d 的直线,它与从上海出发的轮船的 s-t 图线的交点就是沿江而下与来自上海的轮船相遇之处.由图 7.6

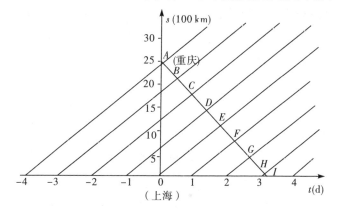

图 7.6

可知,从重庆出发的轮船沿途共可与8艘上海开出的轮船相遇.

例题 3 (2013,全国新课标)如图 7.7 所示,直线 a 和曲线 b 分别是在平直公路上行驶的汽车 a 和 b 的位移-时间(x-t)图线.由图可知(   ).

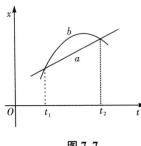

图 7.7

A. 在时刻 t_1,a 车追上 b 车

B. 在时刻 t_2,a、b 两车运动方向相反

C. 在 t_1 到 t_2 这段时间内,b 车的速率先减小后增加

D. 在 t_1 到 t_2 这段时间内,b 车的速率一直比 a 车的大

分析与解答 由图可知,在 t_1 时刻前,a 车在前方,b 车在后方,t_1 时刻 b 车追上 a 车,A 错.x-t 图像斜率的正负表示速度(运动)方向,t_2 时刻曲线 b 的斜率为负,表示沿 x 轴负向运动,a 车的斜率为正,向正方向运动,B 正确.x-t 图像斜率的大小表示速度的大小,在 t_1 到 t_2 时间内曲线 b 的斜率先减小、后增大,其速率也是先减小、增大,C 正确.由于曲线 b 的斜率经历先减小、后增大的过程,"过渡时期"的斜率小于 a 的斜率,因此其速率不会一直比 a 车大,D 错.

例题 4 A、B 两物体分别以初速 $v_A = 20$ m/s、$v_B = 10$ m/s 在同一处先后竖直上抛,欲使它们在空中相遇(不考虑相碰),先后抛出的时间间隔 Δt 应为($g = 10$ m/s^2) (   ).

A. $\Delta t > 1$s　　　　　　B. $1s \leqslant \Delta t \leqslant 2s$

C. $2s \leqslant \Delta t \leqslant 3s$　　　　D. $2s \leqslant \Delta t \leqslant 4s$

分析与解答 上抛为匀减速运动,其 s-t 图为开口向下的抛物线.图 7.8 中画出了 A、B 两物体分别以抛出时刻为计时起点的图线.它们在空中相遇,表示两图线应相交.为此可把 A、B 两者的 s-t 图画在一起,并把 B 的 s-t 图沿 t 轴向右平移,如图 7.9 所示.由两者能相交的条件即可确定相隔时间 Δt.

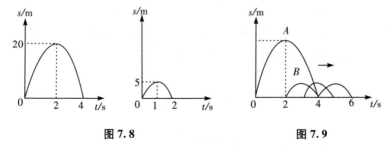

图 7.8　　　　　　　　图 7.9

由图 7.9 可知，$\Delta t = 2$ s，A、B 两物体正好在落回原处时相遇（同时落回原处）；$\Delta t = 4$ s，正好在 B 物体抛出时与 A 相遇．因此很容易选出正确答案为 D．

说明　从图中还可看出，相遇时 A 物体总在下降阶段．对于 B 物体，若 2 s $< \Delta t < 3$ s，总在下降阶段与 A 相遇；若 3 s $< \Delta t < 4$ s，则在上升阶段与 A 相遇．

例题 5　在地面上以初速 $v_0 = 20$ m/s 竖直上抛一个小球 A，当它到达最高点时，在原处以同样的初速、沿着同一竖直线上抛另一个质量相同的小球 B．两球在空中相遇时发生弹性正碰（碰撞过程中重力冲量不计）．若从抛出小球 A 开始计时，则两者在空中运动时间分别为多少？$g = 10$ m/s^2．

分析与解答　同上例，画出 A、B 两球的 s-t 图（图 7.10），其相隔时间和顶点坐标分别为

$$t = \frac{v_0}{g} = \frac{20}{10} \text{ s} = 2 \text{ s}$$

$$s_m = \frac{v_0^2}{2g} = \frac{400}{20} \text{ m} = 20 \text{ m}$$

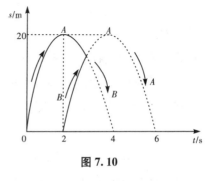

图 7.10

两图线的交点表示两球相碰．

由图 7.10 可知，相碰时，A 球正向下运动，B 球在向上运动．不计重力冲量，A、B 组成的系统碰撞前后的总动量守恒．根据相同小球做

弹性正碰时互换速度的结果，A 球将以 B 球的速度运动，B 球将以 A 球的速度运动，它们继续运动时正好互换 s-t 图像，如图中虚线所示. 因此 A、B 两球在空中运动的时间分别为

$$t_A = 3\frac{v_0}{g} = 3 \times \frac{20}{10} \text{ s} = 6 \text{ s}$$

$$t_B = \frac{v_0}{g} = \frac{20}{10} \text{ s} = 2 \text{ s}$$

说明 本题如果脱离图像去进行运算，会显得有些困难，画出 s-t 图后，结合 t、s_m 的数值，从图中已可直接看出结果了.

例题 6 A、B 两个小物块以相同的速度 v_0 并排地沿着光滑水平轨道运动，至某处物块 B 滑入一条光滑的凹面通道，物块 A 继续沿原光滑水平直轨运动. 不计 B 在凹面通道弯曲处的碰撞作用，试问哪一个小物块先到达凹面右端的直轨上（图 7.11）？

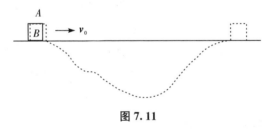

图 7.11

分析与解答 B 滑入凹面通道后做变加速运动，如要通过计算比较它与 A 到达右端的时间，是非常困难的，为此，必须另辟蹊径. 注意到 A、B 两物体滑到右端时的水平位移相等，又由机械能守恒定律可知，两者滑到右端时的速度相同，因此可以利用水平位移图像作定性比较.

在 s-t 直角坐标的 s 轴上取 O、C 两点表示凹面左、右两端. A 沿光滑直轨做匀速运动，其 s-t 图为一斜直线，B 沿曲面做变速运动，其 s-t 图为一曲线，各处的斜率大小不同，在滑到最低处前 B 的速度一直增大，以后 B 的速度逐渐减小，因此其斜率开始增大，以后变小，到

达凹面右端时(即通过水平位移 $s=OC$ 时)的斜率应等于 A 的斜率. 可见, B 的 s-t 图一定位于 A 的上方, 如图 7.12 所示. 所以 B 到达凹面右端的时间一定小于 A 到达右端的时间, 即 $t_B < t_A$.

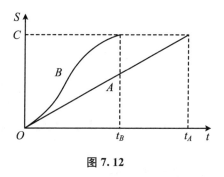

图 7.12

说明 本题揭示一个悖于直觉的真理, 沿凹面通过的路程长, 反而运动时间少. 在中学物理中还有类似的其他问题可根据同样方法分析. 本题也可通过对水平分速度大小的比较或画出 v-t 图作定性判断, 读者可自行研究.

例题 7 如图 7.13 所示, 在光滑水平面的两端对立着两堵竖直的墙 A 和 B, 把一根劲度系数是 k 的弹簧的左端固定在墙 A 上, 右端系一个质量为 m 的物体 1. 用外力压缩弹簧(在弹性限度内)使物体 1 从平衡位置 O 向左移动距离 s_0, 紧靠着 1 放一个质量也是 m 的物体 2, 使弹簧和物体 1、2 都处于静止状态, 然后撤去外力, 由于弹簧的作用, 物体开始向右滑动. 物体 2 和物体 1 分离后继续向右滑动, 与墙 B 发生完全弹性碰撞. B 和 O 之间的距离 x 应满足什么条件, 才能使 2 在返回时恰好与 1 在 O 点相遇? 设弹簧的质量及 1 和 2 的宽度都忽略不计.

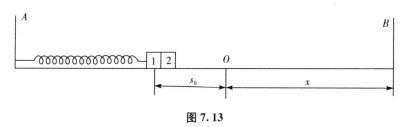

图 7.13

分析与解答 撤去外力后, 1 和 2 一起向右加速运动, 至位置 O 处, 弹簧恢复原长, 1、2 两物体速度达到最大, 其值可由

$$\frac{1}{2}ks_0^2 = \frac{1}{2} \cdot 2mv^2$$

得

$$v = \frac{\sqrt{2}}{2}\sqrt{\frac{k}{m}}s_0$$

以后,物体 2 以速度 v 继续匀速右行,直到与 B 碰后,改为匀速向左;物体 1 则在弹簧作用下以 O 点为平衡位置做简谐运动.欲使它们在 O 点相遇,应使物体 2 匀速往返 $2x$ 的时间等于物体 1 经历 n 个半周期的时间.

从 O 点分离开始计时,规定向右为位移正方向,画出两物体的位移-时间图像,如图 7.14 所示.

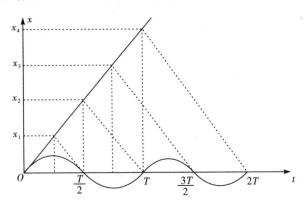

图 7.14

物体 1 做简谐运动,位移图像是一条正弦曲线,其周期 $T = 2\pi\sqrt{\frac{m}{k}}$,它经过 O 点的时刻对应着 $x = 0$ 的那些点.

物体 2 先向右做匀速运动,后向左做匀速运动,其位移图像是一条斜率大小相同的折线.欲使它在 O 点与物体 1 相遇,必须在物体 1 经过 $\frac{T}{4}, 2 \cdot \frac{T}{4}, 3 \cdot \frac{T}{4}, \cdots, n \cdot \frac{T}{4}$ 时,物体 2 跟 B 墙相碰折回.于是得 O 与 B 墙间距应为

7 物理图像在中学物理解题中的应用

$$x = nx_1 = n \cdot v \frac{T}{4}$$

$$= n \cdot \frac{\sqrt{2}}{2}\sqrt{\frac{k}{m}}s_0 \cdot \frac{1}{4} \cdot 2\pi\sqrt{\frac{m}{k}}$$

$$= \frac{\sqrt{2}}{4}n\pi s_0$$

说明　由于振动的周期性,必须把间距用通式表示.如果表示为

$$x = v\frac{T}{4} = \frac{\sqrt{2}}{4}\pi s_0$$

则结果是不完整的.

7.2 速度图像

速度图像(v-t 图)反映了物体运动的速度与时间的关系.物体做匀速直线运动和匀变速直线运动的速度图像都是直线.物体做非匀变速运动时,速度图像为一条曲线,各处的斜率不同.

速度图像是中学物理中最常用的图像,使用时也最为灵活.为了便于体会,下面分成三个小专题,结合具体问题,介绍速度图像在多方面问题中的应用.

(1) 速度图像的直接应用

从速度图像可以获得的信息主要有以下三方面:

① 确定任何时刻的速度(大小与方向).

② 计算某段时间内的位移和路程 —— 速度图像与时间轴之间所围面积的代数和表示相应时间内的位移;速度图像与时间轴之间所围面积的算术和表示一定时间内的路程.

③ 确定加速度 —— 根据速度图像上某段时间所对应的速度变化算出加速度;或者直接利用速度图像的斜率,反映出加速度的大小和方向.

通过已知的速度图像获得了有关位移、速度、加速度等信息后，还可以结合着有关物体的受力情况、外力的功和功率以及物体动能变化等组合成各种问题，内容非常丰富．

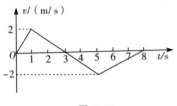

图 7.15

例题 1 （2010，天津）质点做直线运动的 v-t 图像如图 7.15 所示，规定向右为正方向，则该质点在前 8 s 内平均速度的大小和方向分别为（　　）．

A. 0.25 m/s　　向右

B. 0.25 m/s　　向左

C. 1 m/s　　向右

D. 1 m/s　　向左

分析与解答　由图像与 t 轴所构成的这两个三角形面积的代数和，得前 8 s 内的位移

$$x = \frac{2\times 3}{2}\text{ m} - \frac{2\times 5}{2}\text{ m} = -2\text{ m}$$

因此平均速度为

$$\bar{v} = \frac{x}{t} = \frac{-2}{8}\text{ m/s} = -0.25\text{ m/s}$$

表示平均速度的大小为 0.25 m/s，方向向左，B 正确．

说明　平均速度也是矢量，它的方向跟同一时间内位移的方向相同．

例题 2 （2013，四川）甲、乙两物体在 $t=0$ 时刻经过同一位置沿 x 轴运动，其 v-t 图像如图 7.16 所示，则（　　）．

A. 甲、乙在 $t=0$ 到 $t=1$ s 之间沿同一方向运动

B. 乙在 $t=0$ 到 $t=7$ s 之间的位移为零

C. 甲在 $t=0$ 到 $t=4$ s 之间做往复运动

D. 甲、乙在 $t=6$ s 时的加速度方向相同

分析与解答 在 $t=0\sim1$ s 内,甲物体始终沿 x 轴正方向做加速运动;乙物体开始沿 x 轴负方向运动,其加速度方向沿 x 轴正方向,直至速度变为零后改为沿 x 轴正方向运动,A 错.

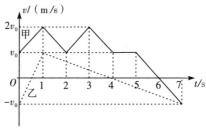

图 7.16

根据乙物体的速度图像在 $0\sim1$ s 和 $1\sim7$ s 相对于时间轴的对称性可知,它与时间轴之间面积的代数和为零,即位移为零,B 正确.

甲物体在 $0\sim4$ s 内的速度都为正,表示始终向着 x 轴正方向运动,C 错.

甲、乙两物体在 $t=6$ s 时速度图像的斜率均为负值,表示它们的加速度都向着 x 轴的负方向,D 正确.

说明 速度图像的斜率表示物体运动的加速度,即 $\tan\alpha=a$,式中的 α 通常规定以图像与 t 轴间顺时针向的夹角为正,逆时针向的夹角为负.

例题 3 (2011,福建) 如图 7.17 所示,绷紧的水平传送带始终以恒定速率 v_1 运行.初速度大小为 v_2 的小物块从与传送带等高的光滑水平地面上的 A 处滑上传送带.若从小物块滑上传送带开始计时,小物块在传送带上运动的 v-t 图像(以地面为参考系)如图 7.18 所示. 已知 $v_2>v_1$,则( ).

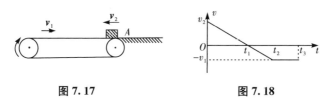

图 7.17　　　　　　图 7.18

A. t_2 时刻,小物块离 A 处的距离达到最大

B. t_2 时刻,小物块相对传送带滑动的距离达到最大

C. $0 \sim t_2$ 时间内,小物块受到的摩擦力方向先向右后向左

D. $0 \sim t_3$ 时间内,小物块始终受到大小不变的摩擦力作用

分析与解答 小物块滑上传送带后做匀减速运动,在 t_1 时刻小物块的速度减为零,然后反方向做加速运动,至 t_2 时刻达到传送带的速度(v_1),以后保持与传送带相对静止,一起以速度 v_1 运动.由此可见:

在 t_1 时刻小物块速度为零时,与 A 处的距离达到最大,A 错.在 $t_1 \sim t_2$ 时间内,小物块继续与传送带有相对运动,直到 t_2 时刻,小物块相对传送带滑动的距离达到最大,B 正确.在 $0 \sim t_2$ 的时间内,v-t 图的斜率不变,即小物块的加速度大小和方向都不变,因此它受到的摩擦力大小和方向也不变(始终向右),C 错.在 $0 \sim t_3$ 的时间内,小物块受到的摩擦力方向开始时一直向右($0 \sim t_2$ 内),后来不受摩擦力($t_2 \sim t_3$ 内),D 错.

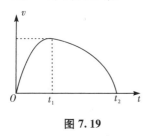

图 7.19

例题 4 (2011,上海)受水平外力 F 作用的物体,在粗糙水平面上做直线运动,其 v-t 图线如图 7.19 所示,则( ).

A. 在 $0 \sim t_1$ 秒内,外力 F 大小不断增大

B. 在 t_1 时刻,外力 F 为零

C. 在 $t_1 \sim t_2$ 秒内,外力 F 大小可能不断减小

D. 在 $t_1 \sim t_2$ 秒内,外力 F 大小可能先减小后增大

分析与解答 由于物体在水平面上运动,因此在运动方向上仅受外力和恒定阻力两个力作用,其运动方程为

$$|F - f| = ma$$

在 $0 \sim t_1$ 秒内,物体从静止起做变加速运动,v-t 图的斜率逐渐

减小,即物体的加速度逐渐变小,可见其外力 F 在逐渐变小,A 错.

在 t_1 时刻,v-t 图的斜率为零,物体的加速度为零,应满足条件 $F=f$,B 错.

在 $t_1 \sim t_2$ 时间内,物体做变减速运动,相应的运动方程变为

$$f - F = ma$$

由于 v-t 图的斜率逐渐增大,加速度的大小在增大,因此 F 在不断减小,C 正确.

如果当 F 减小到零后,改变方向(即先沿着运动方向,后来变为与运动方向相反),并逐渐增大,相应的运动方程变为

$$f + F = ma$$

则加速度也会先减小、后增大,所以 D 也正确.

说明 本题的难点在于对选项 D 的分析.如果思维不严密,或者对运动与力的关系认识不太清楚,往往会漏选 D.

例题 5 (2012,安徽)质量为 0.1 kg 的弹性球从空中某高度由静止开始下落,该下落过程对应的 v-t 图像如图 7.20 所示.球与水平地面相碰后离开地面时的速度大小为碰撞前的 $\dfrac{3}{4}$.该球受到的空气阻力大小恒为 f,取 $g = 10 \text{ m/s}^2$,求:

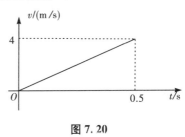

图 7.20

① 弹性球受到的空气阻力 f 的大小;

② 弹性球第一次碰撞后反弹的高度 h.

分析与解答 ① 由图像可知,弹性球下落过程中做匀加速运动,经时间 $t=0.5$ s 时的速度为 4 m/s,因此下落加速度为

$$a = \frac{\Delta v}{\Delta t} = \frac{4}{0.5} \text{ m/s}^2 = 8 \text{ m/s}^2$$

根据牛顿第二定律,有

$$mg - f = a$$

得空气阻力的大小

$$f = m(g-a) = 0.1 \times (10-8) \text{ N} = 0.2 \text{ N}$$

② 由图像和题设条件,可知小球落地速度和反弹速度大小分别为

$$v = 4 \text{ m/s}, \quad v' = \frac{3}{4}v = 3 \text{ m/s}$$

设小球反弹时的加速度大小为 a',由牛顿第二定律,有

$$mg + f = ma'$$

得

$$a' = \frac{mg+f}{m} = \frac{0.1 \times 10 + 0.2}{0.1} \text{ m/s}^2 = 12 \text{ m/s}^2$$

所以第一次碰撞后反弹的高度为

$$h = \frac{v'^2}{2a'} = \frac{3 \times 3}{2 \times 12} \text{ m} = \frac{3}{8} \text{ m} = 0.375 \text{ m}$$

说明 第一次碰撞后反弹的高度也可以用动能定理计算,即由

$$(mg+f)h = 0 - \frac{1}{2}mv'^2$$

得

$$h = 0.375 \text{ m}$$

例题 6 (2013,全国新课标Ⅰ)2012年11月,"歼15"舰载机在"辽宁号"航空母舰上着舰成功.图7.21(a)为利用阻拦系统让舰载机在飞行甲板上快速停止的原理示意图.飞机着舰并成功钩住阻拦索后,飞机的动力系统立即关闭,阻拦系统通过阻拦索对飞机施加一作用力,使飞机在甲板上短距离滑行后停止.某次降落,以飞机着舰为计时零点,飞机在 $t = 0.4$ s 时恰好钩住阻拦索中间位置.其从着舰到停止的速度-时间图线如图7.21(b)所示.假如无阻拦索,飞机从着舰

到停止需要的滑行距离约为 1 000 m.已知航母始终静止,重力加速度的大小为 g,则(   ).

A. 从着舰到停止,飞机在甲板上滑行的距离约为无阻拦索时的 $\dfrac{1}{10}$

B. 在 0.4～2.5 s 时间内,阻拦索的张力几乎不随时间变化

C. 在滑行过程中,飞行员所承受的加速度大小会超过 2.5 g

D. 在 0.4～0.5 s 时间内,阻拦系统对飞机做功的功率几乎不变

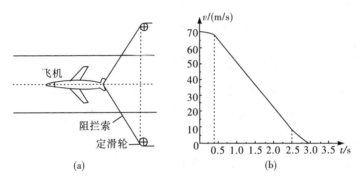

图 7.21

分析与解答　根据题设条件,无阻拦索时舰载机的滑行距离 $x_0=1\,000$ m,由 v-t 图知,着舰时速度为 $v_0=70$ m/s,因此滑行时的加速度大小为

$$a_0=\frac{v_0^2}{2x_0}=\frac{70\times 70}{2\times 1\,000}\text{ m/s}^2=2.45\text{ m/s}^2$$

着舰后经 $t_1=0.4$ s 飞机减速为

$$v_1=v_0-a_0t_1=(70-2.45\times 0.4)\text{ m/s}\approx 69\text{ m/s}$$

钩住阻拦索后至 $t_2=2.5$ s 时已减速为 $v_2=10$ m/s,在 $t_3=3.0$ s 时 $v_3=0$,飞机停止.飞机滑行的距离等于 v-t 图上相应的面积,其值为

$$x=v_0t_1-\frac{1}{2}a_0t_1^2+\frac{v_1+v_2}{2}(t_2-t_1)+\frac{v_2}{2}(t_3-t_2)$$

$$= \left(70 \times 0.4 - \frac{1}{2} \times 2.45 \times 0.4^2 + \frac{69+10}{2} \times 2.1 \right.$$

$$\left. + \frac{1}{2} \times 10 \times 0.5 \right) \text{m}$$

$$= 113.25 \text{ m} \approx \frac{1}{10} \times 1\,000 \text{ m} \quad (\text{A 正确})$$

在 0.4～2.5 s 时间内,飞机做匀加速直线运动,飞机所受的阻拦索的合力恒定.但随着飞机的滑行,两侧阻拦索之间的夹角逐渐减小,因此每根阻拦索的张力也逐渐减小,B 错.

飞机滑行过程中的加速度大小为

$$a = \frac{v_1 - v_2}{t_2 - t_1} = \frac{69-10}{2.5-0.4} \text{ m/s}^2 \approx 28.1 \text{ m/s}^2 > 2.5 g \quad (\text{C 正确})$$

在 0.4～0.5 s 时间内,阻拦系统对飞机产生的阻力恒定,但飞机的速度不断在减小.根据功率的表达式 $P=Fv$ 可知,阻拦系统对飞机的输出功率也在逐渐减小,D 错.

说明 由图像知,飞机从着舰至 $t_1=0.4$ s 的过程中,做变减速运动,上面计算 a_0 时作了平均化处理.$t_1=0.4$ s 时的速度大小也可以从图像作大体的判断.由于飞机滑行的距离主要表现在 0.4～2.5 s 时间内,所以 v_1 取值的一些差异不会影响对结果的正确判断.本题对图像作了充分的利用,几个选项几乎都可以从图像得出,请注意体会.

(2) 画出速度图像比较判断和辅助计算

研究物理问题时,许多时候还可以利用画出的 v-t 图做直观的比较、判断和简便的计算.尤其是当物体受到变力作用时,在中学物理知识范围内无法直接运用牛顿第二定律列式求解,此时运用速度图像往往就成为极为有用的、甚至是唯一的比较和判断的手段.

速度图像在这方面的应用丰富多彩,这也更能折射出对有关物理原理理解的深刻性和思维的灵活性.

例题 1 (2011,陕西)甲乙两辆汽车都从静止出发做加速直线运动,加速度方向一直不变.在第一段时间间隔内,两辆汽车的加速度大小不变,汽车乙的加速度大小是甲的两倍;在接下来的相同时间间隔内,汽车甲的加速度大小增加为原来的两倍,汽车乙的加速度大小减小为原来的一半.求甲乙两车各自在这两段时间间隔内走过的总路程之比.

分析与解答 根据题意画出甲乙两车的速度图像,如图 7.22 所示.在第一段时间内,乙车的加速度是甲的两倍,设第一段时间末甲乙两车的速度分别为 v 和 v',则 $v'=2v$.在第二段同样时间内,它们的加速度大小互换,即甲车的加速度等于原来乙

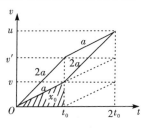

图 7.22

车的加速度,乙车的加速度等于原来甲车的加速度.因此,第二段时间内甲的速度图像平行于原来乙的速度图像;乙的速度图像平行于原来甲的速度图像,两车的末速度恰好相等.在图中添上平行的虚线,设划有斜线的小三角形面积为 x_0,根据图像下方与 t 轴间的面积,立即可知两车通过的总路程分别为

$$x = 5x_0$$
$$x' = 7x_0$$

所以其总路程之比为

$$\frac{x}{x'} = \frac{5}{7}$$

说明 本题淋漓尽致地体现了使用速度图像简捷求解的优势. 如果采用习惯解法,需要列出多个方程.现比较如下:

设每段运动时间为 t_0,在第一段时间内甲车的加速度为 a,末速度为 v,甲车在前后两段时间内通过的路程分别为 x_1 和 x_2,则

$$v = at_0$$
$$x_1 = \frac{1}{2}at_0^2$$
$$x_2 = vt_0 + \frac{1}{2}(2a)t_0^2$$

对乙车,设第一段时间末的速度为 v',在前后两段时间内通过的路程分别为 x'_1 和 x'_2,同理有

$$v' = (2a)t_0$$

$$x'_1 = \frac{1}{2}(2a)t_0^2$$

$$x'_2 = v't_0 + \frac{1}{2}at_0^2$$

两车走过的总路程分别为

$$x = x_1 + x_2$$

$$x' = x'_1 + x'_2$$

联立各式,即可求出 $\dfrac{x'}{x}$ 的值.显然,掌握了速度图像的方法后,很少有人乐意去用 6 个联立方程求解了.

例题 2 (2006,全国理综)一水平的浅色长传送带上放置一煤块(可视为质点).煤块与传送带之间的动摩擦因数为 μ.初始时,传送带与煤块都是静止的.现让传送带以恒定的加速度 a_0 开始运动,当其速度达到 v_0 后,便以此速度做匀速运动.经过一段时间,煤块在传送带上留下了一段黑色痕迹后,煤块相对于传送带不再滑动.求此黑色痕迹的长度.

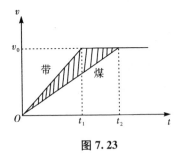

图 7.23

分析与解答 传送带先做匀加速运动、后做匀速运动,煤块在带的摩擦力作用下做匀加速运动,直到速度达到 v_0.因此,传送带上黑色痕迹的长度,应该等于传送带和煤块在相对运动过程中的位移之差.

画出传送带和煤块的速度图像(图 7.23),它们跟 t 轴间的面积之差就是煤块相对带滑过的距离,也就是黑色痕迹的长度.

传送带做加速运动的时间

$$t_1 = \frac{v_0}{a_0}$$

煤块的加速度和做加速运动的时间分别为

$$a = \mu g$$

$$t_2 = \frac{v_0}{a} = \frac{v_0}{\mu g}$$

黑色痕迹的长度

$$s = \frac{(t_2 - t_1)v_0}{2} = \frac{1}{2}\left(\frac{v_0}{\mu g} - \frac{v_0}{a_0}\right)v_0 = \frac{(a_0 - \mu g)v_0^2}{2a_0 \mu g}$$

例题 3 图 7.24 为两个光滑的斜面,高相同,右边由两部分组成,且 $AB + BC = AD$. 两小球 a、b 分别从 A 点沿两侧斜面由静止滑下,不计转折处的能量损失,哪一边的小球先滑到斜面底部?

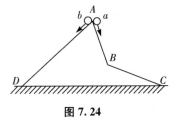

图 7.24

分析与解答 两个小球从等高处沿光滑斜面静止下滑,由于两边斜面倾角不同,下滑的加速度不同. 根据机械能守恒定律,两球到达底端的速度大小相等. 画出的 v-t 图如图 7.25 所示,其中的折线为沿 ABC 斜面下滑的 a 球的速度图像,直线为沿 AD 斜面下滑的 b 球的速度图像.

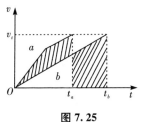

图 7.25

因为 v-t 图上相应的一块面积表示位移的大小,要求 a、b 两图线下方的面积相等(等于斜面总长度),必须使图中画有斜线部分的两块面积相等,显然,一定有关系式 $t_a < t_b$,即沿 ABC 一边滑下的小球先到达底端.

说明 本题用 v-t 图求解是最简单和巧妙的方法.类似本题的还可有许多情况,有时即使是非匀变速运动,也可根据同样的道理作比较研究.如图 7.26 所示,ABC 为光滑曲面,其长度与光滑斜面 AD

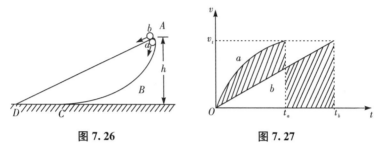

图 7.26　　　　　　图 7.27

相同,要求比较 a、b 两小球从等高处由静止下滑到底端的时间时,同样可画出它们的 v-t 图,如图 7.27 所示.其中沿 AD 下滑的 b 球的 v-t 图为一斜直线,其斜率恒定.沿 ABC 下滑的 a 球的 v-t 图为一曲线,其斜率是变化的.由于两斜面总长度相同,要求它们的 v-t 图与 t 轴间一块面积相等(即图中画有斜线部分的两块面积相等),必然有关系式 $t_a < t_b$,所以沿曲面 ABC 下滑得快.

例题 4　沿着水平方向飞行的一颗子弹,击穿静止在水平桌面上的一个木块.假设木块对子弹的阻力恒定,那么当子弹的速度增大时,下列判断正确的是(　　).

A. 木块的动能变大　　　　B. 木块的动能变小
C. 子弹穿越木块的时间变长　D. 子弹穿越木块的时间变短

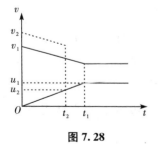

图 7.28

分析与解答　子弹穿越木块的过程中,由于阻力恒定,子弹做匀减速运动,木块做匀加速运动.设子弹以速度 v_1 入射时,穿越木块的时间为 t_1,木块获得的速度为 u_1,两者的 v-t 图像如图 7.28 中两条倾斜实线所示.它们与 t 轴间所围的面积之差,数值上等于子弹相对于木块的位移,即木块的长度.当子弹速度增大为 v_2 入射时,设穿越木块的时间为 t_2,木块获得的速度为 u_2.子弹穿越木块的过程中两者依然分别做着匀减速运动和匀加速运动,而且两情况中加速度的大小不变.它们的 v-t 图如图 7.28 中倾斜虚线所示(表示木块 v-t 图的虚线与 v_1 时的实线重合).要求相对木块的位移大小不变,一定有关系式

$$t_2 < t_1, \quad u_2 < u_1 \quad \text{(B、D 正确)}$$

说明 本题也可以应用直觉思维和极端思维等方法定性分析判断.当子弹的速度增大时,从直觉可知,穿越木块的时间一定越短.当子弹的速度极大时,可以认为木块还来不及产生运动,子弹已经穿透过去了.此外,这里要分清加速度和速度两个不同物理量的特点:加速度是个瞬时量,速度的变化需要经历时间过程.子弹的速度增大时(即使速度极大),木块的加速度依然不变,但木块获得的速度所经历的时间过程变短,积累的速度也变小.

例题 5 (2009,江苏)如图 7.29 所示,两质量相等的物块 A、B 通过一轻质弹簧连接,B 足够长,放置在水平面上,所有接触面均光滑.

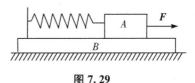

图 7.29

弹簧开始时处于原长,运动过程中始终处在弹性限度内.在物块 A 上施加一个水平恒力,A、B 从静止开始运动到第一次速度相等的过程中,下列说法中正确的有(   ).

A. 当 A、B 加速度相等时,系统的机械能最大

B. 当 A、B 加速度相等时,A、B 的速度差最大

C. 当 A、B 的速度相等时,A 的速度达到最大

D. 当 A、B 的速度相等时,弹簧的弹性势能最大

分析与解答 开始运动后,两物块都受到变力的作用做变加速运动.设弹簧的弹力为 T,根据牛顿第二定律,对 A、B 两物块可分别

写出方程

$$F - T = ma_1$$
$$T = ma_2$$

随着弹簧的伸长,弹力 T 逐渐变大,物块 A 的加速度 a_1 逐渐变小,速度不断增大;物块 B 的加速度 a_2 逐渐变大,速度也不断增大.在这个过程中,物块 A 的速度始终大于 B 的速度,因此物块 A 的 v-t 图像始终在 B 的上方,但 A 的图像斜率变小,B 的图像斜率变大(图 7.30).这个过程一直继续到两物块的加速度相等(设对应的时刻为 t_1),此时两物块 v-t 图像的斜率相等(如图中两条平行虚线所示),对应的弹力

$$T = \frac{F}{2}$$

此后,随着弹簧的继续伸长,物块 A 的加速度继续变小,但速度仍然在增大;物块 B 的加速度继续增大,速度也增大,直到两者的速度相等(设对应的时刻为 t_2).这个过程中,物块 A 的 v-t 图像逐渐下弯,物块 B 的 v-t 图像继续上翘,速度相等时两图像相交,两图像所围成的面积反映着相对位移的大小.

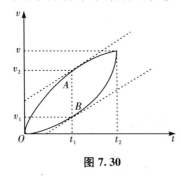

图 7.30

由图可见,加速度相等时,A、B 的速度差最大(时刻 t_1);速度相等时,A 的速度达到最大(时刻 t_2);速度相等时,两物块的相对位移最大,表示弹簧被拉伸到最长,弹簧的弹性势能达到最大.显然,当 A、B 加速度相等时,系统的机械能并非最大.因此,B、C、D 正确,A 错.

说明 物体受变力作用时,由于在中学阶段无法进行定量计算,通常就可以利用图像进行定性的比较、判断.因此,判断本题时根

据物理过程的分析画出 v-t 图至关重要.

如果对本题的物理过程理解得比较清楚的话,作为练习,下面这个问题同样可以通过画出 v-t 图做出正确选择了.

练习题 如图 7.31 所示,质量相同的两木块 A、B,用轻弹簧连接后放在光滑水平面上. 开始时,弹簧处于自然长度,现用水平恒力推木块 A,当弹簧第一次被压缩到最短的过程中,下列判断中正确的是( ).

图 7.31

A. 当两木块的速度相同时,其加速度 $a_A = a_B$

B. 当两木块的速度相同时,其加速度 $a_A > a_B$

C. 当两木块的加速度相同时,其速度 $v_A < v_B$

D. 当两木块的加速度相同时,其速度 $v_A > v_B$

(参考答案 D)

例题 6 质量为 m 的物体 A 以速度 v_0 从平台上滑到与平台等高的静止小车 B 上,小车质量为 M,放在光滑水平地面上(图 7.32). 物体 A 与小车之间的动摩擦因数为 μ. 不计 A 的体积,为使 A 在小车 B 上不致滑出,小车的长度 l 至少为多少?

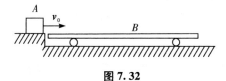

图 7.32

分析与解答 A 滑上 B 后,在摩擦力作用下 A 做匀减速运动,B 做匀加速运动,要求 A 不致滑出小车,必须使 A 滑到小车右端时两者相对静止.

设 A 滑至小车右端相对静止的共同速度为 u,由水平方向动量守恒,有

$$mv_0 = (m + M)u$$

得

$$u = \frac{m}{m+M}v_0$$

达到这个速度所需时间可根据小车的动量变化求得,为

$$t = \frac{Mu}{f} = \frac{Mu}{\mu mg} = \frac{Mv_0}{\mu(m+M)g}$$

作出木块 A 滑上小车至相对静止时两者的 v-t 图(图 7.33).小车长度至少应等于它们达到相对静止时的位移之差,即等于 v-t 图上画有斜线的这块三角形的面积.所以

$$l = \frac{1}{2}v_0 t = \frac{1}{2}v_0 \frac{Mv_0}{\mu(m+M)g} = \frac{Mv_0^2}{2\mu(m+M)g}$$

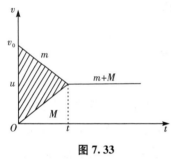

图 7.33

说明 本题可以采用多种方法求解.例如用牛顿第二定律结合运动学公式;运用动量守恒定律和动能定理;运用动量定理等.上面从相对静止时的共同速度,采用 v-t 图像的方法,是比较简明的方法,请同学们自己进行比较、体会.

例题 7 在光滑水平地面上有一个质量为 M 的盒子 A,其内部长 $l=1.0$ m,盒子中央有一质量为 m 的滑块 B(大小不计),且 $m=M$. B 与 A 之间的动摩擦因数 $\mu=0.05$.开始 B 是静止的,现给 B 以初速 $v_0=5.0$ m/s 向右运动(图 7.34).假设 B 与 A 前后两壁的碰撞为完全弹性的.试求:

① B 与 A 相对静止时与盒子前后两壁相碰几次?

② B 与 A 相对静止时对地的位移分别多大?

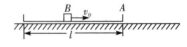

图 7.34

分析与解答 ① 从 A、B 组成的系统考虑:设相对静止时的共同速度为 v_t,相对运动的总路程为 s,由动量守恒和系统的能量转换关系,有

$$mv_0 = (m+M)v_t$$

$$\frac{1}{2}mv_0^2 = \frac{1}{2}(m+M)v_t^2 + \mu mgs$$

考虑到 $m=M$,于是由上面两式得

$$v_t = \frac{m}{m+M}v_0 = \frac{1}{2}v_0 = 2.5 \text{ m/s}$$

$$s = \frac{v_0^2}{4\mu g} = \frac{5 \times 5}{4 \times 0.05 \times 10} \text{ m} = 12.5 \text{ m}$$

因为除第一次碰撞时两者的相对位移为 $\dfrac{l}{2}$ 外,其余各次碰撞两者的相对位移都是 l,所以能相碰的次数为

$$n = \frac{s - \dfrac{l}{2}}{l} + 1 = \frac{12.5 - 0.5}{1.0} + 1 = 13$$

这里 $\dfrac{s - \dfrac{l}{2}}{l} = 12$,恰好整除,说明最后一次相碰前,滑块 B 正好位于 A 的右壁,此时它们的速度均为 2.5 m/s,实际上仅是相遇而已.

②

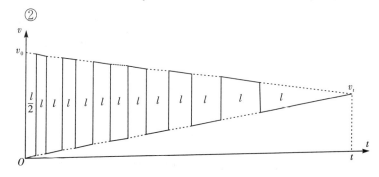

图 7.35

由于两者的加速度大小相等,即 $a_A = a_B = \mu g$,因此它们的 v-t 图的斜率相等.达到相对静止的时间为

$$t = \frac{v_t}{\mu g} = \frac{2.5}{0.05 \times 10} \text{s} = 5 \text{ s}$$

画出的 v-t 图如图 7.35 所示.其中,实线为 A 的速度图像,虚线为 B 的速度图像.

A 对地的位移,数值上等于图中实线下方的面积,即

$$s_A = S_{\triangle OCD} + 6l = \frac{1}{2} \times 5 \times \frac{5}{2} \text{ m} + 6 \times 1 \text{ m} = 12.25 \text{ m}$$

同理,B 对地的位移为

$$s_B = S_{\triangle OCD} + 6\frac{1}{2}l = 12.75 \text{ m}$$

说明 这里速度图像的应用主要体现在位移的计算上.由于 A 和 B 交替做加速运动和减速运动,如果用匀变速运动的公式等方法计算会比较麻烦,利用速度图像所对应的面积进行计算,非常直观和方便,其优势就凸显出来了.

(3) 利用速度图像进行讨论

有些物理问题中,随着物体起始时刻或速度、加速度(受力)等运动情况的变化,会产生多种可能的不同情况.此时,利用速度图像进行讨论,往往会比计算方法更为方便,也更为直观和明晰.

图 7.36

例题 1 A、B 两物体的质量分别为 m_1、m_2,m_1 原来静止,m_2 以速度 v_0 向右运动,如图 7.36 所示.它们同时开始受到向右的大小相同的恒力作用后,在 $m_1 < m_2$、$m_1 = m_2$、$m_1 > m_2$ 三种情况下,它们能否达到相同的速度?

分析与解答 两物体原来都处于力平衡状态,受到恒力 F 作用后,质量为 m_1 的物体 A 做初速为零的匀加速运动,

质量为 m_2 的物体 B 做初速不为零的匀加速运动.两者的加速度分别为

$$a_1 = \frac{F}{m_1}$$

$$a_2 = \frac{F}{m_2}$$

画出它们的 v-t 图,根据两图线能否相交可判知它们能否达到相同的速度.

对应于 $m_1 < m_2$、$m_1 = m_2$、$m_1 > m_2$ 三种情况,画出两物体的 v-t 图如图 7.37 中(a)、(b)、(c)所示.显然,只有在 $m_1 < m_2$,即 $a_1 > a_2$ 的情况下,两图线才能相交,表示可能达到相同的速度.

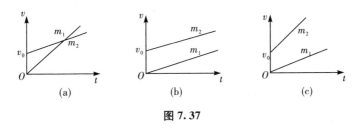

图 7.37

例题 2 如图 7.38 所示,甲、乙两小孩各乘一辆冰车在水平冰面上游戏.甲和他的冰车质量共为 $M = 30$ kg 的箱子,乙和他的冰车质量也为 30 kg.游戏时,甲推着一个质量 $m = 15$ kg 的箱子和它一起以大小为 $v_0 = 2$ m/s 的速度滑行,乙以同样大小的速度迎面滑来.为了避免相撞,甲突然将箱子沿冰面推出,箱子滑到乙处,乙迅速抓住.若不计冰面摩擦,试分析甲以不同速度(相对于地)推出箱子后,甲、乙两者可能发生的情况.

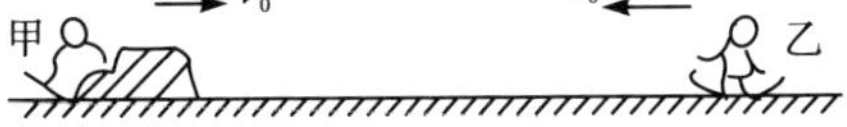

图 7.38

分析与解答 甲推出箱子和乙抓住箱子前后,(甲＋箱)和(乙＋箱)水平方向动量守恒,设推出箱子的速度为 v,由

$$(M+m)v_0 = Mv_1 + mv$$
$$mv - Mv_0 = (M+m)v_2$$

分别得甲推出箱、乙抓住箱后甲、乙的速度分别为

$$v_1 = \frac{(M+m)v_0 - mv}{M}$$

$$v_2 = \frac{mv - Mv_0}{M+m}$$

两者可能出现的各种运动情况,决定于 v_1、v_2 的大小和方向.较方便的办法是画出它们的图线进行分析研究.

由 v_1、v_2 的表达式代入数据得

$$v_1 = \frac{(30+15) \times 2 - 15v}{30} = 3 - \frac{1}{2}v$$

$$v_2 = \frac{15v - 30 \times 2}{30+15} = -\frac{4}{3} + \frac{1}{3}v$$

画出 v_1-v、v_2-v 的图像,如图 7.39 所示.得两图线交点的速度值 v_P =5.2 m/s.

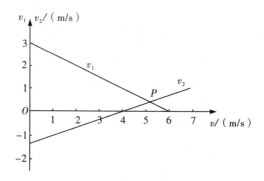

图 7.39

由图 7.39 可知,当甲以不同速度 v 推出箱子时,可能出现的情况如下:

① $v < 4$ m/s,则 $v_1 > 0$,$v_2 < 0$,表示两者均沿原方向运动,会发生相撞;

② $v=4$ m/s,则 $v_1>0, v_2=0$,表示乙抓到箱子后刚好静止,甲按原方向运动,也会相撞;

③ 4 m/s$<v<5.2$ m/s,$v_1>0, v_2>0$,甲、乙两者同向运动,但因 $v_1>v_2$,甲会追上乙相撞;

④ $v=5.2$ m/s,$v_1=v_2$,甲、乙两者同向同速运动,刚好不会相撞;

⑤ 5.2 m/s$<v<6$ m/s,$v_1>0, v_2>0$,甲、乙两者同向运动,但因 $v_1<v_2$,甲落后于乙,不会相撞;

⑥ $v=6$ m/s,$v_1=0, v_2>0$,甲推出箱后刚好静止,乙按甲原来的方向运动,不会相撞;

⑦ $v>6$ m/s,$v_1<0, v_2>0$,甲、乙两者反向运动,不会相撞.

说明 本题从图上可以很直观地看出各种可能情况.如采用计算法,是很难做出完整分析的.

例题 3 如图 7.40 所示,A、B 是一对平行的金属板,在两板间加上一个周期为 T、随时间如图 7.41 变化的交变电压 u(开始时 A 板的电势为零).现有一电子从 A 板上的小孔进入两板间的电场区内,设电子的初速度和重力影响均可忽略.试讨论下列两情况中,电子将做怎样的运动?

① 电子在 $t=0$ 时刻进入电场;

② 电子在 $t=\dfrac{T}{8}$ 时刻进入电场.

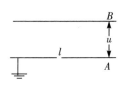

图 7.40

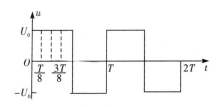

图 7.41

分析与解答 由于交变电压的大小恒定,仅方向做周期性变化,因此两板间的电场强度大小恒定,方向周期性变化,电子进入电场后受到的电场力和加速度也是大小恒定,方向周期性变化.

① 当电子在 $t=0$ 时刻进入电场时,在 $0 \sim \dfrac{T}{2}$ 的时间内,电子向着 B 板做匀加速运动;在 $\dfrac{T}{2} \sim T$ 的时间内,电子向着 B 板做匀减速运动,且在 $t=T$ 时速度减为零.在第二个周期内,重复第一个周期的情况,其速度图像如图 7.42 所示.在整个运动过程中,电子的速度方向不变(始终为正),即一直向着 B 板运动,最终打到 B 板上.

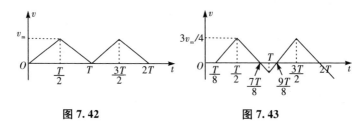

图 7.42　　　　　图 7.43

② 当电子是在 $t=\dfrac{T}{8}$ 时刻进入电场时,在正半周的 $\dfrac{T}{8} \sim \dfrac{T}{2}$ 时间内,电子向着 B 板做匀加速运动;在紧接着负半周的前 $\dfrac{3T}{8}$ 时间内电子向着 B 板做匀减速运动,直至速度减为零,余下的 $\dfrac{T}{8}$ 时间内向着 A 板做加速运动.当进入 $T \sim \dfrac{3}{2}T$ 的半周期后,开始的 $\dfrac{T}{8}$ 时间内电子继续向着 A 板做减速运动,直至速度减为零,然后又重复第一次进入时的情况,其速度图像如图 7.43 所示.在这个过程中,电子的总位移为正值,所以电子最后也打到 B 板上.

说明 本题如通过列式计算判断,是很麻烦的.利用速度图像既简便,物理情景又十分清晰.如果电子在 $t=\dfrac{3}{8}T$ 时刻或 $t=\dfrac{T}{2}$ 时刻进入电场中,它们的运动情况怎样? 请读者应用速度图像自行讨论.

上面所说的可以认为是 v-t 图像的三个典型应用方面. 值得注意的是,具体问题中除了表示为速度与时间的关系外,有时也需要研究速度与位移等方面的关系,即表示为 v-x 的形式等.

例题 1 (2016 江苏) 小球从一定高度处由静止下落,与地面碰撞后回到原高度再次下落,重复上述运动. 取小球的落地点为原点建立坐标系,竖直向上为正方向. 下列速度 v 和位置 x 的关系图像中,能描述该过程的是( )

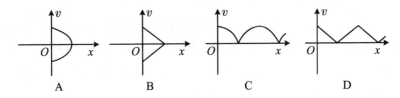

分析与解答 小球下落时,其速度方向向下,与规定的正方向相反,即为负值. 图 C 和 D 中小球的速度始终为正值,因此 C、D 两选项错,可以先排除.

题设以落地点为坐标原点,为方便起见,可将小球的运动转化为竖直上抛. 取三个特殊位置考虑:

抛出点	$x=0$	$v>0$(正的最大值)
最高点	$x=x_{\max}$	$v=0$
落地点	$x=0$	$v<0$(负的最大值)

A、B 两选项对这三个特殊位置都符合. 由于小球的运动速度与位移的关系为

$$v^2 = v_0^2 - 2gx$$

或

$$x = \frac{v_0^2}{2g} - \frac{v^2}{2g}$$

即位移与速度之间为二次函数的关系,不是线性关系,因此 x-v 图

像不可能为直线,B 也错,正确的是 A.

说明 本题跳出了常规的 v-t 图像,改为研究 v-x(速度与位移)的图像,提高了应用数学的要求. 把题中关系式 $x=\dfrac{v_0^2}{2g}-\dfrac{v^2}{2g}$ 与抛物线的标准式 $x=-\dfrac{y^2}{2p}$ 相对照,可知其图像为开口向左的抛物线,顶点坐标为 $\left(\dfrac{v_0^2}{2g},0\right)$,即如图 A 所示.

7.3 加速度和力的图像

有关加速度与力的图像(a-t 图像与 F-t 图像),主要体现在胡克定律和牛顿第二定律的应用中. 前者所涉及的知识点相对比较狭窄,也比较简单;后者的联系面显得很广泛,既可以围绕牛顿第二定律展开,也可以结合着功能关系和简谐运动等许多知识点. 这方面的问题在近几年的高考中屡屡出现,而且情景非常广泛,值得仔细体会.

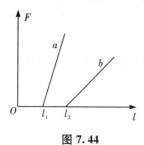

图 7.44

例题 2 (2009,全国)一个实验小组在"探究弹力与弹簧伸长的关系"的实验中,使用两条不同的轻质弹簧 a 和 b,得到弹力与弹簧长度的图像如图 7.44 所示. 下列表述正确的是( ).

A. a 的原长比 b 的长
B. a 的劲度系数比 b 的大
C. a 的劲度系数比 b 的小
D. 测得的弹力与弹簧的长度成正比

分析与解答 弹力等于零时弹簧的长度表示原长,即 $l_2>l_1$,A 错. 图像的斜率为

$$\tan\alpha=\dfrac{\Delta F}{\Delta l}=\dfrac{F}{l}=k$$

图像 a 的斜率比 b 大,弹簧 a 的劲度系数比 b 大,C 错,B 正确.

胡克定律指出,弹簧的弹力与其伸长量(或压缩量)成正比,不是与弹簧的长度成正比,D 错.

例题 3 (2011,新课标)如图 7.45 所示,在光滑水平面上有一质量为 m_1 的足够长的木板,其上叠放一

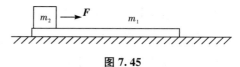

图 7.45

质量为 m_2 的木块.假定木块和木板之间的最大静摩擦力和滑动摩擦力相等.现给木块施加一个随时间 t 增大的水平力 $F=kt$ (k 是常数),木板和木块加速度的大小分别为 a_1 和 a_2,下列反映 a_1 和 a_2 变化的图线中正确的是(　　).

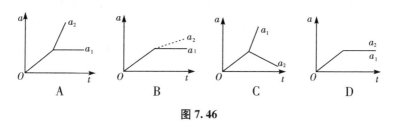

图 7.46

分析与解答 当水平力小于木块和木板之间的最大静摩擦力时,两者可以看成一个整体,以相同的加速度运动.其加速度

$$a = \frac{F}{m_1 + m_2} = \frac{kt}{m_1 + m_2}$$

且随着时间 t 正比增大.

当水平力大于木块和木板之间的最大静摩擦力时,两者将产生相对滑动,以不同的加速度运动.它们的加速度大小分别为

$$a_1 = \frac{f}{m_1}$$

$$a_2 = \frac{kt - f}{m_2}$$

其中,f 是滑动摩擦力,因此木板的加速度大小 a_1 是个定值;木块的加速度将随着时间 t 增大,一定比两者相对静止时的整体加速度大(否则不会有相对运动),并且比相对静止时变化更快,即 a-t 图中的斜率变大(参见说明).可见,正确的是 A.

说明 木块和木板发生相对滑动前后,加速度 a 和 a_2 都是变量.在 a-t 图像中的斜率分别为

$$\frac{\Delta a}{\Delta t} = \frac{k}{m_1 + m_2}$$

$$\frac{\Delta a_2}{\Delta t} = \frac{k}{m_2} > \frac{\Delta a}{\Delta t}$$

也就是说,发生相对滑动后 a_2-t 的图线更陡.

例题 4 (2012,江苏)将一只皮球竖直向上抛出,皮球运动时受到空气阻力的大小与速度的大小成正比,下列描绘皮球在上升过程中加速度大小 a 与时间 t 关系的图像,可能正确的是( ).

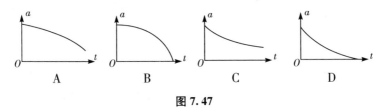

图 7.47

分析与解答 设空气阻力 $f = kv$,以加速度方向为正方向,小球上升过程中的动力学方程为

$$mg + kv = ma$$

得加速度

$$a = g + \frac{kv}{m}$$

随着小球的上升,其速度逐渐减小,阻力减小,加速度也逐渐减小;当到达最高点时,速度 $v = 0$,加速度 $a = g \neq 0$.因此 B、D 都错,可以先排除.

没有阻力时,上升过程中加速度不变.有阻力时,上升过程中加速度在减小,跟没有阻力时相比较,说明其速度的减小越来越慢,也就是说随着时间的进程,a-t 图像应该越来越平坦,因此 A 错,C 正确.

说明 本题虽然并不复杂,但很有新意.需要对加速度的意义有比较透彻的认识,才能从加速度的变化选出正确答案.

例题 5 (2011,北京)"蹦极"就是跳跃者把一端固定的长弹性绳绑在踝关节等处,从几十米高处跳下的一种极限运动.某人做蹦极运动,所受绳子拉力 F 的大小随时间 t 变化的情况如图 7.48 所示.将蹦极过程近似为在竖直方向上的运动,重力加速度为 g.据图可知,此人在蹦极过程中最大加速度约为( ).

A. g B. $2g$ C. $3g$ D. $4g$

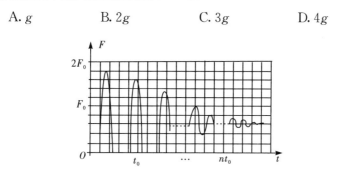

图 7.48

分析与解答 运动员从高处跳下后,由于弹性绳的作用上下振动,绳子的拉力随之发生变化.最终趋于稳定时,运动员就处于平衡状态($F = mg$),由图可知运动员的重力

$$mg = \frac{3}{5}F_0 \quad \Rightarrow \quad F_0 = \frac{5}{3}mg$$

所以运动员的最大加速度为

$$a_{\max} = \frac{F_{\max} - mg}{m} = \frac{\frac{9}{5}F_0 - \frac{3}{5}F_0}{m} = \frac{6}{5} \cdot \frac{F_0}{m} = 2g \quad \text{(B 正确)}$$

说明 一些同学不能从图像的含义找出平衡时弹力的大小,其原因往往只是孤立地看"题目".其实,只要能够联想到"蹦极"运动员从高处跳下,上下振动后最终会平衡的情景,就很容易突破了——本来是一个来源于生活的问题,"解铃还需系铃人",解题时同样需要还原于生活.

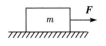

图 7.49

例题 6 (2013,浙江)如图 7.49 所示,水平板上有质量 $m = 1.0$ kg 的物块,受到随时间 t 变化的水平拉力 F 作用(图 7.50),用力传感器测出相应时刻物块所受摩擦力 F_f 的大小(图 7.51).取重力加速度 $g = 10$ m/s². 下列判断正确的是( ).

A. 5 s 内拉力对物块做功为零

B. 4 s 末物块所受合力大小为 4.0 N

C. 物块与木板之间的动摩擦因数为 0.4

D. 6～9 s 内物块的加速度的大小为 2.0 m/s²

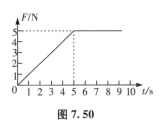

图 7.50　　　　图 7.51

分析与解答 由摩擦力的图像可知,物块所受到的最大静摩擦力 $F_{fm} = 4.0$ N,滑动摩擦力 $F_f = 3.0$ N.结合拉力随时间的变化可知:

① 在 0～4 s 内,物块静止,拉力对物块不做功;

② 在 4～5 s 内,物块做加速度逐渐增大的变加速运动,拉力对物块做功.

可见在 5 s 内拉力对物块做功并不为零,A 错.

4 s 末物块所受到的拉力和静摩擦力均为 4.0 N,其合力大小为零,B 错.

物块与木板之间的动摩擦因数为

$$\mu = \frac{F_f}{mg} = \frac{0.3}{1 \times 10} = 0.3 \quad (\text{C 错})$$

6~9 s内,拉力的大小恒定,物块做匀加速直线运动,其加速度为

$$a = \frac{F - F_f}{m} = \frac{5 - 3}{1} \text{ m/s}^2 = 2.0 \text{ m/s}^2 \quad (\text{D 正确})$$

例题 7 (2012,天津)如图 7.52(甲)所示,静止在水平地面的物块 A,受到水平向右的拉力 F 作用,F 与时间 t 的关系如图 7.52(乙)所示,设物块与地面的静摩擦力最大值 f_m 与滑动摩擦力大小相等,则( ).

A. $0 \sim t_1$ 时间内 F 的功率逐渐增大

B. t_2 时刻物块 A 的加速度最大

C. t_2 时刻后物块 A 做反向运动

D. t_3 时刻物块 A 的动能最大

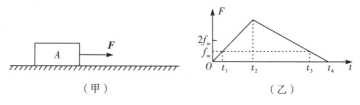

图 7.52

分析与解答 由 F-t 图可知,在 $0 \sim t_1$ 时间内拉力小于最大静摩擦力,物块静止,拉力 F 的功率为零,A 错.在 $t_1 \sim t_2$ 时间内拉力大于最大静摩擦力,物块向右做加速度逐渐增大的变加速运动,在 t_2 时刻加速度达到最大值,B 正确.此后,在 $t_2 \sim t_3$ 时间内,拉力的方向不变,大小逐渐减小,物块沿着原来的方向做着加速度逐渐减小的加速运动,速度不断增大,C 错.在 $t_3 \sim t_4$ 时间内,由于拉力小于最大静摩擦力,物块沿原方向做减速运动,可见在 t_3 时刻速度最大,动能也增

大,D 正确.

例题 8 (2010,福建理综)如图 7.53(甲)所示,质量不计的弹簧竖直固定在水平面上,$t=0$ 时刻,将一金属小球从弹簧正上方某一高度处由静止释放,小球落到弹簧上压缩弹簧到最低点,然后又被其弹离弹簧,上升到一定高度又下落,如此反复.通过安装在弹簧下端的压力传感器,测出这一过程弹簧弹力 F 随时间 t 变化的图像如图 7.53(乙)所示,则( ).

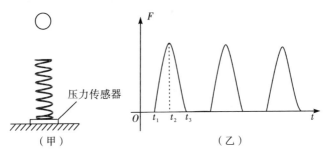

图 7.53

A. t_1 时刻小球动能最大

B. t_2 时刻小球动能最大

C. $t_2 \sim t_3$ 这段时间内,小球的动能先增加后减少

D. $t_2 \sim t_3$ 这段时间内,小球增加的动能等于弹簧减少的弹性势能

分析与解答 小球下落后,从接触弹簧的时刻起(t_1)将受到弹簧的弹力,但开始时弹力小于重力,小球继续向下加速,动能继续增加,选项 A 错.小球继续下落过程中,弹簧的弹力逐渐增大,当弹力大小满足条件 $F=mg$ 时,速度达到最大(对应于 t_1 与 t_2 间某时刻);以后,小球由于惯性继续下落,弹力 $F>mg$,小球做减速运动,直至到达最低点(对应时刻 t_2),弹力达到最大.可见,选项 B 错.$t_2 \sim t_3$ 这段时间内的过程相当于 $t_1 \sim t_2$ 的逆过程,小球的速度先增加后减少,因此选项 C 正确.在 $t_2 \sim t_3$ 这段时间内,小球动能的增加是由于弹力和

重力共同做功的结果,因此其动能的增加并不等于弹簧减少的弹性势能,选项 D 错.

说明 有关小球与弹簧相互作用的问题,中学物理中很常见.无论弹簧是竖直放置或水平放置,分析时一定要抓住"三点两过程",即接触点、平衡点和最低点(压缩最大的点);平衡点前后的两个不同过程.从接触点到平衡点,加速度逐渐减小、速度逐渐增大;从平衡点到最低点(压缩最大的点),加速度逐渐增大、速度逐渐减小.

例题 9 (2009,上海)如图 7.54(a) 所示,质量 $m=1$ kg 的物体沿倾角 $\theta=30°$ 的固定粗糙斜面由静止开始向下运动,风对物体的作用力沿水平方向向右,其大小与风速 v 成正比,比例系数用 k 表示,物体的加速度 a 与风速 v 的关系如图 7.54(b) 所示.求:

① 物体与斜面间的动摩擦因数 μ;
② 比例系数 k(已知 $\sin 37°=0.6, \cos 37°=0.8, g=10$ m/s²).

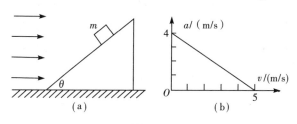

图 7.54

分析与解答 ① 由于物体下滑时受到风的作用力与速度成正比,因此下滑速度等于零(刚下滑)时,风的作用力等于零,此时物体仅受重力、斜面支持力和摩擦力作用.由 a-v 图像知此时的加速度 $a_0 = 4$ m/s².根据牛顿第二定律,有

$$mg\sin\theta - \mu mg\cos\theta = ma_0$$

得摩擦因数

$$\mu = \frac{g\sin\theta - a_0}{g\cos\theta} = \frac{10 \times 0.6 - 4}{10 \times 0.8} = 0.25$$

② 设风力为 $F=kv$，由 a-v 图像知，当 $v=5$ m/s 时的加速度 $a=0$，表示此时物体在重力、摩擦力、支持力和风力共同作用下处于平衡状态. 因此沿斜面方向和垂直斜面方向有关系式

$$mg\sin\theta - \mu N - kv\cos\theta = 0 \quad ①$$
$$N - mg\cos\theta - kv\sin\theta = 0 \quad ②$$

联立两式，得比例系数

$$k = \frac{mg(\sin\theta - \mu\cos\theta)}{v(\mu\sin\theta + \cos\theta)}$$

$$= \frac{1 \times 10 \times (0.6 - 0.25 \times 0.8)}{5 \times (0.25 \times 0.6 + 0.8)} \text{ N·s/m}$$

$$= 0.84 \text{ N·s/m}$$

说明 本题的关键是必须正确理解图像的物理意义，物体在不同风速时都做着加速运动，仅是加速度不同. 由于 a-v 图中只有两组数字，因此可取初始时刻和终末时刻考虑，这样就迎刃而解了.

例题 10 (2013,安徽) 一物体放在水平地面上，如图 7.55(a)所示，已知物体所受水平拉力 F 随时间 t 的变化情况如图 7.55(b)所示，物体相应的速度 v 随时间 t 的变化关系如图 7.55(c)所示. 求:

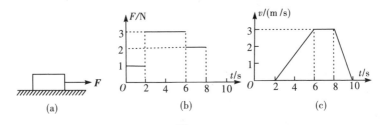

图 7.55

① $0 \sim 8$ s 时间内拉力的冲量；
② $0 \sim 6$ s 时间内物体的位移；
③ $0 \sim 10$ s 时间内，物体克服摩擦力所做的功.

分析与解答 ① 物体在 $0 \sim 8$ s 时间内受到的拉力在不同时段

内大小不同,因此其冲量需要分段计算,有

$$I = F_1\Delta t_1 + F_2\Delta t_2 + F_3\Delta t_3$$
$$= (1\times 2+3\times 4+2\times 2)\text{ Ns} = 18\text{ Ns}$$

② 由图 7.55(c) 知,物体在 $0\sim2\text{ s}$ 内静止,因此在 $0\sim6\text{ s}$ 时间内物体的位移就等于在 $2\sim6\text{s}$ 内的位移,即

$$x = \frac{3\times(6-2)}{2}\text{ m} = 6\text{ m}$$

③ 为了计算克服摩擦力的功,可以先对照图 7.55(c) 中 $6\sim8\text{s}$ 的匀速运动阶段,从图 7.55(b) 找出摩擦力

$$f = 2\text{ N}$$

再从图 7.55(c) 中速度图像下方的面积算出 $0\sim10\text{ s}$ 时间内的位移

$$x_总 = \frac{(8-6)+(10-2)}{2}\times 3\text{ m} = 15\text{ m}$$

所以克服摩擦力所做的功为

$$W = fx_总 = 2\times 15\text{ J} = 30\text{ J}$$

7.4 恒定电流的图像

恒定电流部分涉及的物理量很多,如电压(电动势)、电流、电阻、功率、效率等,以闭合电路欧姆定律为核心,结合着部分电路中电流、电压的关系以及电功率(或焦耳定律)等规律,相互间可以形成多个函数关系,画出多种图像.下面分为几个小专题并结合具体问题加以介绍.

(1) 电阻性元件的伏安特性线(电阻的 U-I 图像)

纯电阻性元件且不考虑温度的影响时,其伏安特性线是一条倾斜直线,如图 7.56 所示.图线的斜率反映了电阻的大小,当纵坐标取为电流时,则

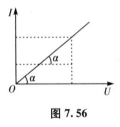

图 7.56

$$\cot\alpha = \frac{U}{I} = \frac{\Delta U}{\Delta I} = 恒量$$

实际的电阻性元件(如白炽灯)受温度影响很明显.图 7.57 是通过对规格为"6V,3W"常用小电珠的电压、电流测量后所得到的伏安特性线,说明在不同的电压、电流下呈现的电阻(动态电阻)是不同的.随着电压的增大,图像的斜率变小,也就是说,发生同样变化所对应的电压变化越大,意味着它的电阻随工作电压的升高而增大.

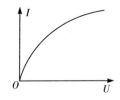

图 7.57

同样道理,普通家用白炽灯的灯丝电阻也不是恒定的,在冷态时(不工作时)的电阻很小,正常发光时灯丝处于白炽状态,会呈现出很大的电阻.

所以,在实际工作中研究元件的伏安特性线很有意义.

例题 1 一位同学用导线将如图 7.58 所示的实验器材连接起来,组成一个电路,探究太阳能电池在没有光照时(没有贮存电能)的 I-U 特性,得到如图 7.59 所示的图像.试说明这个太阳能电池的电阻特性,并求出工作电压 $U = 2.80$ V 时太阳能电池的电阻.*

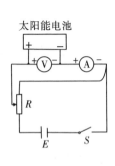

图 7.58

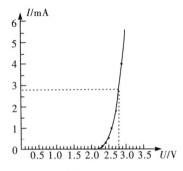

图 7.59

---

* 本题系根据 2010 年安徽高考题改编.

分析与解答 由图像可知,当电压小于 2.00 V 时,几乎没有电流通过,太阳能电池呈现出很大的电阻(相当于半导体二极管处于"截止"状态);当电压在 2.00～2.50 V(或 2.60 V)范围内时,图像明显弯曲,呈现的非线性特性比较明显,说明在不同电压下太阳能电池的电阻值不同;当电压超过 2.50 V(或 2.60 V)时,电流迅速增大,并且近似呈现线性变化(即对应的电阻值趋于恒定).

对应于工作电压 $U = 2.80$ V 时,由图中坐标可知,太阳能电池呈现的电阻为

$$R = \frac{U}{I} \approx \frac{2.80}{2.8 \times 10^{-3}} \Omega = 1.0 \times 10^3 \, \Omega$$

说明 严格地说,对应于某电压下的电阻,指的是动态电阻,它等于伏安特性线上对应于该电压的切线的斜率.

例题 2 "220 V,60 W"的白炽灯 A 和"220 V,100 W"的白炽灯 B 的伏安特性曲线如图 7.60 所示. 现将 A、B 两灯串联在 $U_0 = 220$ V 的电源上,两灯的实际功率各为多少?

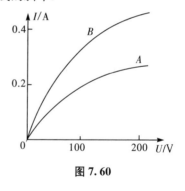

图 7.60

分析与解答 为确定两灯实际功率,必须找出两灯的电压和电流,即需确定电路的工作点. 根据串联时两灯总电压为 220 V 不变,可以 $U = 110$ V 为对称轴,画出与 A 灯伏安特性线对称的 A' 线,它与 B 的特性线的交点 Q_B 就是 B 灯的工作点. A 灯的工作点就是与之对称的 Q_A,如图 7.61 所示.

然后查出它所对应的电压 $U_Q = 55$ V,电流 $I_Q = 0.25$ A. 所以 A、B 两灯实际功率分别为

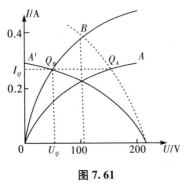

图 7.61

$$P_A = I_Q(220 - U_Q)$$
$$= 41.25 \text{ W}$$
$$P_B = I_Q U_Q = 13.75 \text{ W}$$

说明 白炽灯灯丝(钨丝)的电阻与温度的关系很大.如果按电灯标志分别算出它们的电阻

$$R_A = \frac{220^2}{60} \Omega = 806.7 \Omega$$

$$R_B = \frac{220^2}{100} \Omega = 484 \Omega$$

再根据其阻值大小,由串联分压算出两灯电压

$$U_A = \frac{R_A}{R_A + R_B} U_0$$

$$U_B = \frac{R_B}{R_A + R_B} U_0$$

然后算出功率,是不正确的.这种算法只有在假定电阻不随温度改变时才适用.

(2) 电源的伏安特性线(电源的 U-I 图)

对于一个电动势和内电阻都确定的直流电源,接入不同负载电阻时,其输出电压(路端电压)与电流之间的关系图称为电源的伏安特性线(或称为电源的工作负载线).由闭合电路欧姆定律得路端电压与输出电流的关系为

$$U = E - Ir$$

它在纵轴上的截距表示电源电动势(E),在横轴上的截距表示短路电流$\left(I_S = \dfrac{E}{r}\right)$.如图 7.62 所示.可见,电源的工作负载线完全由电源本身所决定.

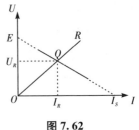

图 7.62

7 物理图像在中学物理解题中的应用

当外电阻取某一定值 R 时,便有确定的输出电压 U_R 和电流 I_R,其值等于电阻的伏安特性线与电源负载线的交点坐标,如图中 Q 点所示.此时,电路处于确定的工作状态,通常把 Q 点称为工作点.可见,电路的实际工作状态同时依赖于电源和负载.与工作点相应的一块面积(图中虚线与坐标轴所围矩形部分),数值上等于输出功率的大小.也就是说,电源负载线上每一点所对应的一组 (U,I) 值的乘积,表示输出功率的大小.因此,由电源的 U-I 图像很容易得出电源输出功率最大值的条件和最大输出功率的大小. 如图

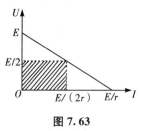

图 7.63

7.63 所示,结合几何知识可知,UI 乘积最大时的电压、电流值分别为

$$U = \frac{E}{2}$$

$$I = \frac{1}{2} \cdot \frac{E}{r}$$

所以

$$P_m = UI = \frac{E^2}{4r}$$

$$R = \frac{U}{I} = r$$

即外电路电阻等于电源内电阻时输出电功率最大,其值为 $\frac{E^2}{4r}$,完全由电源本身决定.

例题1[*] 一个同学利用图 7.64 的电路,通过测量数据描绘出标有"3 V,0.6 W"小灯泡的伏安特性曲线,如图 7.65 所示.如果把这个小灯泡接到电动势为 1.5 V、内电阻为 5.0 Ω 的电源上,那么这个小灯泡消耗的功率是(   ).

---

[*] 本题系根据 2013 年天津高考实验题改编.

A. 0.6 W   B. 0.3 W   C. 0.1 W   D. 1.2 W

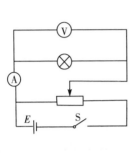

图 7.64

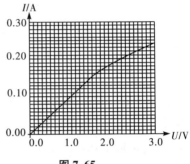

图 7.65

分析与解答 在小灯泡伏安特性线的横轴上找出 $U=1.5$ V 的点,在纵轴上找出短路电流 $I_s=\dfrac{E}{r}=\dfrac{1.5}{5}$ A$=0.3$ A 的点,连接这两点可以得到电源的伏安特性线(7.66).它与小灯泡伏安特性线的交点就是小灯泡的工作点,其对应的电压 $U=1.0$ V,$I=0.10$ A,所以小灯泡实际消耗的功率为

$$P=UI=1.0\times 0.10 \text{ W}=0.1 \text{ W}$$

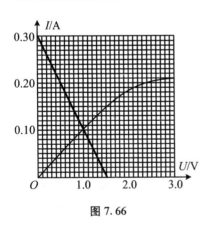

图 7.66

说明 一些同学无视实际电压,直接把小灯泡的额定功率作为实际功率;也有些同学不假思索地认为电池电动势只有小灯泡额定电压的一半,因此灯泡的功率也是额定功率的一半.也有些同学不会应用图像,呆板地从小灯的标号算出其电阻,然后再应用闭合电路欧姆定律通过计算,取近似值去确定.实际上,这样的做法都违背了命题的本意,应该引以为戒.

7 物理图像在中学物理解题中的应用

例题 2* 某同学在实验中测得小灯泡的伏安特性曲线如图 7.67(a) 所示.现在用另一电源 E_0(电动势为 4 V,内阻为 1.00 Ω) 连接成图 7.67(b) 所示的电路,调节滑动变阻器 R 的阻值,可以改变小灯泡的实际功率.那么,在 R 的变化范围内,小灯泡的最小功率为 _____ W,最大功率为 _____ W.(结果保留 2 位小数.)

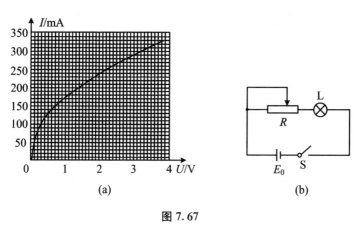

图 7.67

分析与解答 小灯泡的电功率

$$P = I^2 R$$

当滑动变阻器的电阻全部接入时,通过小灯的电流最小,小灯泡的功率最小;当滑动变阻器短路时,通过小灯的电流最大,小灯泡的功率最大.

由于小灯泡在不同的电流(或电压)条件下,其电阻大小不同,因此需要根据小灯的电流、电压状态,也就是需要根据小灯泡的工作点,从图像找出其电阻,才能算出它的最大功率和最小功率.

根据图 7.67(b) 所示的电路可知,小灯泡两端的电压为

$$U = E - I(r + R) \qquad ①$$

---

* 本题取自 2017 全国 1 卷 23 题中题(3),也是该题中最难的部分.

当滑动变阻器全部接入时,若将变阻器的电阻并入电源内阻,令 $r'=r+R$(称为等效内阻),上式可表示为

$$U=E-Ir'$$

将 $E=4$ V,$r=1$ Ω,$R=9$ Ω 代入,并考虑到图 7.67(a) 中电流以 mA 为单位,则上式可写为

$$U=4-10I=4-10\times\frac{I}{1000}=4-\frac{I}{100} \quad ②$$

这是一次函数,取两个特殊点:

$$I_1=0 \quad U_1=4 \text{ V}; \quad I_2=200 \text{ mA} \quad U_2=2 \text{ V}$$

画出的图像如图 7.68 的斜直线(实线)所示.这条图线与小灯泡伏安特性线的交点即为小灯泡的工作点,对应的电压和电流分别为

$$U_L=1.75 \text{ V} \quad I_L=225 \text{ mA}=0.225 \text{ A}$$

因此小灯泡的最小功率为

$$P_{\min}=U_L I_L=1.75\times 0.225 \text{ W}=0.39 \text{ W} \quad ③$$

当滑动变阻器短路时,小灯泡两端的电压可表示为

$$U=E-Ir=4-I=4-\frac{I}{1000} \quad ④$$

取两个特殊点:

$$I'_1=0 \quad U'_1=4 \text{ V}; \quad I'_2=200 \text{ mA} \quad U'_2=3.8 \text{ V}$$

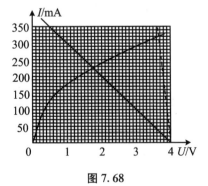

图 7.68

画出的图像如图 7.68 的虚线所示.这条图线与小灯泡伏安特性线的交点所对应的电压和电流分别为

$$U'_L=3.65 \text{ V}$$

$$I'_L=320 \text{ mA}=0.32 \text{ A},$$

因此小灯泡的最大功率为

$$P_{max} = U'_L I'_L = 3.65 \times 0.32 \text{ W}$$
$$= 1.17 \text{ W} \qquad \qquad ⑤$$

说明 阅读本题后大家都知道,当滑动变阻器的取值最大和取值为零时,小灯泡得到的电功率分别为最小和最大,可是如何确定其值? 许多同学往往会显得一筹莫展,这也就是本题的难点所在.

实际上,本题不仅考查了对物理知识应用的能力,更体现在通过对物理公式的变换,要求能认识函数的性质,并能利用特殊值画出图像,认识两图线的交点的意义等方面,从而方能算出小灯泡的功率.

解题中,还包含着两个比较鲜见的小技巧:

(1) 特殊值的选择:根据函数式 ② 和 ④,除了取"0"值外,也可以取图中便于读数的某个值.

(2) 单位的取用:上面为了直接从纵坐标读数,电流改用"mA"做单位.如果不习惯,可以把上述 ①、④ 两式表示为

$$U = E - I(r+R) = 4 - 10I \quad U = E - Ir = 4 - I$$

算出的电流值单位为"A",结果相同.

例题 3 图 7.69(a) 为二极管 D 的伏安特性曲线,把这个二极管接入电路如图 7.69(b) 所示,已知 $R = 3 \text{ Ω}, U = 1.2 \text{ V}$,试求通过二极管的电流和它两端的电压.

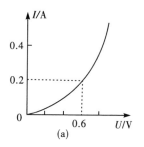
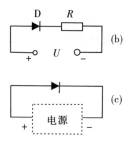

图 7.69

分析与解答 如果把电阻 R 作为内阻,如图 7.69(c) 所示,负载就只是一个二极管,只需确定图(c)中电源的负载线,由它与二极管的伏安特性的交点即可确定工作点.

设电路中电流为 I,由
$$U = U_D + IR$$
即
$$1.2 = U_D + 3I$$

把它化成截距式方程为
$$\frac{I}{1.2/3} + \frac{U_D}{1.2} = 1$$

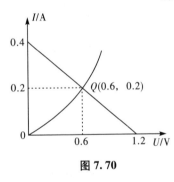

图 7.70

它在 U-I 直角坐标两轴上的截距分别为 1.2 V 和 0.4 A,可以看成是电动势 $E = 1.2$ V、内阻 $r = 3$ Ω 的一个电源的负载线,它与二极管伏安特性线的交点 Q 就是电路的工作点.由图 7.70 可知,通过二极管的电流为 0.2 A,二极管两端电压为 0.6 V.

(3) 输出功率、电源效率与外电阻关系的图像(P-R 图像与 η-R 图像)

电源的输出功率与负载电阻的关系为
$$P = \left(\frac{E}{E+r}\right)^2 R = \frac{E^2}{\frac{(R+r)^2}{R}} = \frac{E^2}{(R-r)^2 + 4r}$$

当 $R = r$ 时,电源的输出功率最大,其值为
$$P_m = \frac{E^2}{4r}$$

由 $P = \left(\dfrac{E}{R+r}\right)^2 R$ 知,P-R 关系是一条非规则的曲线.它的特点

是对应着同一个输出功率有两个不同的外电阻 R_1 和 R_2,即

$$\left(\frac{E}{R_1+r}\right)^2 R_1 = \left(\frac{E}{R_2+r}\right)^2 R_2 \Rightarrow r = \sqrt{R_1 R_2}$$

这就是说,电源内电阻正好是同一输出功率的两个外电阻的比例中项.如果取 R_1 分别等于 $10r$、$8r$、$5r$、$4r$、$2r$ 等一系列阻值,它们分别跟 R_2 取 $\frac{1}{10}r$、$\frac{1}{8}r$、$\frac{1}{5}r$、$\frac{1}{4}r$、$\frac{1}{2}r$ 等阻值的功率对应相等.以输出功率最大值 $P_{\max} = \frac{E^2}{4r}$ 为单位,用描点法画出的 P-R 图像如图 7.71 所示.

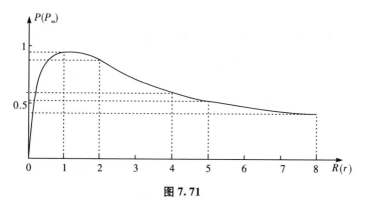

图 7.71

电源效率表示输出功率在总功率中所占比例的多少.在纯电阻电路中的电源效率为

$$\eta = \frac{IU}{IE} \times 100\% = \frac{I^2 R}{I^2(R+r)} \times 100\%$$

$$= \frac{1}{1+\frac{r}{R}} \times 100\%$$

它随着外电阻的增大而增大(图 7.72).当 $R=r$ 时,电源的输出功率最大,但电源的效率仅为 $\eta = 50\%$.可见,电源的输出功率与电源效率是两个不同的概念,使用时不能互相

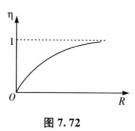

图 7.72

混淆.

例题 1* 已知两电源的电动势 $E_1 > E_2$,当外电路电阻为 R,两电源分别接外电路时,外电路消耗的功率正好相等.当外电路电阻降为 R',电源为 E_1 时对应的外电路功率 P_1,电源为 E_2 时对应的外电路功率为 P_2,电源 E_1 的内阻为 r_1,电源 E_2 的内阻为 r_2.则( ).

A. $r_1 > r_2, P_1 > P_2$

B. $r_1 < r_2, P_1 < P_2$

C. $r_1 < r_2, P_1 > P_2$

D. $r_1 > r_2, P_1 < P_2$

分析与解答 电阻 R 分别接入两电源时,输出功率相等,即

$$\left(\frac{E_1}{R+r_1}\right)^2 R = \left(\frac{E_2}{R+r_2}\right)^2 R \Rightarrow I_0 = \frac{E_1}{R+r_1} = \frac{E_2}{R+r_2}$$

由于 $E_1 > E_2$,得两电源内电阻的大小关系为

$$r_1 > r_2$$

根据 $E_1 > E_2$ 且 $r_1 > r_2$ 的条件,可在 $U\text{-}I$ 坐标系内大体上画出两电源的伏安特性线,它们的交点对应着接入电阻 R 时的相等电流 I_0(对应的电压为 U_0).因此,连接坐标原点 O 与该交点的倾斜直线就是电阻 R 的伏安特性线,如图 7.73 所示.

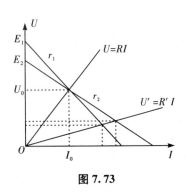

图 7.73

当外电路电阻降为 R' 时,其伏安特性线的斜率变小,由图 7.73 可知,电阻 R' 的伏安特性线与两电源的伏安特性线交于不同的两点.每个交点所对应的一组电压、电流值表示相应的输出功率(等于对应的矩形面积),显然 $P_1 < P_2$.所以选

---

* 本题取自 2012 年"华约自主招生"试题.

项 D 正确.

说明 一些同学习惯于计算,因此当电阻降为 $R' < R$ 后,马上列出两个电功率的方程

$$P_1 = \left(\frac{E_1}{R'+r_1}\right)^2 R'$$

$$P_2 = \left(\frac{E_2}{R'+r_2}\right)^2 R'$$

可是接下去两者的比较就显得困难了,往往浪费了许多时间,依然无功而返.因此解题时不能被思维定势所束缚.对于这样的比较内阻、功率大小的问题,先用图线试试,会有很大的好处.

由本题求解的方法可知,若电阻增大为 $R'' > R$,必然有 $P_1 > P_2$ 的结果.

例题 2 (2010,新课标)电源的效率 η 定义为外电路电阻消耗的功率与电源的总功率之比.在测电源电动势和内电阻的实验中得到的实验图线如图 7.74 所示,图中 U 为路端电压,I 为干路电流,a、b 为图线上的两点,相应状态下电源的效率分别为 η_a、η_b.由图 7.73 可知 η_a、η_b 的值分别为( ).

A. $\frac{3}{4}$、$\frac{1}{4}$ B. $\frac{1}{3}$、$\frac{2}{3}$ C. $\frac{1}{2}$、$\frac{1}{2}$ D. $\frac{2}{3}$、$\frac{1}{3}$

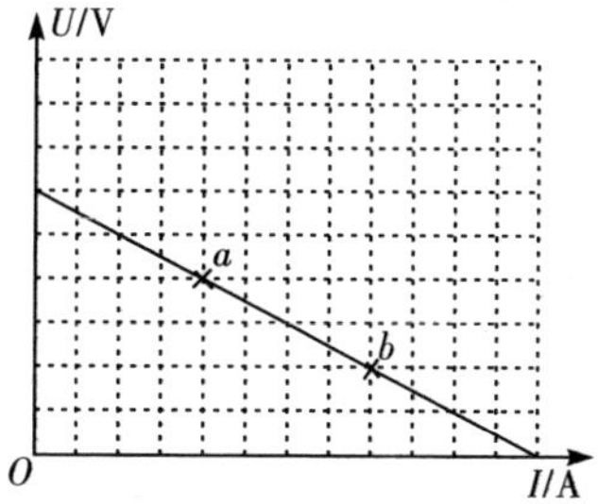

图 7.74

分析与解答 因为电源伏安特性线的纵截距为电动势 E,因此

由图像得 a、b 两点电压分别为 $U_a = \dfrac{2}{3}E$、$U_b = \dfrac{1}{3}E$.

设电源总功率为 P，a、b 两点所对应的外电路消耗的功率（即输出功率）分别为 P_a、P_b. 根据电源效率的定义，a、b 两点的电源效率分别为

$$\eta_a = \frac{P_a}{P} = \frac{IU_a}{IE} = \frac{U_a}{E} = \frac{2}{3}$$

$$\eta_b = \frac{P_b}{P} = \frac{IU_b}{IE} = \frac{U_b}{E} = \frac{1}{3}$$

正确的是 D.

说明 本题的图像中仅有均匀的分格，没有数值标志，要求根据 U-I 图线上每组数值的意义，结合题中给出的定义进行判断，很有新意.

(4) 输出电压、电流与外电阻的关系（U-R 图和 I-R 图）

电源的输出电压（路端电压）为

$$U = \frac{ER}{R+r} = \frac{E}{1+\dfrac{r}{R}}$$

这是一条以 $U = E$ 为渐近线的双曲线（图 7.75(a)）. 改写函数形式后，可以拟合成直线，即

$$\frac{1}{U} = \frac{r}{E} \cdot \frac{1}{R} + \frac{1}{E}$$

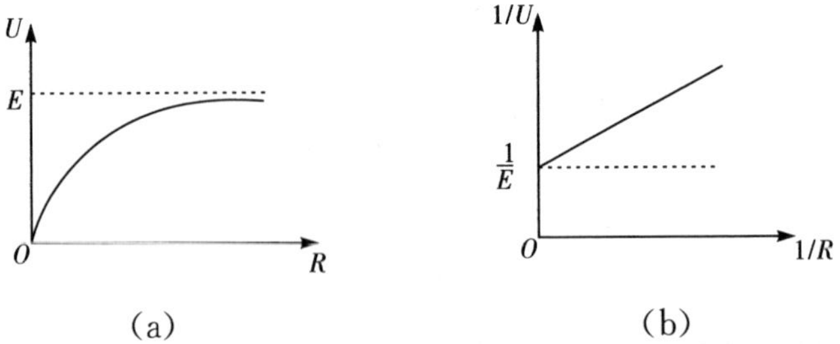

(a)　(b)

图 7.75

这是斜率为 $\dfrac{r}{E}$、截距为 $\dfrac{1}{E}$ 的倾斜直线,如图 7.75(b) 所示.

同理,由

$$I = \dfrac{E}{R+r} \quad \Rightarrow \quad \dfrac{1}{I} = \dfrac{1}{E}R + \dfrac{r}{E}$$

分别得到 I-R 图像和 $\left(\dfrac{1}{I}\right)$-$R$ 的图像,如图 7.76 所示.拟合成倾斜直线后的图像如图 7.77 所示,其斜率为 E 的倒数,截距为内电阻与电动势之比值.

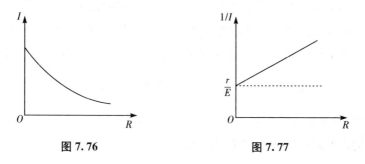

图 7.76　　　　　　　图 7.77

(5) 输出功率与输出电流(或输出电压)的关系(P-I 图或 P-U 图)

电源的输出功率为

$$P = UI = -PI^2 + Er$$

或

$$P = UI = -\dfrac{1}{r}U^2 + \dfrac{E}{r}U$$

它们的图像都是抛物线,如图 7.78 和图 7.79 所示.其顶点坐标分别为 $\left(\dfrac{E^2}{4r}, \dfrac{1}{2}I_s\right)$ 和 $\left(\dfrac{E^2}{4r}, \dfrac{E}{2}\right)$.其中 $I_s = \dfrac{E}{r}$ 为短路电流.

在恒定电路的图像中,除电源和电阻 R 为恒量的伏安特性线 (U-I) 是一条直线(一次函数)外,其余的都是比较复杂的二次曲线.在实际应用中,采用拟合直线的方法就显得很有意义了,也体现

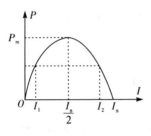

图 7.78

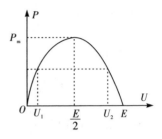

图 7.79

了应用数学研究物理问题的能力要求,应予以重视.

例题 1 甲同学利用如图 7.80 所示的电路测出了电阻 $R_1 = 4.8\ \Omega$,为了继续测出电源电动势 E 和电阻 R_2 的阻值,他的做法是:闭合 S_1,将 S_2 切换到 a,多次调节电阻箱,读出多组电阻箱示数 R 和对应的电压表示数 U,由测得的数据,绘出了如图 7.81 所示的 $\dfrac{1}{U} - \dfrac{1}{R}$ 图像,则电源电动势 $E = $ _____ V,电阻 $R_2 = $ _____ Ω(待测电源的内电阻不计,电压表的内电阻很大).

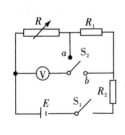

图 7.80

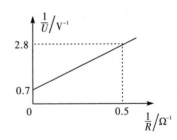

图 7.81

分析与解答 闭合 S_1,将 S_2 切换到 a 后,外电路由电阻箱和两个电阻串联构成,电压表示数就是电阻箱的电压.根据图像,由

$$\dfrac{1}{R} = 0.5\ \Omega^{-1} \quad \Rightarrow \quad R = 2\ \Omega$$

$$\dfrac{1}{U} = 2.8\ \text{V}^{-1} \quad \Rightarrow \quad U = \dfrac{5}{14}\ \text{V}$$

则电路中的电流和电阻 R_1 的电压分别为

$$I = \frac{U}{R} = \frac{5}{28} \text{ A}$$

$$U_1 = IR_1 = \frac{6}{7} \text{ V}$$

电源电动势可表示为

$$E = U + U_1 + IR_2 = \frac{5}{14} + \frac{6}{7} + \frac{5}{28} R_2$$

考虑图像上 $\frac{1}{R} = 0$ 的点，相当于 $R \to \infty$（断路），电路中的电流 $I \to 0$，由

$$\frac{1}{U_{断路}} = 0.7 \quad \Rightarrow \quad E = U_{断路} = \frac{10}{7} \text{ V}$$

代入上式，即可得电阻

$$R_2 = 1.2 \text{ Ω}$$

说明 本题取自 2007 年四川高考理综实验题的一部分，求解的关键是识图，特别要认识到 $\frac{1}{R} = 0$ 时纵坐标值的意义. 如果在实验中，闭合 S_1，将 S_2 切换到 b，通过多次调节电阻箱，读出多组电阻箱示数 R 和对应的电压表示数 U，然后根据测得的数据，绘出相应的 $\frac{1}{U} - \frac{1}{R+R_1}$ 图像，同样可根据图像得到电源电动势和电阻 R_2 的值. 请对这样的两种实验方法，做出你的评价.

例题 2 （2010，江苏）在测量电源电动势和内阻的实验中，由于所用的电压表（视为理想电压表）的量程较小，某同学采用了如图 7.82 所示的实验电路. 实验中，改变电阻箱的阻值 R，分别测出阻值 $R_0 = 10$ Ω 的定值电阻两端的电压 U. 根据实验数据描点，绘出的 $\frac{1}{U} - R$ 图像是一条直线. 若已知直线的斜率为 k，在 $\frac{1}{U}$ 坐标轴上的截

距为 b，则该电源的电动势 $E=$ _____，内阻 $r=$ _____（用 k、b 和 R_0 表示）*．

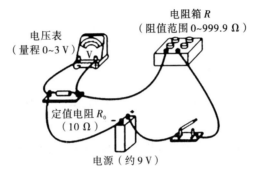

图 7.82

分析与解答　设电源电动势为 E，内阻为 r，根据闭合电路欧姆定律，有

$$E = I(R + R_0 + r)$$

因此电压的测量表达式为

$$U = IR_0 = \frac{ER_0}{R + R_0 + r}$$

则

$$\frac{1}{U} = \frac{R + R_0 + r}{ER_0} = \frac{R}{ER_0} + \frac{1}{E} + \frac{r}{ER_0}$$

可见，$\left(\dfrac{1}{U}\right)$-$R$ 类似于一次函数 $y = kx + b$，其图像是一条斜直线．据题意，它的斜率和截距分别可表示为

$$k = \frac{1}{ER_0}$$

$$b = \frac{1}{E} + \frac{r}{ER_0}$$

---

* 本题改编自 2010 年江苏高考物理实验题的第（3）小题（舍去了前面有关实验操作的两个小题）．

所以电动势和内电阻分别为

$$E = \frac{1}{kR_0}$$

$$r = \frac{b}{k} - R_0$$

例题 3 （2010，上海）某同学利用 DIS、定值电阻 R_0、电阻箱 R_1 等实验器材测量电池 a 的电动势和内阻，实验装置如图 7.83(a) 所示，实验时多次改变电阻箱的阻值，记录外电路的总电阻阻值 R，用电压传感器测得端电压 U，并在计算机上显示出如图 7.83(b) 所示的 $\frac{1}{U} - \frac{1}{R}$ 关系图线 a，重复上述实验方法测量电池 b 的电动势和内阻，得到图(b)中的图线 b.

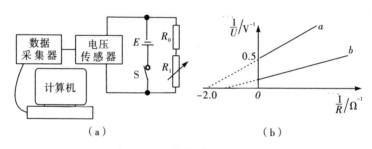

图 7.83

① 由图线 a 可知电池 a 的电动势 $E_a = $ _____ V，内阻 $r_a = $ _____ Ω.

② 若用同一个电阻 R 先后与电池 a 及电池 b 连接，则两电池的输出功率 P_a _____ P_b（填"大于""等于"或"小于"），两电池的效率 η_a _____ η_b（填"大于""等于"或"小于"）.

分析与解答 题中显示的是 $\frac{1}{U} - \frac{1}{R}$ 图像，为此需要对闭合电路欧姆定律公式进行变换，即

$$E = U + \frac{U}{R}r \quad \Rightarrow \quad \frac{1}{U} = \frac{r}{E} \cdot \frac{1}{R} + \frac{1}{E}$$

这是类似于 $y=ax+b$ 的一次函数. 可见, 在 $\dfrac{1}{R}-\dfrac{1}{U}$ 坐标平面上, 它呈现为一条倾斜直线, 其斜率和截距分别为

$$k=\dfrac{r}{E}, \quad b=\dfrac{1}{E}$$

对照题中图像, 斜率 $k_a=0.25\left(\dfrac{\Omega}{V}\right)$, 截距 $b_a=0.5\left(\dfrac{1}{V}\right)$, 所以电池 a 的电动势和内电阻分别为

$$E_a=\dfrac{1}{b_a}=2\ V$$

$$r_a=k_aE_a=0.5\ \Omega$$

② 为了对两电池进行比较, 可仿照前面由图线 b 找出其斜率和截距, 分别为

$$k_b=0.13\left(\dfrac{\Omega}{V}\right), \quad b_b=0.2\left(\dfrac{1}{V}\right)$$

所以电池 b 的电动势和内电阻分别为

$$E_b=\dfrac{1}{b_b}=5\ V>E_a, \quad r_b=k_bE_b\approx 0.7\ \Omega>r_a$$

当外接电阻 R 相同时, 两电池的输出功率分别为

$$P_a=\left(\dfrac{2}{R+0.5}\right)^2 R, \quad P_b=\left(\dfrac{5}{R+0.7}\right)^2 R$$

可见 $P_a<P_b$.

两电池的效率分别为

$$\eta_a=\dfrac{R}{R+r_a}=\dfrac{R}{R+0.5}, \quad \eta_b=\dfrac{R}{R+r_b}=\dfrac{R}{R+0.7}$$

可见 $\eta_a>\eta_b$.

说明　本题和前两例中出现了比较生疏的有关电压与电阻关系的函数, 并且要求将非线性函数形式转化为线性函数, 从图像上确定电动势和内电阻等物理量, 充分体现了应用数学解决物理问题能

力的要求,应该予以重视.

例题 4 (2013,安徽) 根据闭合电路欧姆定律,用图 7.84 所示电路可以测定电池的电动势和内电阻.图中 R_0 是定值电阻,通过改变 R 的阻值,测出 R_0 两端对应的电压 U_{12},对所得的实验数据进行处理,就可以实现测量目的.根据实验数据在坐标系中描出坐标点 $\frac{1}{U_{12}} - R$,如

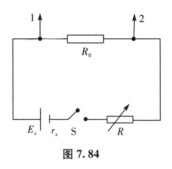

图 7.84

图 7.85 所示.已知 $R_0 = 150\ \Omega$,请完成以下数据分析和处理.

① 图 7.85 中电阻为_____ Ω 的数据点应剔除;

② 在坐标纸上画出 $\frac{1}{U_{12}} - R$ 关系图线;

③ 图线的斜率是_____ $(V \cdot \Omega)^{-1}$,由此可得电池电动势 $E_x =$ _____ V.

分析与解答 ① 根据图 7.85 中数据点的分布,可以确定图线的形状,其中电阻为 80.0 Ω 的点偏离太大,应该剔除.

② 在坐标纸上描出的图线如图 7.86 所示.

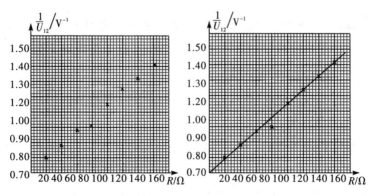

图 7.85   图 7.86

③ 设电池电动势为 E_x、内电阻为 r_x，根据闭合电路欧姆定律，电路中的电流为

$$I = \frac{E_x}{R_0 + R + r_x}$$

对 R_0 这部分电路应用欧姆定律，又有 $I = \frac{U_{12}}{R_0}$，联立两式整理得

$$\frac{1}{U_{12}} = \frac{R}{E_x R_0} + \frac{R_0 + r_x}{E_x R_0}$$

可见 $\frac{1}{U_{12}}$ - R 是一次函数的关系，其斜率为

$$k = \frac{1}{E_x R_0}$$

由题给数据画出的图线，可以求出其斜率为

$$k' = 0.004\ 44\ (\mathrm{V} \cdot \Omega)^{-1}$$

由 $k = k'$，即

$$\frac{1}{E_x R_0} = 0.004\ 44$$

得电池电动势

$$E_x = 1.50\ \mathrm{V}$$

说明　本题中对描绘物理图线的考查，虽然比较基础，一定程度上击中了当前教学中的一个"软肋"——疏于重视对实验基础知识、基本能力的学习和训练.

根据实验数据点（描点）描绘图像，是中学物理实验的基础知识和技能.应该注意：

描绘物理图像时，不可以将各个数据点顺次相连，画成折线形状，而应该画成光滑的曲线（或直线）.要求图线能通过尽可能多的数据点，或者使尽可能多的数据点分布在图线的两侧，图线在其间穿越而过.个别特殊位置的"奇异点"（如本题中电阻为 80.0 Ω 的点），往往

是由于实验的偶然误差过大而引起的,应该舍去.

如果需要根据实验数据,自选坐标画出图线时,除了需要有足够多的数据点(描点),使得画出的图线可以在自变量较大的变化范围内反映出因变量的变化情况,还应该认识到描绘物理图像和数学图像不同的地方:

① 数学上,通常把坐标原点取为(0,0);在物理实验中,可以根据实验数据的取值范围(不是量值本身的大小)合理选取坐标原点.也就是说,物理图像的坐标原点不一定取为(0,0).

② 数学上,两坐标轴的分度往往相等;物理图像中,可以根据被测量的大小,对两坐标轴采用不同的分度.也就是说,可以根据实验数据对两坐标轴进行合理分度.

7.5 电磁感应和交流电的图像

(1) 电磁感应图像

电磁感应方面的图像范围很广泛,常见的有 i-t 图、e-t 图、φ-t 图、f_A-t 图、$F_{外}$-t 图,以及涉及导体运动的 v-t 图、a-t 图等.它们往往可以有定性分析或半定量和定量(需要写出函数式)分析.在研究电磁感应问题时,有几个要点:

① 闭合电路中是否会发生电磁感应现象、产生感应电动势,决定于是否有磁通的变化($\Delta\varphi$);感应电动势的大小并不决定于 $\Delta\varphi$,而是决定于 $\dfrac{\Delta\varphi}{\Delta t}$,并且跟磁通的产生原因、磁通的大小及变化方式,电路是否闭合及电路的结构、材料等因素均无关.

② 分清内、外电路的电流方向——在磁场中切割磁感线的导体或发生磁通量变化的电路(线圈)相当于电源,在电源内部的电流方向从低电势流向高电势;在外电路上则是从高电势流向低电势.

③ 穿过闭合电路的磁通量指的都是闭合电路内的合磁通.磁通的变化有两种常见的情况,即磁场不变时改变回路面积,或回路面积不变时改变磁感应强度.相应的算式为

$$\Delta\varphi = B\Delta S$$

或

$$\Delta\varphi = S\Delta B$$

④ 认识切割的有效长度和发生磁通量变化的有效面积——切割的有效长度等于垂直于磁场的这部分导体的长度;发生磁通量变化的有效面积仅限于存在磁场内的这部分面积.

同理,研究导体受到的安培力时导体的有效长度,仅为处于磁场中的这部分导体的长度.

⑤ 磁通量是标量,没有方向.由于磁感应强度是矢量,因此当规定从某方向穿过平面的磁通量为正时,反方向穿过该平面的磁通量就为负.穿过某个平面的磁通量等于各部分磁通量的代数和.

⑥ 应用法拉第电磁感应定律算出的是回路的电动势,并不是某一部分电路上的电动势.

下面,选择若干有典型意义的问题,进一步体会不同情况下各种电磁感应图像.

例题 1 (2013,浙江理综)磁卡的磁条中有用于存储信息的磁极方向不同的磁化区,刷卡器中有检测线圈,当以速度 v_0 刷卡时,在线圈中产生感应电动势,其 E-t 关系如图 7.87 所示.如果只将刷卡速度改为 $v_0/2$,线圈中的 E-t 关系可能是(   ).

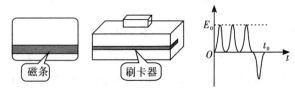

图 7.87

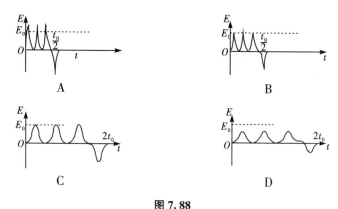

图 7.88

分析与解答 刷卡时,磁卡上磁条的磁化区通过检测线圈,相当于线圈通过磁化区的磁场运动,因此检测线圈中会产生感应电动势.当刷卡速度由 v_0 减为 $\dfrac{v_0}{2}$ 时,发生同样的磁通量变化的时间变为原来的 2 倍,线圈中产生的感应电动势也变为原来的一半,因此正确的是 D.

例题 2 (2013,全国)纸面内两个半径均为 R 的圆相切于 O 点,两圆形区域内分别存在垂直于纸面的匀强磁场,磁感应强度大小相等、方向相反,且不随时间变化. 一长为 $2R$ 的导体杆 OA 绕过 O 点且垂直于纸面的轴顺时针转,角速度为 ω. $t=0$ 时, OA 恰好位于两圆的公切线上,如图 7.89 所示,若选取从 O 指向 A 的电动势为正,下列描述导体杆中感应电动势随时间变化的图像可能正确的是( ).

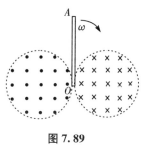

图 7.89

分析与解答 导体杆转动后进入右方磁场,设经时间 t 转过的角度 $\theta = \omega t$,导体杆切割磁感线的有效长度和平均切割速度分别为

A　　　　　　B　　　　　　C　　　　　　D

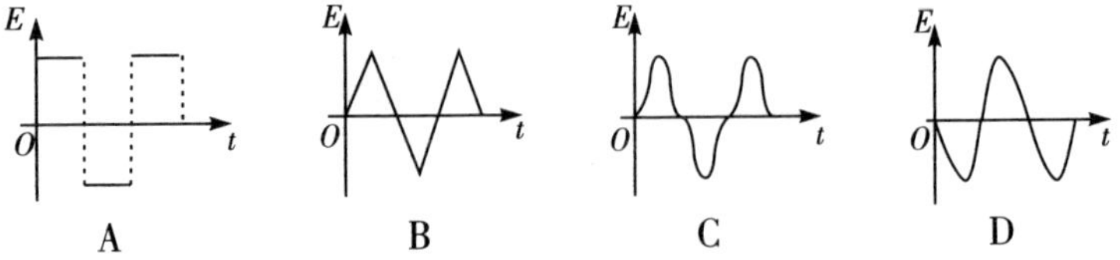

图 7.90

$$l_{有效} = 2R\sin\theta = 2R\sin\omega t$$

$$\overline{v} = \frac{1}{2}\omega l_{有效} = \omega R\sin\omega t$$

因此杆中产生的感应电动势为

$$E = Bl_{有效}\overline{v} = \frac{1}{2}B\omega l_{有效}^2$$

$$= 2B\omega R^2\sin^2\omega t$$

其方向从 O 点指向 A，即为正值（图 7.91）.

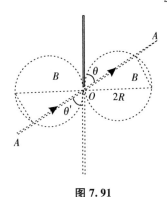

图 7.91

导体杆转过 π 角度后，设从进入左方磁场起经时间 t' 转过的角度 $\theta' = \omega t'$，导体杆切割磁感线的有效长度和平均切割速度分别为

$$l_{有效} = 2R\sin\theta' = 2R\sin\omega t'$$

$$\overline{v} = \frac{1}{2}\omega l_{有效} = \omega R\sin\omega t'$$

因此杆中产生的感应电动势具有同样的表达式，即为

$$E' = Bl_{有效}\overline{v} = \frac{1}{2}B\omega l_{有效}^2 = 2B\omega R^2\sin^2\omega t'$$

只是其方向从 A 指向 O，为负值.

所以，杆中感应电动势随时间变化的图像可能正确的是 C.

说明　导体杆转动后，进入磁场中的部分才是切割磁感线的有效长度.由于杆匀速转动，杆上各处的线速度与离开转轴 O 的距离成正比,因此可以取有效长度的中点速度作为切割速度的平均值计算.

例题 3 （2013,山东理综）将一段导线绕成如图 7.92（甲）所示的闭合电路,并固定在水平面（纸面）内,回路的 ab 边置于垂直纸面向里的匀强磁场 I 中.回路的圆形区域内有垂直纸面的磁场 II,以向里为磁场 II 的正方向,其磁感应强度 B 随时间 t 变化的图像如图 7.92（乙）所示.用 F 表示 ab 边受到的安培力,以水平向右为 F 的正方向,能正确反映 F 随时间 t 变化的图像是（　　）.

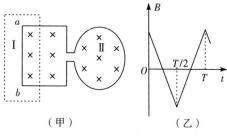

图 7.92

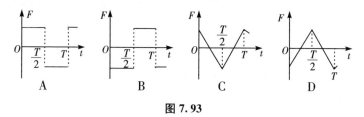

图 7.93

分析与解答 在 $t=0 \to \dfrac{T}{4}$ 时间内,磁场 II 向里逐渐减小,圆形线圈内产生顺时针方向的感应电流,从 $b \to a$ 流过直导线,使它受到向左的安培力.圆形线圈内的感应电动势和直导线受到的安培力分别为

$$E = \frac{\Delta \varphi}{\Delta t} = S\frac{\Delta B_2}{\Delta t}$$

$$F_{ab} = B_1 I l = B_1 \frac{E}{R} l$$

由于 B_2 均匀减小,产生的感应电动势恒定,因此直导线受到的安培力也恒定.

在 $t = \dfrac{T}{4} \to \dfrac{T}{2}$ 时间内,磁场 II 向外逐渐增大,圆形线圈内仍然产

生顺时针向的感应电流,从 $b \to a$ 流过直导线,使它受到向左的安培力.线圈所产生的感应电动势和直导线受到的安培力跟前 $\frac{T}{4}$ 的情况一样.所以,F 随时间 t 变化的图像是 B.

例题 4 (2013,全国Ⅰ)如图 7.94 所示,在水平面(纸面)内有三根相同的均匀金属棒 ab、ac 和 MN,其中 ab、ac 在 a 点接触,构成"V"字形导轨.空间存在垂直于纸面的均匀磁场.用力使 MN 向右匀速运动,从图示位置开始计时,运动中 MN 始终与 bac 的平分线垂直且和导轨保持良好接触.下列关于回路中电流 i 与时间 t 的关系图线,可能正确的是( ).

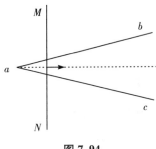

图 7.94

分析与解答 金属棒 MN 匀速右移时,切割磁感线的有效长度只是夹在 ab 和 ac 之间的这部分的棒长.设 $\angle bac = 2\theta$,由于棒匀速移动,可以假设从 a 点开始计时(相当于把图示位置看成运动过程中所经历的位置),经时间 t 有效切割长度为

$$l_{有效} = 2vt\tan\theta$$

产生的感应电动势为

$$E = Bl_{有效}v = 2Bv^2\tan\theta \cdot t$$

设导轨每单位长度的电阻为 r_0,闭合三角形电路的总电阻为

$$R = \left(2vt\tan\theta + 2\frac{vt}{\cos\theta}\right)r_0 = 2v\left(\tan\theta + \frac{1}{\cos\theta}\right)r_0 \cdot t$$

回路中的感应电流为

$$i = \frac{E}{R} = \frac{Bv\tan\theta}{\left(\tan\theta + \dfrac{1}{\cos\theta}\right)r_0}$$

这是一个跟时间无关的常量,说明金属棒向右移动时,在回路中产生的感应电流是恒定的,所以正确的是 A.

说明 实际选择时,完全不必这样"循规蹈矩"地通过计算得出结论.利用定性分析就可以快速选择:因为金属棒匀速右移,有效切割长度和回路总长度都随时间正比地增加,其感应电动势和回路总电阻同样随时间正比增加,所以感应电流就与时间无关了,必然只有 A 正确.

题中"从图示位置开始计时"实际是一个干扰因素.如果呆板地考虑的话,可以设图示位置时金属棒离开 a 点的距离为 l_0,则经时间 t 后位于 $\angle bac$ 之间的有效切割棒长为

$$l'_{\text{有效}} = 2(l_0 + vt)\tan\theta$$

相应的回路总电阻和感应电动势的表达式做类似的变化,其结论依然相同.

例题 5 (2012,重庆)如图 7.96 所示,正方形区域 $MNPQ$ 内有垂直纸面向里的匀强磁场.在外力作用下,一正方形闭合刚性导线框沿 QN 方向匀速运动,$t=0$ 时刻,其 4 个顶点 M'、N'、P'、Q' 恰好在磁场边界中点.图 7.97 中能反映线框所受安培力 f 的大小随时间 t 变化规律的图像是( ).

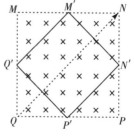

图 7.96

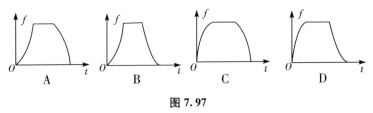

图 7.97

分析与解答 导线框沿 QN 方向匀速移动时,只是 $M'N'$ 和 $P'Q'$ 两边能切割磁感线,而且其切割有效长度会随着运动时间发生变化.因此,需要分为几个阶段讨论:

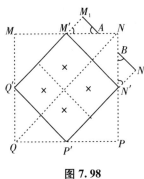

图 7.98

第一个阶段——从开始运动到 $M'N'$ 全部离开磁场.此时 $P'Q'$ 的切割长度不变,$M'N'$ 的切割长度随时间逐渐减小.设经时间 t 导线框处于图 7.98 所示位置,沿 QN 方向移动距离 $x = M'M_1 = vt$.由于 $M'N'$ 和 $P'Q'$ 两对边产生的感应电动势方向相反,因此有效切割长度实际上就等于离开磁场的这两段导体长度之和,即为

$$l_{\text{有效}} = M_1A + N_1B = 2M'M_1 = 2vt$$

相应的感应电动势和线框所受到的安培力分别为

$$E = Bl_{\text{有效}}v = 2Bv^2t$$

$$F = BIl_{\text{有效}} = B\frac{2Bv^2t}{R} \cdot 2vt = \frac{4B^2v^2}{R}t^2 = kt^2$$

式中 $\frac{4B^2v^2}{R} = k$(常量).可见,F-t^2 图像是一条开口向上的抛物线.C、D 可以先排除.

第二个阶段——从 $M'N'$ 离开磁场(此时 $P'Q'$ 到达 PM 对角线位置)至 $P'Q'$ 到达 $M'N'$ 开始时的位置.这个过程中 $P'Q'$ 整个导体

切割磁感线,产生的感应电动势和感应电流都不变,因此线框受到的安培力也不变.

第三个阶段——$P'Q'$ 从原来 $M'N'$ 位置开始离开磁场,直到全部离开磁场.设经时间 t' 后线框处于如图 7.99 所示的位置.仿照第一阶段的情况可知,这个过程中切割磁感线的有效长度为

$$l'_{\text{有效}} = l - 2vt'$$

相应的感应电动势和线框受到的安培力分别为

$$E' = Bl'_{\text{有效}}v = B(l - 2vt')v$$

$$F' = BIl'_{\text{有效}} = B\frac{B(l - 2vt')v}{R}(l - 2vt') = \frac{B^2v}{R}(l - 2vt')^2$$

可见,F-t' 图像也是开口向上的抛物线.所以,A 错,B 正确.

说明 本题的要点是:

① 认识切割的有效长度,注意区分两对边都切割时和只有一边切割时的不同情况;

② 熟悉二次曲线的函数表达式和相应的图像.

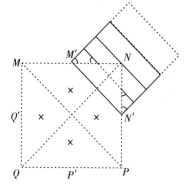

图 7.99

例题 6 (2011,江苏) 如图 7.100 所示,水平面内有一平行金属导轨,导轨光滑且电阻不计.匀强磁场与导轨平面垂直.阻值为 R 的导体棒垂直于导轨静止放置,且与导轨接触.$t=0$ 时,将开关 S 由 1 掷到 2. q、i、v 和 a 分别表示电容器所带的电荷量、棒中的电流、棒的速度和加速度.下列图像正确的是( ).

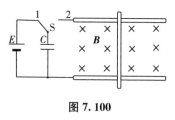

图 7.100

分析与解答 开关在位置 1 时对电容器充电,其极性为"上正下负",转到位置 2 时电容器通过导体棒回路放

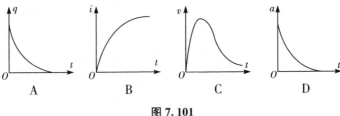

图 7.101

电,导体棒中形成从上而下的电流,使导体棒受到向右的安培力并向右运动,同时切割磁感线产生与原来电流反方向的感应电动势(E)和感应电流,从而引起相应的变化:

电容器的电压(U_C)减小 → 回路电流(I)减小 → 安培力(F_A)减小 → 导体棒加速度(a)减小.

当 $E=U_C$ 时,$I=0 \to F_A=0 \to a=0$,此时速度达到最大值 $v=v_{\max}$.以后,导体棒保持最大速度 $v_{\max}$ 向右做匀速运动,电容器两板间保持电压 $U'_C = Blv_{\max}$ 不变,极板上的电荷量也保持不变(即极板上的电荷不会全部放完).由此可见,只有 D 正确.

说明 电容器处于放电状态时,相当于电源.导体棒切割磁感线产生电动势,对电路来说相当于一个反电动势.因此,导体棒向右运动后的回路电流由电容器的电压和感应电动势共同决定,导体棒受到变力的作用.显然,定量研究已经超越了中学物理范围,只能抓住开始时、中间变化过程、最终稳定时的特征做定性判断.

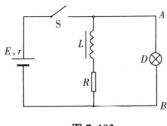

图 7.102

例题 7 (2010,江苏)如图 7.102 所示的电路中,电源的电动势为 E,内阻为 r,电感 L 的电阻不计,电阻 R 的阻值大于灯泡 D 的阻值,在 $t=0$ 时刻闭合开关 S,经过一段时间后,在 $t=t_1$ 时刻断开 S.下列表示 A、B 两点间电压 U_{AB} 随时间 t 变化的图像中,正确的是( ).

7 物理图像在中学物理解题中的应用

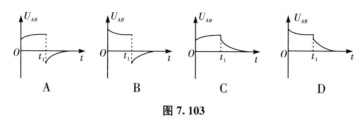

图 7.103

分析与解答 开关刚闭合时,通过电感线圈的电流增大,线圈表现出对电流的阻碍作用,此时的线圈相当于一个电阻.随着电流趋于稳定,线圈的自感作用逐渐减小,相当于它的电阻逐渐减小;当电流稳定后,线圈的自感作用消失,相当于短路.因此,从合上开关到电流稳定的过程中,并联部分的电压 U_{AB} 由大变小.A、C 可以排除.

在 $t=t_1$ 时刻断开 S,线圈由于自感起着"电源"作用,形成的感应电流跟原来的电流方向相同,在回路中通过灯泡 D 的电流方向从 $B \rightarrow A$(与原电流反向),且电流大小逐渐减小,直至减小到零,所以正确的是 B.

说明 在断路自感现象中,自感线圈的放电电流是从原来稳定时的值开始(按指数规律)逐渐减小的.由于题设条件"电阻 R 的阻值大于灯泡 D 的阻值",即稳定时通过电阻 R 的电流小于通过灯泡 D 的电流,因此后来通过灯泡的电流一定比原来通过灯泡的电流小.

如果使电阻 R 的阻值甚小于灯泡 D 的阻值,也就是要求电路稳定时通过电感的电流甚大于通过灯泡的电流,那么,断开开关时通过灯泡的电流就会大于它原来的电流,从而形成灯泡熄灭前"回光返照"似的瞬间强光现象.

(2) 交流电的图像

正弦交流电动势的表达式

$$e = E_m \sin \omega t$$

式中最大值 $E_m = nB\omega S$,仅决定于线圈匝数、磁感应强度、线圈转动的角速度和线圈面积,跟线圈的形状以及是否绕对称轴转动无关.由于线圈中产生的电动势按正弦式变化,因此电路中的电流、外电路中的输出电压也都按照正弦式变化.

必须注意:上式是从线圈位于中性面位置开始计时的标准式.若线圈从其他位置开始计时,感应电动势的表达式不同.

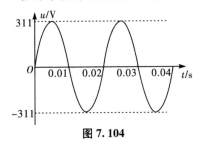

图 7.104

例题 1 （2010,广东）图 7.104 是某种正弦式交变电压的波形图,由图可确定该电压的(　　).

A. 周期是 0.01 s

B. 最大值是 311 V

C. 有效值是 220 V

D. 表达式为 $u = 220\sin100\pi t$（V）

分析与解答 由图像可以直接读出交流电的周期 $T = 0.02$ s,最大值 $U_\text{m} = 311$ V,因此选项 A 错,B 正确.根据有效值和最大值的关系,得有效值

$$U = \frac{U_\text{m}}{\sqrt{2}} = \frac{311}{\sqrt{2}} \text{ V} = 220 \text{ V} \quad （C 正确）$$

该交流电的表达式为

$$u = U_\text{m} \sin \frac{2\pi}{T} t = 311\sin100\pi t \text{（V）} \quad （D 错）$$

例题 2 （2013,海南）通过一阻值 $R = 100$ Ω 的电阻的交变电流如图 7.105 所示,其周期为 1 s.电阻两端电压的有效值为(　　).

A. 12 V　　　　B. $4\sqrt{10}$ V

C. 15 V　　　　D. $8\sqrt{5}$ V

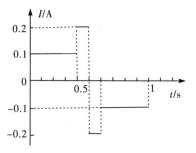

图 7.105

分析与解答 这个交流电在半周期内电流有两个不同的值,且前后两个半周期内的电流值是对

称的. 因此,如果使这个交流电通过某电阻 R,在一个周期内产生的热量为

$$Q_{交流} = 2(I_1^2 R t_1 + I_2^2 R t_2)$$
$$= 2(0.1^2 \times 0.4 + 0.2^2 \times 0.1)R$$
$$= 0.016R$$

设有另一个直流电 I 通过同一个电阻,它在同样时间($T = 1$ s)内产生的热量为

$$Q_{直流} = I^2 RT = I^2 R$$

根据电流有效值的定义,令 $Q_{直流} = Q_{交流}$,即

$$I^2 R = 0.016R \quad \Rightarrow \quad I = \frac{4}{100}\sqrt{10} \text{ A}$$

所以这个电阻两端电压的有效值为

$$U = IR = 4\sqrt{10} \text{ V} \quad (\text{B 正确})$$

说明 根据热效应计算交流电的有效值是一个普遍的方法,同样适用于电流变化更复杂的其他情况. 通过解答可以看出,计算交流电的有效值时,跟所取电阻 R 的大小无关.

例题 3 (2010,全国) 图 7.106 中为一理想变压器,其原线圈与一电压有效值不变的交流电源相连,P 为滑动头. 现令 P 从均匀密绕的副线圈最底端开始,沿副线圈匀速上滑,直至白炽灯 L 两端的电压等于其额定电压为止. 用 I_1 表示流过原线圈的电流,I_2 表示流过灯泡的电流,U_2 表示灯泡两端的电压,N_2 表示灯泡消耗的电功率(这里的电流、电压均指有效值,电功率指平均值). 下列 4 个图中,能够正确反映相应物理量的变化趋势的是( ).

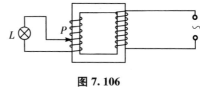

图 7.106

分析与解答 当滑动头 P 从均匀密绕的副线圈最底端匀速上

图 7.107

滑时,表示实际取用的副线圈匝数在逐渐增加.根据变压器的公式,副线圈的输出电压为

$$U_2 = \frac{U_1}{n_1} n_2 = \left(\frac{U_1}{n_1}\right) \cdot kt$$

上式中令副线圈的匝数 $n_2 = kt$,k 为单位时间内增加的匝数.可见,副线圈的电压随时间正比例增加,C 正确.

白炽灯的灯丝随温度的升高,电阻值会很快增加,因此通过灯泡的电流开始增加得快,后来增加得慢,其电流随时间的变化大体如图 B 所示(B 正确).同理,灯泡的功率随时间也是非线性变化的(开始增加得快,后来增加得慢),D 错.

变压器是传递能量的装置.随着副线圈输出功率的增加,原线圈的输入功率也必须增加.当电源电压一定时,原线圈的输入电流一定变大,A 错.

说明 变压器是依据电磁感应原理制作的.对常用的口字形铁芯变压器(或自耦变压器),穿过每匝线圈的磁通都相同,跟副线圈是否接入负载以及负载的多少均无关.因此,原、副线圈之间或多绕组变压器的各个副线圈之间,都满足电压与匝数成正比的关系.也就是说,各个线圈的"每伏匝"一定相同.根据这个道理,可以根据变压比公式,对各个线圈电压的计算表示为

$$U_2 = \left(\frac{U_1}{n_1}\right) n_2, \quad U_3 = \left(\frac{U_1}{n_1}\right) n_3$$

例题 4 图 7.108 中 A、B 是两个相同的环形线圈,共轴并靠近

放置. A 线圈中通有如图 7.109 所示的交流电,则( ).

A. 在 $t_1 \to t_2$ 时间内两线圈相吸

B. 在 $t_2 \to t_3$ 时间内两线圈相斥

C. t_1 时刻两线圈间作用力为零

D. t_2 时刻两线圈间吸引力最大

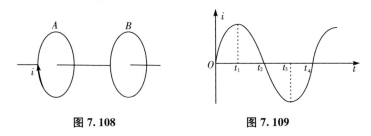

图 7.108　　　　图 7.109

分析与解答　设从右向左观察 A 中电流顺时针向为正.

在 $t_1 \to t_2$ 时间内,A 中顺时针向电流减小,从右向左穿过 B 的磁通减小,根据楞次定律,B 中产生顺时针向电流,两线圈邻近一侧呈现异极性而相吸,A 正确.

在 $t_2 \to t_3$ 时间内,A 中逆时针向电流增大,从左向右穿过 B 的磁通增大,B 中产生顺时针向电流,两线圈邻近一侧呈现同极性而相斥,B 正确.

在 t_1 时刻,A 中电流达到最大值,穿过 B 的磁通量最大,但磁通量的变化率为零,B 中不产生感应电流,两线圈相互作用力为零,C 正确.

在 t_2 时刻,A 中电流达到最小值(等于零),穿过 B 的磁通量为零,但磁通量的变化率最大,B 中感应电流最大.由于此时 A 中电流为零,两线圈间没有相互作用力,D 不正确.

说明　本题中要分清一些物理量之间的相互关系,如磁通量的大小 ↔ 电流的大小;感应电流的大小 ↔ 磁通量变化率的大小;导线确定后,安培力的大小 ↔ 磁场和电流的大小.此外,可以根据图像各处切线的斜率,比较直观地认识正弦交流电 $i = I_m \sin\omega t$ 在零值处的变化率最大,在最大值处的变化率等于零的道理.

7.6 分子动理论和理想气体的图像

(1) 分子动理论的图像

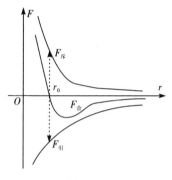

图 7.110

分子动理论的图像主要有两方面:一是关于分子间相互作用的图像;二是关于分子速率分布的图像.这些图像的函数形式都已超越了中学物理的范畴,只需大体了解图像的特点,总体上比较简单.

如图 7.110 所示为分子间相互作用的引力、斥力及其合力随分子间距而变化的图像.其合力随间距变化的特点是:

$r = r_0$(数量级为 10^{-10} m) 时,分子力 $F = 0$;

$r < r_0$ 时,$F_引 < F_斥$,分子力 F 表现为斥力;

$r > r_0$ 时,$F_引 > F_斥$,分子力 F 表现为引力;

$r > 10 r_0$ 时,$F_引$ 和 $F_斥$ 都迅速减小,可以认为分子力 $F = 0$.

例题 1 (2013,福建)下列四个图中,能正确反映分子间作用力 f 和分子势能 E_p 随分子间距离 r 变化关系的图线是_____(填选图下方的字母).

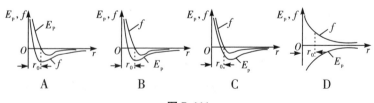

图 7.111

分析与解答 根据分子间相互作用力的特点,当间距 $r = r_0$ 时,

分子力 $f=0$,分子势能最小.比较题中图线可知,B 正确.

说明 势能是一个相对量,其值取决于零势能面的选择.当分子势能有最小值时,其值不一定为零.如果取两分子相距无穷远处为零势能面,则 $r=r_0$ 处的势能就为负值.

例题 2 (2010,全国)如图 7.112 为两分子系统的势能 E_p 与两分子间距 r 的关系曲线.下列说法正确的是( ).

A. 当 r 大于 r_1 时,分子间的作用力表现为引力

B. 当 r 小于 r_1 时,分子间的作用力表现为斥力

C. 当 r 等于 r_2 时,分子间的作用力为零

D. 在 r 由 r_1 变到 r_2 的过程中,分子间的作用力做负功

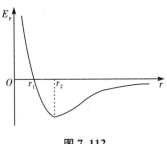

图 7.112

分析与解答 图中 $r=r_2$ 时两分子系统的势能最小,说明 $r=r_2$ 的位置它们的引力和斥力相等,即分子力的合力为零.根据分子力与间距的关系可知,$r_2=r_0$.所以 r_1 处于斥力占优势的范围内,在 r 由 r_1 变到 r_2 的过程中,分子间的斥力做正功,分子势能减小,所以 A、D 错,B、C 正确.

说明 分子间引力与斥力始终同时存在,它们都与间距有关.当两分子处于一定距离时,只能说引力占优势或斥力占优势,不能说只有引力或只有斥力.

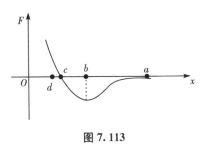

图 7.113

例题 3 (2003,全国新课程)如图 7.113 所示,甲分子固定在坐标原点 O,乙分子位于 x 轴上,甲分子对乙分子的作用力与两分子

间距离的关系如图中曲线所示，$F>0$ 为斥力，$F<0$ 为引力，a、b、c、d 为 x 上 4 个特定的位置，现把乙分子从 a 处由静止释放，则（　　）．

A．乙分子由 a 到 b 做加速运动，由 b 到 c 做减速运动

B．乙分子由 a 到 c 做加速运动，到达 c 时速度最大

C．乙分子由 a 到 b 的过程中，两分子间的分子势能一直减少

D．乙分子由 b 到 d 的过程中，两分子间的分子势能一直增加

分析与解答　乙分子从 a 处释放后，在 a 到 c 的过程中，始终受到甲分子的引力作用，引力的大小是先增大、后减小，因此乙分子始终做着加速运动，其加速度也是先增大、后减小．由于加速度的方向一直与速度方向相同，因此其速度一直在增大，至 c 处速度达到最大值．A 错，B 正确．

乙分子由 a 到 b 的过程中，分子引力做正功，分子势能减少，C 正确．

乙分子由 b 到 d 的过程中，需要分为两个阶段：从 b 到 c，引力做正功，分子势能减小；从 c 到 d，斥力做负功，分子势能增加，D 错．

说明　在分析分子力做功与势能变化的关系时，可以把两个分子看成一个系统，当系统内力做正功时，势能减小；系统内力做负功时，势能增加．利用系统的观点进行分析，同样适用于重力势能和电势能，非常方便．

例题 4　（2011，上海）某种气体在不同温度下的分子速率分布曲线如图 7.114 所示，图中 $f(v)$ 表示 v 处单位速率区间内的分子数百分率，所对应的温度分别为 $T_Ⅰ$，$T_Ⅱ$，$T_Ⅲ$，则（　　）．

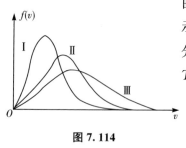

图 7.114

A．$T_Ⅰ>T_Ⅱ>T_Ⅲ$

B．$T_Ⅲ>T_Ⅱ>T_Ⅰ$

C．$T_Ⅱ>T_Ⅰ$，$T_Ⅱ>T_Ⅲ$

D. $T_I = T_{II} = T_{III}$

分析与解答 气体分子速率分布的特点是：两头少，中间多.曲线下方与 v 轴间的面积，表示分子速率从 $0 \to \infty$ 所有区间内的分子数占总分子数的比率之和，显然这个面积应该等于 1.随着温度的升高，曲线的峰值会向着速率大的方向移动，且峰值会变小（即峰值降低），曲线变得平坦一些（"矮胖"些），但曲线下的总面积不变，恒等于 1.根据这个特点可知，B 正确.

说明 一些同学把图中峰值的大小误认为温度的高低，错选为 A.应该知道，麦克斯韦速率分布是统计平均的结果.从图线可知，某一定温度下分子的最低速率可以为零，而最高速率没有限制.图中峰值的意义是：当把气体分子的速率分成许多相等的小区间时，在一定温度下峰值所在区间的分子数相对最多.或者说，对于一个分子，从 $0 \to \infty$ 可能具有的多种速率中，以取峰值附近速率的几率最大.因此，速率分布曲线的峰值所对应的速率也称为最可几速率.

(2) 理想气体的图像

理想气体的三条实验定律对应着三个等值过程，形成等温线、等容线、等压线三种图像，如图 7.115 所示.

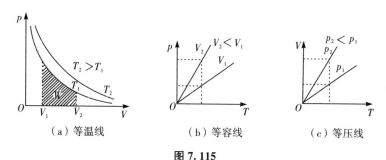

(a) 等温线　　(b) 等容线　　(c) 等压线

图 7.115

应用中需要注意几点：

① 在 p-V 图、p-T 图或 V-T 图上的每一个点，都表示一定质量理想气体的一个确定的状态.从一个点变化到另一个，可以经历不

同的状态变化过程.

② 温度越高,等温线(双曲线)越往上移.等容线越陡,对应的体积越小.等压线越陡,对应的压强越小.利用分子动理论,可以方便地予以解释.

③ 在等温线下方的一块面积,对应着发生相应体积变化时气体所做功(或外界对气体做功)的大小.

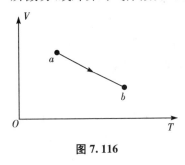

图 7.116

例题 1 (2011,上海) 如图 7.116 所示,一定质量的理想气体从状态 a 沿直线变化到状态 b,在此过程中,其压强(　　).

A. 逐渐增大

B. 逐渐减小

C. 始终不变

D. 先增大后减小

分析与解答 过 Oa、Ob 引两条等压线,由

$$\frac{pV}{T} = k \quad \Rightarrow \quad \frac{V}{T} = k \cdot \frac{1}{p}$$

从状态 a 沿直线变化到状态 b 的过程中,等压线的斜率逐渐减小,可见其压强在逐渐增大,A 正确.

说明 也可以根据压强的微观决定因素进行选择:从状态 a 沿直线变化到状态 b 的过程中,温度逐渐升高,分子热运动的平均速率增大;体积逐渐减小,单位体积内的分子数(分子密度)增大.两个因素使单位时间内单位面积器壁上受到的分子力(压强)逐渐增大.

例题 2 (2010,上海) 一定质量理想气体的状态经历了如图 7.117 所示的 ab、bc、cd、da 4 个过程,其中 bc 的延长线通过原点,cd 垂直于 ab 且与水平轴平行,da 与 bc 平行,则气体体积在(　　).

A. ab 过程中不断增加 B. bc 过程中保持不变
C. cd 过程中不断增加 D. da 过程中保持不变

分析与解答 根据题设条件可知:

$a \to b$ 是等温过程,遵循玻意耳定律,因压强在减小,所以体积不断增加,A 正确.

bc 的延长线通过原点,表明 $b \to c$ 是等容过程,气体的体积保持不变,B 正确.

$c \to d$ 是等压过程,由于温度在不断降低,其体积一定减小,C 错.

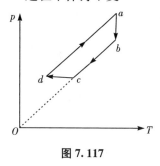

图 7.117

为了判断 d、a 两状态的参量,可以连接 Od、Oa 得两条等容线(图 7.118).因为同一温度时,等容线 Od 所对应的压强大,其体积一定小,所以 $d \to a$ 过程中气体的体积是逐渐变大的,并非保持不变,D 错.

说明 也可以只连接 Oa,设交于 cd 线的 e 点(图 7.119).因为 Oea 是等容线,即 $V_a = V_e$,由于 $V_d < V_e$,可见 $V_d < V_a$.

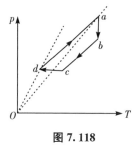

图 7.118

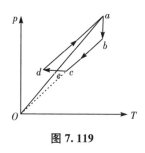

图 7.119

例题 3 图 7.120 中 A、B 为两个容积较大的相同球形容器,用很细的 U 形管相连,两容器内充以温度均为 T_0 的同种气体,平衡时,两边水银柱高度差 h.当两容器内气体温度降低为 T 时,水银柱高度差如何变化?

分析与解答 温度降低时,两容器内气体的状态发生变化.不计

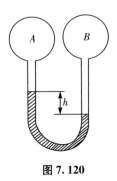
图 7.120

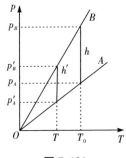
图 7.121

细管容积时,两者都发生一次等容变化,它们的等容线如图 7.121 所示.

由此可知,温度降低时,原来压强大的容器 B 内气体压强的减少量较大,因此右边水银面将升高,即水银柱高度差减小.

说明 设温度降低前后 A、B 两容器内压强分别为 p_A、p_B、p'_A、p'_B,后来水银柱高度差为 h',则温度降低前后有关系式

$$p_B - p_A = h \, (\text{cmHg})$$
$$p'_B - p'_A = h' \, (\text{cmHg})$$

它们分别为夹于两等容线间的一段线段.由几何知识立即可知

$$\frac{h'}{h} = \frac{T}{T_0}$$

即

$$h' = \frac{T}{T_0} h < h$$

例题 4 A、B 两相同的固定气缸中分别盛有等质量的同种气体,它们的温度相同.两缸的活塞分别通过滑轮系统挂一质量为 m_A 和 m_B 的重物,且 $m_A < m_B$(图 7.122).不计活塞和滑轮系统的摩擦,当两气缸内气体温度都升高 10℃ 后,哪一边的重物下降得多些?

分析与解答 温度升高时,缸内气体状态发生变化.由于作用在两气缸活塞面上的大气压强不变,因此两缸内气体做等压膨胀,其 V-T 图如图 7.123 所示.

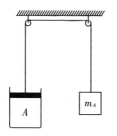
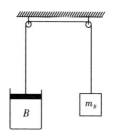

图 7.122

由于悬挂物的质量 $m_A < m_B$,表示原来缸内气体的压强 $p_A > p_B$,则原来两缸气体体积为 $V_A < V_B$. 当两缸气体温度从 T 升高到 T' 时,由图可知,原来体积较大的 B 气缸内的气体体积增加得多,所以质量为 m_B 的重物下降得多些.

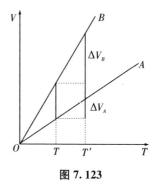

图 7.123

例题 5 1 mol 理想气体保持体积不变时温度升高 1 K 和保持压强不变时温度升高 1 K,两情况中吸收的热量相差多少?

分析与解答 体积不变时温度升高所需的热量,仅用于增加气体的内能,压强不变时温度升高所需的热量一方面用于增加气体的内能,另一方面还用于气体膨胀做功. 由于理想气体内能仅与温度有关,因此两情况下 1 mol 气体内能的增加相同,显然,等压时吸收的热量多些. 相差的这部分热量等于膨胀时对外做的功,数值上等于 p-V 图中相应的一块面积,如图 7.124 中划有斜线的矩形所示.

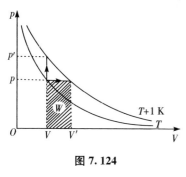

图 7.124

设原来温度 T 时 1 mol 理想气体的压强为 p、体积为 V,温度升高 1 K 等压膨胀到体积 V',在这个过程中气体对外做功

$$W = p(V' - V) = p\Delta V$$

由盖·吕萨克定律,有 $\dfrac{V}{V'} = \dfrac{T}{T'}$,因此

$$\Delta V = V' - V = \dfrac{\Delta T}{T}V$$

所以

$$W = p\Delta V = \dfrac{pV}{T}\Delta T$$

根据 1 mol 理想气体的克拉珀龙方程,$\dfrac{pV}{T} = R$(R 为气体普适恒量),又 $\Delta T = 1$ K,于是

$$W = R$$

所以,1 mol 理想气体等压时升温 1 K 吸收的热量比等容时升温 1 K 吸收的热量数量上多 R.

说明 1 mol 气体在等压和等容时升高 1 K 吸收的热量分别为定压摩尔比热和定容摩尔比热,常用 c_p 和 c_V 表示. 由上述关系可知

$$c_p = c_V + R$$

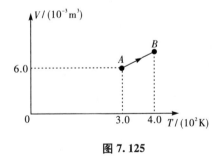

图 7.125

例题 6 (2012,江苏) 如图 7.125 所示,一定质量的理想气体从状态 A 经等压过程到状态 B,此过程中,气体压强 $p = 1.0 \times 10^5$ Pa,吸收的热量 $Q = 7.0 \times 10^2$ J,求此过程中气体内能的增量.

分析与解答 由图可知,气体从状态 A 经等压变化过程到状态 B,气体的体积膨胀,气体对外做功为

$$W = p\Delta V = p(V_B - V_A)$$

根据盖·吕萨克定律,有关系式

$$\frac{V_B}{V_A} = \frac{T_B}{T_A} \Rightarrow \frac{V_B - V_A}{V_A} = \frac{T_B - T_A}{T_A}$$

则气体对外做功可表示为

$$W = pV_A \frac{\Delta T}{T_A}$$

根据热力学第一定律得气体增加的内能为

$$\Delta U = Q - W = Q - pV_A \frac{\Delta T}{T_A}$$

代入数据,得

$$\Delta U = 5.0 \times 10^2 \text{ J}$$

说明 应用热力学第一定律时,可以不必拘泥于符号法则,采用前面介绍的能流图(图 7.126),根据"收入、支出"的关系,确定内能的变化(增加).

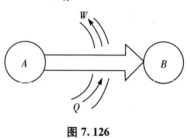

图 7.126

7.7 振动图像与波动图像

(1) 振动图像

振动图像是描述简谐运动质点的位移随时间变化关系的图像. 根据质点振动时位移的标准式

$$y = A\cos\omega t = A\cos\frac{2\pi}{T}t$$

画出的图像是一条余弦曲线.

从振动图像可以获得的信息:振动的角频率(或周期、频率),不同时刻对平衡位置的位移等. 此外,还可以根据不计能量损耗时,其总能量守恒的特点,从振动图像比较不同时刻质点的速度、动能和势能的大小,找出最大动能、最大势能的时刻,从而也可以判断加速运动和减速运动过程等.

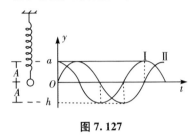

图 7.127

必须注意:振动图像的具体形状取决于计时开始($t=0$)时质点的状态(即初相位).例如,图 7.127 所示的竖直弹簧振子,当以平衡位置 O 向上为正方向,从振子运动到最高点 a 开始计时,画出的振动图像是余弦曲线(图线 I),从经过平衡位置向上运动开始计时,画出的振动图像为正弦曲线(图线 II).

例题 1 (2012,重庆)装有砂粒的试管竖直静立于水面,如图 7.128 所示,将管竖直提起少许,然后由静止释放并开始计时,在一定时间内试管在竖直方向近似做简谐运动.若取竖直向上为正方向,则以下描述试管振动的图像中可能正确的是(　　).

图 7.128

A　　　　　B　　　　　C　　　　　D

图 7.129

分析与解答　把这个装有砂粒的试管,简化为一个质点,平衡位置恰好在水面.根据规定的正方向,计时开始它位于最大位移处,因此振动图像如 D 所示(D 正确).

说明　这个试管偏离平衡位置后,为什么会做简谐运动?可以根据回复力的特点加以证明.设图 7.130 中试管质量为 m,截面积为 S,直立于水中平衡时浸入水中部分管长为 l_0,水的密度为 ρ.以水平面竖直向下为正方向,平衡时满足条件

$$mg = F_{浮} = \rho g S l_0$$

当下压距离 x 时,受到的浮力变为
$$F'_{浮}=\rho gS(l_0+x)$$
回复力的大小为
$$F_{回复力}=F'_{浮}-mg=\rho gS(l_0+x)-mg=\rho gSx$$
其方向向上,与规定的正方向相反.令上式中 $\rho gS=k$,于是得回复力
$$F_{回复力}=-kx$$
所以,这个直立试管下压后会做简谐运动(上提后的情况同理可证).

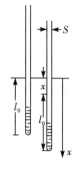

图 7.130

例题 2 (2012,北京)一个弹簧振子沿 x 轴做简谐运动,取平衡位置 O 为 x 轴坐标原点.从某时刻开始计时,经过四分之一的周期,振子具有沿 x 轴正方向的最大加速度.下图中能正确反映振子位移 x 与时间 t 关系的图像是( ).

A B C D

图 7.131

分析与解答 做简谐运动的振子的最大加速度为
$$a_{\max}=-\frac{kx_{\max}}{m}$$
当具有沿 x 轴方向的最大加速度时,意味着此刻的位移达到负向最大值,所以 A 正确.

说明 简谐运动是一种变加速运动,在运动过程中不同时刻(或不同位置)的加速度不同,但任何时刻(或任何位置)都遵循着牛顿第二定律.因此,最大加速度就对应着位移最大的位置.

例题 3 (2003,全国新课标)一弹簧振子沿 x 轴振动,振幅为 4 cm.振子的平衡位置位于 x 轴上的 O 点.图 7.132 中的 a、b、c、d 为 4

图 7.132

个不同的振动状态:黑点表示振子的位置,黑点上的箭头表示运动的方向.对于图 7.133 给出的图线,下列说法正确的是(　　).

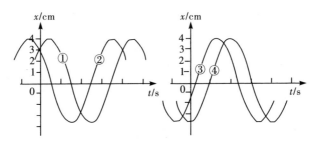

图 7.133

A. 若规定状态 a 时 $t=0$,则图像为 ①

B. 若规定状态 b 时 $t=0$,则图像为 ②

C. 若规定状态 c 时 $t=0$,则图像为 ③

D. 若规定状态 d 时 $t=0$,则图像为 ④

分析与解答　状态 a 时,振子的位移 $x_a=+3$ cm,正在向正方向运动.当规定此时为 $t=0$,则振动图像如图线 ① 所示,A 最正确.

状态 b 时,振子的位移 $x_b=+2$ cm,正在向负方向运动.其振动图线不是 ②,B 错.

状态 c 时,振子的位移 $x_c=-2$ cm,正在向负方向运动.其振动图线不是 ③,C 错.

状态 d 时,振子的位移 $x_d=-4$ cm,正好处于负方向最大位移处,此后向正方向运动,其图像如图线 ④ 所示,D 正确.

说明　本题很直观地指出,同一个质点的振动图像,会因初始状态的不同而不同.从这些不同的初始状态开始的振动,对应着不同的振动方程.若选取题中状态 b 时 $t=0$ 和状态 c 时 $t=0$,相应的振动图像应该如何画?对应不同初始状态的振动方程怎么表示?请读者自行研究.

(2) 波动图像

波动图像反映波的传播过程中某时刻各个质点的空间分布,即各个质点偏离平衡位置的情况.

波动图像的形状虽然与振动图像相似,但反映的物理意义不同——振动图像反映的是单个质点在不同时刻的位移,波动图像反映的是许多质点在同一时刻的位移.因此,前者犹如对独舞演员连续拍摄的一组影片;后者则像对一群集体舞演员拍摄的一帧照片.随着时间的流逝,振动图像仅是继续延伸,原来部分并不随时间变化;波动图像则沿传播方向平移,整个波形不断变化.

从波动图像可以获得的信息:波长、振幅、各个质点的振动方向等,并可以利用波动图像确定任意时间前后的波形图.当已知质点的振动周期(或与振动图像配合应用)时,还可以算出波的传播速度.

应用波动图像分析问题时,关键是把握波的传播特点:

① 波的传播是振动状态的传播(或能量的传播、信息的传播).介质中的每个质点都以各自的平衡位置为中心做简谐运动,并不会"随波逐流"地沿着传播方向移动.

② 在传播方向上,各邻近质点的振动"步调"不同(存在相位差)——远处质点的振动状态,总是落后于近处质点的振动状态,仿佛被邻近质点带动一样.

③ 波传播时,整个波形以速度 v 匀速移动(称为行波),因此其波形具有重复性(周期性)——经过时间 Δt 与 $\Delta t + nT$,或经过位移 Δx 与 $\Delta x + n\lambda$,波形重复.

④ 波的频率由波源的频率决定,波速基本上由介质性质(密度和弹性)决定,与波源的振动频率、振幅等无关.当波从一种介质进入另一种介质时,波的频率不变,波速会发生变化,波长也随之发生变化.

波动图像历来是考查的热点,各种题目"万变不离其宗",都是围绕着波的传播特点演变的.下面,列举若干具有不同特色的问题,希望有助于加深对波的传播特点的体会.

例题 1 (2013,北京)一列沿 x 轴正方向传播的简谐机械横波,波速为 4 m/s.某时刻波形如图 7.134 所示.下列说法正确的是( ).

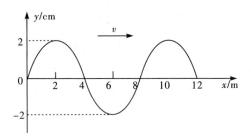

图 7.134

A. 这列波的振幅为 4 cm

B. 这列波的周期为 1 s

C. 此时 $x=4$ m 处质点沿 y 轴负方向运动

D. 此时 $x=4$ m 处质点的加速度为 0

分析与解答 由波形图像可以直接读出振幅 $A=2$ cm(A 错),波长 $\lambda=8$ m,因此波的周期为

$$T=\frac{\lambda}{v}=\frac{8}{4}\ \text{s}=2\ \text{s} \quad (\text{B 错})$$

将波形沿着传播方向稍稍平移,可以看到 $x=4$ m 处的质点应该沿着 y 轴正方向运动(C 错).

由于该瞬间 $x=4$ m 处质点的位移为 0,受到的回复力也为 0,所以其加速度为 0,D 正确.

说明 波传播时,介质中质点都做简谐运动,受到的回复力同样符合 $F=kx$ 的关系(传播特性①的应用).为了判断质点的振动方向,常用的有两个方法:① 平移法——沿波的传播方向,将波形稍稍平移,从而确定质点的振动方向(图 7.135);② 带动法——在原波形图上找出离波源近的相邻点,根据被邻近质点 P 带动的原理确定质点的振动方向(图 7.136).显然,这里就是传播特性 ② 和 ③ 的应用.

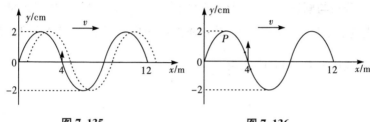

图 7.135　　　　　　图 7.136

例题 2　(2010,安徽)一列沿 x 轴方向传播的简谐横波,某时刻的波形如图 7.137 所示. P 为介质中的一个质点,从该时刻开始的一段短时间内, P 的速度 v 和加速度 a 的大小变化情况是(　　).

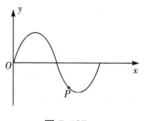

图 7.137

A. v 变小, a 变大　　B. v 变小, a 变小

C. v 变大, a 变大　　D. v 变大, a 变小

分析与解答　利用波的平移法易知,从该时刻起的一段短时间内,质点 P 向着 $+y$ 方向运动,即靠近平衡位置运动,因此其速度变大,加速度变小,D 正确.

说明　本题根据传播特性 ② 确定运动方向后,接着就是传播特性 ① 的应用.

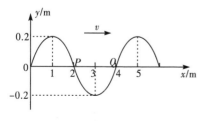

图 7.138

例题 3　(2012,山东)一列简谐横波沿 x 轴正方向传播, $t=0$ 时刻的波形如图 7.138 所示,介质中质点 P、Q 分别位于 $x=2$ m、$x=4$ m 处.从 $t=0$ 时刻开始计时,当 $t=15$ s 时质点 Q 刚

好第 4 次到达波峰.

① 求波速；

② 写出质点 P 做简谐运动的表达式(不要求推导过程).

分析与解答 ① 据图像得波长 $\lambda = 4$ m.利用邻近质点带动法(或波形平移法)可以知道,此刻质点 Q 正向下运动,它第 4 次到达波峰需经历 $\frac{3}{4}T + 3T$ 时间.由

$$t = \frac{3}{4}T + 3T \Rightarrow T = 4 \text{ s}$$

所以波速

$$v = \frac{\lambda}{T} = \frac{4}{4} \text{ m/s} = 1 \text{ m/s}$$

② 质点 P 的振幅 $A = 0.2$ m,此刻它正向着 y 轴正方向运动,因此它做简谐运动的表达式为

$$y_P = A\sin\frac{2\pi}{T}t = 0.2\sin(0.5\pi t) \text{ (m)}$$

说明 题 ① 先后应用了传播特性 ② 确定质点的振动方向,接着根据波形的重复性(应用传播特性 ③)写出经历时间与周期的一般表达式;题 ② 应用传播特性 ② 确定了振动方向后,接着应用传播特性 ①,根据质点做简谐运动的原理写出振动表达式.

写出质点 P 点的振动表达式(振动方程)后,如果设想把 P 点作为波源,你能否再写出质点 Q 做简谐运动的表达式? 更一般地,你能否再写出在 x 轴上离开质点 P(波源) 为 x 的某处 S 的振动表达式? 在平时的物理学习中,经常这样的做思考、扩展,对提高学习能力会有很大的帮助.

例题 4 (2012,全国理综) 一列简谐横波沿 x 轴正方向传播,图 7.139(a) 是 $t = 0$ 时刻的波形图,图(b)和图(c)分别是 x 轴上某两处质点的振动图像.由此可知,这两质点平衡位置之间的距离可能

是( ).

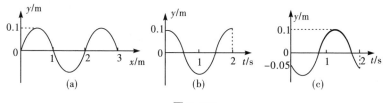

图 7.139

A. $\dfrac{1}{3}$ m   B. $\dfrac{2}{3}$ m   C. 1 m   D. $\dfrac{4}{3}$ m

分析与解答   由波动图像和振动图像可知,这列波的波长 $\lambda = 2$ m,周期 $T=2$ s,振幅 $A=0.1$ m,其波速为

$$v = \dfrac{\lambda}{T} = \dfrac{2}{2} \text{ m/s} = 1 \text{ m/s}$$

为了确定两者初始振动状态(初相位)之间的关系,可以画出如图 7.140 所示的参考圆.图中的角度 $\varphi_0 = \dfrac{2\pi}{3}$.因此,当图像 b 的质点在前,c 的质点在后时,两质点间时间差(相位差)为 $\Delta t = \dfrac{1}{3}T + nT$,对应的平衡位置的间距为

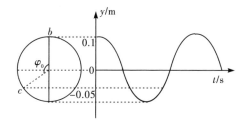

图 7.140 用参考圆确定相位差

$$\Delta x = v \Delta t = v \left(\dfrac{1}{3}T + nT\right) = \dfrac{1}{3}\lambda + n\lambda$$

以 $n=0$ 代入,得 $\Delta x = \dfrac{1}{3}\lambda = \dfrac{2}{3}$ m(以 $n=1,2,\cdots$ 代入,没有选项),B

正确.

当图像 b 的质点在后、c 的质点在前时,两质点间时间差(相位差)为 $\Delta t = \dfrac{2}{3}T + nT$,对应的平衡位置的间距为

$$\Delta x = v\Delta t = v\left(\dfrac{2}{3}T + nT\right) = \dfrac{2}{3}\lambda + n\lambda$$

以 $n=0$ 代入,得 $\Delta x = \dfrac{2}{3}\lambda = \dfrac{4}{3}$ m(以 $n=1,2,\cdots$ 代入,没有选项),D 正确.

说明 本题的波动图像仿佛仅起着背景的作用,物理内容集中在振动图像上——如何从已知图像确定相位差.上面利用了参考圆,比较直观.你是否能用振动方程的方法去确定这两个质点的振动相位差?请与同学们一起讨论尝试.

例题 5 (2010,福建)一列简谐横波在 $t=0$ 时刻的波形如图 7.141 中的实线所示,$t=0.02$ s 时刻的波形如图中虚线所示.若该波的周期 T 大于 0.02 s,则该波的传播速度可能是( ).

A. 2 m/s   B. 3 m/s   C. 4 m/s   D. 5 m/s

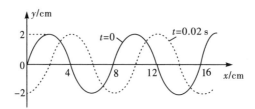

图 7.141

分析与解答 这列波的波长 $\lambda = 8$ cm,振幅 $A = 2$ cm.由于传播方向不确定,计算波速时需要分向右传播和向左传播两种情况讨论.

① 若波向右传播

取 $t=0$ 时位于 $x=4$ cm 的质点考虑,此刻它正向上运动,到达波峰所经历时间

$$\Delta t = \left(\frac{1}{4}T + nT\right) \quad \Rightarrow \quad T = \frac{4\Delta t}{4n+1} = \frac{0.08}{4n+1}$$

题设 $T > 0.02$ s,只能取 $n = 0$,得 $T = 0.08$ s,对应的波速为

$$v = \frac{\lambda}{T} = \frac{0.08}{0.08} \text{ m/s} = 1 \text{ m/s}$$

② 若波向左传播

取 $t = 0$ 时位于 $x = 4$ cm 的质点考虑,此刻它正向下运动,到达波峰所经历时间

$$\Delta t = \left(\frac{3}{4}T + nT\right) \quad \Rightarrow \quad T = \frac{4\Delta t}{4n+3} = \frac{0.08}{4n+3}$$

根据题设要求 $T > 0.02$ s,只能取 $n = 0$,得 $T = \dfrac{0.08}{3}$ s,对应的波速为

$$v = \frac{\lambda}{T} = \frac{0.08}{\frac{0.08}{3}} \text{ m/s} = 3 \text{ m/s}$$

综合两者情况知,只有 B 正确.

说明 本题先根据波的传播特点确定了质点的运动方向后,接着由波长与波速的关系并结合波形的重复性(传播特点 ③) 找出周期的通式,问题就迎刃而解了.

本题也可根据波形重复性的传播特点,用波形平衡法一气呵成: 若波向右传播,从实线波形到虚线波形所需时间和平移距离分别为

$$\Delta t = 0.02 \text{ s}$$
$$\Delta x = 0.02 + n\lambda = 0.02 + 0.08n$$

则波速

$$v_右 = \frac{\Delta x}{\Delta t} = \frac{0.02 + 0.08n}{0.02} \text{ (m/s)} = (1 + 4n) \text{ (m/s)}$$

同理,若波向左传播,从实线波形到虚线波形所需时间和平移距离分别为

$$\Delta t = 0.02 \text{ s}$$
$$\Delta x = 0.06 + n\lambda = 0.06 + 0.08n$$

则波速

$$v_{左} = \frac{\Delta x}{\Delta t} = \frac{0.06 + 0.08n}{0.02} \text{ (m/s)} = (3 + 4n) \text{ (m/s)}$$

根据 $v_{右}$ 和 $v_{左}$ 的表达式，取 $n = 0, 1, 2, 3, \cdots$ 代入可得到一系列波速值，对照题中给出的数值，即可知 B 正确。

例题 6 （2012，上海）如图 7.142 所示，简谐横波在 t 时刻的波形如实线所示，经过 $\Delta t = 3\text{s}$，其波形如虚线所示. 已知图中 x_1 与 x_2 相距 1 m，波的周期为 T，且 $2T < \Delta t < 4T$，则可能的最小波速为 _____ m/s，最小周期为 _____ s.

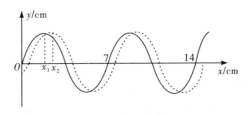

图 7.142

分析与解答 由图可知波长 $\lambda = 7$ m. 由于波的传播方向不明确，计算最小波速和最小周期时都需要分为沿着 $+x$ 方向传播和沿着 $-x$ 方向传播两种情况.

① 计算最小波速

若波沿着 $+x$ 方向传播，由

$$\Delta x = x_2 - x_1 = n\lambda + 1 = 7n + 1 \quad (n = 2, 3)$$

得波速

$$v = \frac{\Delta x}{\Delta t} = \frac{7n + 1}{3} \quad (n = 2, 3)$$

若波沿着 $-x$ 方向传播，同理由

$$\Delta x = n\lambda + 6 = 7n + 6 \quad (n = 2, 3)$$

得波速

$$v = \frac{\Delta x}{\Delta t} = \frac{7n+6}{3} \quad (n=2,3)$$

所以可能的最小波速($n=2$)为

$$v_{\min} = \frac{7n+1}{3} = \frac{7\times 2+1}{3} \text{ m/s} = 5 \text{ m/s}$$

② 计算最小周期

若波沿着 $+x$ 方向传播,由

$$\Delta t = \left(n+\frac{1}{7}\right)T = 3 \quad \Rightarrow \quad T = \frac{3}{n+\frac{1}{7}} \quad (n=2,3)$$

若波沿着 $-x$ 方向传播,由

$$\Delta t = \left(n+\frac{6}{7}\right)T = 3 \quad \Rightarrow \quad T = \frac{3}{n+\frac{6}{7}} \quad (n=2,3)$$

所以最小周期($n=3$)为

$$T_{\min} = \frac{3}{3+\frac{6}{7}} \text{ s} = \frac{7}{9} \text{ s}$$

说明 已知波的传播过程中相隔某时间(Δt)的两个波形,根据其波峰间距(Δx)计算波速和周期等物理量时,应该先根据波形的重复性找出一般表达式(通式),当 n 取一系列整数值时可以得到一组解.由于题中的时间间隔限制在 $2T<\Delta t<4T$,相应的传播距离也被限制在 $2\lambda<\Delta x<4\lambda$,因此就有相应的最小值(或最大值).

本题和例题 5 都是应用波形重复性(应用传播特性 ③),并要考虑两个方向传播的典型问题.做些变换的类似问题,其方法相同,请注意体会.

例题 7 一列横波在 x 轴上传播,波速 $v=6$ m/s.当位于 $x_1=3$ cm 处的质点 A 在 x 轴上方最大位移处时,位于 $x_2=6$ cm 处的质点

B 恰好在平衡位置且振动方向竖直向下.求这列波的最大波长,并写出其频率的一般表达式.

分析与解答 当波沿 x 轴正方向传播时,在最大波长条件下 A、B 两质点满足题中状态的波形图,如图 7.143 所示. 由

$$\overline{AB} = \frac{3}{4}\lambda_{\max} \Rightarrow \lambda_{\max} = \frac{4}{3}\overline{AB} = 4 \text{ cm}$$

考虑一般情况,由

$$\overline{AB} = \Delta x = \frac{3}{4}\lambda + n\lambda \Rightarrow \lambda = \frac{\Delta x}{n + \frac{3}{4}}$$

所以频率的一般表达式为

$$f = \frac{v}{\lambda} = \frac{v}{\frac{\Delta x}{n + \frac{3}{4}}} = \frac{6}{\frac{3 \times 10^{-2}}{n + \frac{3}{4}}} \text{ Hz} = 200\left(n + \frac{3}{4}\right) \text{ Hz}$$

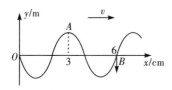

图 7.143　　　　　图 7.144

当波沿 $-x$ 轴正方向传播时,同理可知最大波长条件下满足题设状态的波形图,如图 7.144 所示. 由

$$\overline{AB} = \frac{1}{4}\lambda'_{\max} \Rightarrow \lambda'_{\max} = 12 \text{ cm}$$

考虑一般情况,由

$$\overline{AB} = \Delta x = \frac{1}{4}\lambda' + n\lambda' \Rightarrow \lambda' = \frac{\Delta x}{n + \frac{1}{4}}$$

所以频率的一般表达式为

$$f' = \frac{v}{\lambda'} = \frac{v}{\dfrac{\Delta x}{n+1/4}} = \frac{6}{\dfrac{3\times 10^{-2}}{n+1/4}} \text{Hz} = 200(n+1/4)\ (\text{Hz})$$

说明 已知波的传播过程中某两点的状态,可以画出许多波形图.对应于最大波长条件的就是最简波形图.许多情况下,都需要先画出最简波形图.把握了这样的思路,像下面的问题也就迎刃而解了.

练习题 (2010,四川)一列简谐横波沿直线由 A 向 B 传播,A、B 相距 0.45 m,图 7.145 是 A 处质点的振动图像.当 A 处质点运动到波峰位置时,B 处质点刚好到达平衡位置且向 y 轴正方向运动,这列波的波速可能是( ).

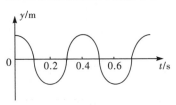

图 7.145

A. 4.5 m/s　　B. 3.0 m/s　　C. 1.5 m/s　　D. 0.7 m/s

(参考答案:A)

7.8 光电效应的图像

光电效应中的图像,通常可以有三种:

(1) E_{km}-ν 图像(最大初动能与入射光频率的关系)

根据爱因斯坦光电效应方程,从金属表面逸出的光电子具有的最大初动能

$$E_{km} = \frac{1}{2}mv_m^2 = h\nu - W_0 = h\nu - h\nu_0 \quad (\nu_0\ \text{为极限频率})$$

其图像如图 7.146 所示.

E_{km}-ν 图像的斜率就是普朗克常量.因为同一种金属对应于不同频率 ν_1 和 ν_2 的两束光,有关系式

$$h\nu_1 = E_{km1} + W_0$$
$$h\nu_2 = E_{km2} + W_0$$

所以
$$h = \frac{E_{km2} - E_{km1}}{\nu_2 - \nu_1} = \frac{\Delta E_{km}}{\Delta \nu} = \tan \varphi$$

对于不同的金属，E_{km}-ν 的图线是一组平行的直线，如图 7.147 所示．它们与横轴的交点，就是各种不同金属的极限频率．

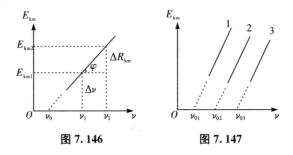

图 7.146　　　　　　图 7.147

(2) I-U_{AK} 图像(光电流与两电极间电压的关系)

研究光电流与电压关系时，为了便于改变光电管的电压极性，可以采用中点抽头的变阻器或用双刀双掷开关切换，实验装置如图 7.148 所示．当入射光满足频率条件后($\nu > \nu_0$)，通过改变两极间的电压，得到的 I-U_{AK} 图像如图 7.149 所示．它的意义可分三方面说明：

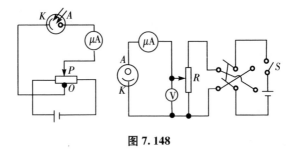

图 7.148

$U_{AK} > 0$——当照射光强一定时，增大正向电压 U_{AK}(又称加速电压)，光电流也增大，直至达到饱和(最大值)，表示从光阴极发出的光电子全部被阳极(A)吸收过去都参与了导电．此后，即使再增大正向电压，光电流也不会再增大了．只有增大入射光强，即增加每秒照

射的光子数,光电流才能继续增大.根据饱和电流的意义,可以算出对应于一定光强下的某入射光,阴极板每秒发射的光电子数,即

$$n = \frac{I_m}{e}$$

$U_{AK} = 0$——由于从阴极表面逸出的电子具有初动能,不加正向电压($U_{AK} = 0$)时,电路中也会有一定的光电流.

$U_{AK} < 0$——当在两极间加反向电压时(A极电势低于K极电势),光电流减小;当$U_{AK} = U_a$时,光电流等于零,这个电压称为截止电压(也叫遏止电压).截止电压的存在表明光电子逸出金属表面有一个速度上限(或动能上限).因此,测出截止电压U_a就可以算出光电子的最大初动能,即

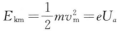

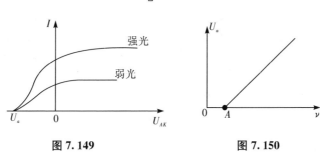

图 7.149　　　　　图 7.150

(3) $U_a - \nu$ 图像(截止电压与入射光频率的关系)

对于一定的光阴极,根据截止电压的意义结合爱因斯坦光电方程,有关系式

$$eU_a = h\nu - h\nu_0$$

或

$$U_a = \frac{h}{e}\nu - \frac{h}{e}\nu_0$$

可见U_a与ν呈线性关系,其图像如图 7.150 所示.实际上它与$E_{km} - \nu$

的图像一样,只是把纵坐标换成易于测量的电压值.截止电压的大小与光强无关,仅随入射光的频率而改变,入射光的频率越高,对应的截止电压 U_a 也越大.截止电压所对应的频率,称为截止频率.

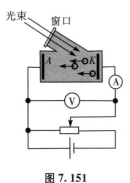

图 7.151

有关光电效应图像的问题,都围绕着爱因斯坦光电方程,相对来说综合程度不大,变化也较少,比较容易把握.

例题 1 (2010,江苏)研究光电效应电路如图 7.151 所示,用频率相同、强度不同的光分别照射密封真空管的钠极板(阴极 K),钠极板发射出的光电子被阳极 A 吸收,在电路中形成光电流.下列光电流 I 与 A、K 之间的电压 U_{AK} 的关系图像中,正确的是( ).

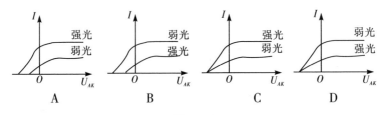

图 7.152

分析与解答 根据截止电压(U_a)的意义和爱因斯坦光电效应方程,有关系式

$$eU_a = E_{km} = \frac{1}{2}mv_m^2$$

$$E_{km} = h\nu - h\nu_0$$

对于同一个光阴极,逸出电子的极限频率都相同,当入射光的频率相同时,它们的截止电压一定也相同.因此,光电流 $I=0$ 时的图线应该交于横轴上同一点,A、B 都错.光强增加时,每秒发射的光子数多,根据光子与光电子的一一对应关系,最终的饱和电流也大,所以 D 错,C 正确.

例题 2 （2010，浙江）在光电效应实验中，飞飞同学用同一光电管在不同实验条件下得到了三条光电流与电压之间的关系曲线（甲光、乙光、丙光），如图 7.153 所示.则可判断出（　　）.

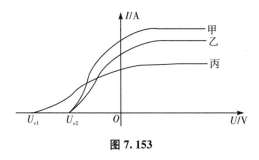

图 7.153

A. 甲光的频率大于乙光的频率
B. 乙光的波长大于丙光的波长
C. 乙光对应的截止频率大于丙光的截止频率
D. 甲光对应的光电子最大初动能大于丙光的光电子最大初动能

分析与解答　根据爱因斯坦光电效应方程和截止电压的意义，有

$$h\nu = \frac{1}{2}mv_m^2 + h\nu_0 \quad \Rightarrow \quad eU_a = \frac{1}{2}mv_m^2 = h\nu - h\nu_0$$

图中甲、乙两光所对应的截止电压相同，可见甲、乙两束光的频率一定相同，A 错.丙光所对应的截止电压最大，说明丙光的频率最高，波长最短，它所激发出来的光电子的最大初动能也最大，C、D 都错，B 正确.

例题 3　（2010，天津）用同一光电管研究 a、b 两种单色光产生的光电效应，得到光电流 I 与光电管两极间所加电压 U 的关系如图 7.154 所示.则这两种光（　　）.

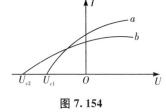

图 7.154

A. 照射该光电管时 a 光使其逸出的光电子最大初动能大
B. 从同种玻璃射入空气发生全反射时，a 光的临界角大
C. 通过同一装置发生双缝干涉，a 光的相邻条纹间距大

D. 通过同一玻璃三棱镜时，a 光的偏折程度大

分析与解答 根据截止电压的意义和爱因斯坦光电效应方程知

$$eU_a = \frac{1}{2}mv_m^2 = h\nu - h\nu_0$$

由于同一个光电管的极限频率相同,因此入射光频率越大,所对应的截止电压也越大,逸出光电子的最大初动能也越大.可见,b 光的频率大,A 错.

由于 b 光的频率大,它在玻璃中折射率也大.根据全反射的临界角条件

$$C = \sin^{-1}\frac{1}{n}$$

折射率越大的光,从同种玻璃射入空气发生全反射的临界角小,即 b 光的临界角小,B 正确.

发生双缝干涉时的条纹间距

$$\Delta x = \frac{l}{d}\lambda$$

由于 $\nu_b > \nu_a$,即 b 光的波长短,条纹间距也小,C 正确.

由于 b 光的频率大,通过同一玻璃三棱镜时的偏转也大,D 错.

说明 本题利用光电效应的图像,结合了光的折射、全反射和双缝干涉等多方面的知识,知识容量很大,应该逐个仔细地判断.

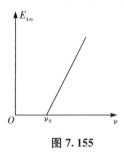

图 7.155

例题 4 （2011,福建）爱因斯坦因提出光量子概念并成功地解释光电效应的规律而获得 1921 年诺贝尔物理学奖.某种金属逸出光电子的最大初动能 E_{km} 与入射光频率 ν 的关系如图 7.155 所示,其中 ν_0 为极限频率.从图中可以确定的是（　　）（填选项前的字母）.

A. 逸出功与 ν 有关

B. E_{km} 与入射光强度成正比

C. 当 $\nu = \nu_0$ 时会逸出光电子

D. 图中直线斜率与普朗克常量有关

分析与解答 每种金属发生光电效应的逸出功,由金属材料本身的特性决定,也就是由极限频率 ν_0 决定,与入射光的频率无关,A 错.从图中可以看出,光电子的最大初动能与入射光的频率有关,与入射光强无关,B 错.根据光电效应的实验规律可知,入射光的频率必须大于极限频率才会发生光电效应,C 错.在 $E_{km} - \nu$ 图中的斜率恰好等于普朗克常量,即

$$\frac{\Delta E_{km}}{\Delta \nu} = h$$

所以 D 正确.

例题 5 (2006,江苏)研究光电效应规律的实验装置如图 7.156 所示,以频率为 ν 的光照射光电管阴极 K 时,有光电子产生.由于光电管 K、A 间加的是反向电压,光电子从阴极 K 发射后将向阳极 A 做减速运动.光电流 I 由图中电流计 G 测出,反向电压 U 由电压表 V 测出.当电流计的示数恰好为零时,电压表的示数称为反向截止电压 U_0.在下列表示光电效应实验规律的图像中,错误的是( ).

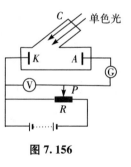

图 7.156

反向电压 U 和频率一定时光电流 i 与光强 I 的关系

A

反向截止电压 U_0 和频率 ν 的关系

B

光强 I 和频率一定时,光电流 i 与反向电压 U 的关系

C

光强 I 和频率一定时,光电流 i 与产生光电子的时间 t 的关系

D

图 7.157

分析与解答 入射光频率和反向电压一定时,光电子到达阳极的动能一定.光强越强时,每秒发射和到达阳极的光电子越多,光电流越大,A 正确.

根据反向截止电压的意义可知

$$eU_0 = E_{km} = \frac{1}{2}mv_m^2 = h\nu - h\nu_0 \Rightarrow U_0 = \frac{h}{e}\nu - \frac{h}{e}\nu_0$$

因此 $U_0 - \nu$ 图线是一条不通过坐标原点的直线,B 错.

光强和频率一定时,每秒发射的光电子数和光电子的初动能一定.反向电压越大,光电子到达阳极的动能(速度)越小,光电流越小.当反向电压达到一定值时,就可完全遏止光电子的到达,电流就变为零了,C 正确.

当满足光电效应的频率条件后,光电子的发射是瞬时的——从接收光子到发射光电子的时间不大于 10^{-9} s.当光强和频率一定时,时间 $t > 10^{-9}$ s 后,光电流不随时间变化,D 正确.

说明 光电子从阴极发射后就处于阳极电场中.当加有正向电压时,电场力对光电子做正功,电子到达阳极的动能大于初动能,即

$$E'_k = \frac{1}{2}mv'^2 = \frac{1}{2}mv_m^2 + eU_{AK} = h\nu - h\nu_0 + eU_{AK}$$

当加有反向电压而未截止时,电场力对电子做负功,电子到达阴极板的动能小于初动能,即

$$E'_k = \frac{1}{2}mv'^2 = \frac{1}{2}mv_m^2 - eU_{KA} = h\nu - h\nu_0 + eU_{KA}$$

这是光电子在阳极场中的一般关系,认识它很有用.

7.9 透镜成像的图像

透镜成像公式

$$\frac{1}{u} + \frac{1}{v} = \frac{1}{f}$$

可以改写为

$$\frac{f}{u}+\frac{f}{v}=1$$

对照直线的截距方程

$$\frac{x}{a}+\frac{y}{b}=1$$

我们可以在 xy 直角坐标中作出这样一条直线

$$\frac{x}{v}+\frac{y}{v}=1$$

它在 x、y 两轴上的截距分别为 u 与 v. 这条直线一定通过坐标为 (f,f) 的 P 点. 当两坐标轴分度相同时,它与原点 O 的连线与两坐标轴夹角均为 $45°$,如图 7.158 所示. 如果知道了 u、v、f 三个量中的任意两个,就可以利用这个 u-v 图求出第三个量. 这条图线的斜率大小等于成像放大率,即

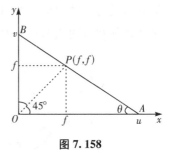

图 7.158

$$m=\frac{|v|}{u}=\tan\theta$$

或

$$m=\tan\theta=\frac{v-f}{f}=\frac{f}{u-f}$$

必须指出,这条图线上除 A、P、B 三点以外其他的点没有什么特定的物理意义,并且,也只有当图线绕 P 点旋转时,它才反映了透镜成像中 u、v、f 三个量之间的动态变化关系. 因此,它不能称为一般意义上的图像. 不过,正是由于它的这一特点,使之能成为用图解法研究各种成像问题的有力手段.

应用的时候,把原来的 x-y 直角坐标系改为 u-v 直角坐标系. 在

这幅图上,两坐标轴上的截距分别表示物距和像距的大小,其正负对应着物和像的实和虚;图线的斜率表示透镜的放大率;通过 (f,f) 点的为凸透镜,通过 $(-f,-f)$ 点的为凹透镜;与 v 轴平行表示物体放在焦点处,不成像(或成像在无穷远);与 u 轴平行表示平行光经透镜折射后会聚于焦点.由于这样的一幅图包含着丰富的内容,因此可以对透镜成像中的定性分析或定量计算都有广泛的应用.*

利用这种 u-v 图,可以很直观地反映各种不同的成像情况,如凸透镜成像时,各不同情况中的物距和像距都在绕 P 点(f,f) 为轴转动的直线与两轴的交点上,如图 7.159 所示.而在凹透镜成像中,物、镜位置都在以图 7.160 中 P 点为轴转动的直线与两轴的交点上.

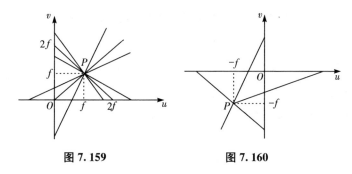

图 7.159　　　　　　　图 7.160

例题 1　凸透镜焦距 $f=15$ cm,离透镜 $v=45$ cm 处的屏上有一倒像,测得像高 $h=12$ cm,试求物体的位置和高度.

分析与解答　像距 v 和焦距 f 已知,成像图线在纵轴上的截距和点 P 已确定,绘出的图线如图 7.161 所示.

由

$$\tan\theta = \frac{OB}{OA} = \frac{BD}{DP}$$

---

* 透镜成像知识,虽已不作为目前高中物理的教学内容,但作为初中物理知识的补充和扩展很有意义.尤其是本节中所包含的数学方法,对提高运用数学知识解决物理问题的能力有一定的启发作用,可供参考.

得

$$OA = \frac{DP}{BD} \cdot OB$$
$$= \frac{15}{30} \times 45 \text{ cm} = 22.5 \text{ cm}$$

放大率和物高分别为

$$m = \frac{h_v}{h_u} = \frac{v}{u} = \frac{OB}{OA} = \frac{45}{22.5} = 2 \text{ cm}$$

$$h_u = \frac{h_v}{m} = \frac{12}{2} = 6 \text{ cm}$$

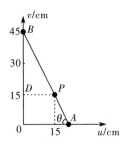

图 7.161

所以,物距为 22.5 cm,物高为 6 cm.

例题 2 凸透镜焦距是 f,物体放在透镜前 $\frac{f}{2}$ 处,试求成像位置及像高.

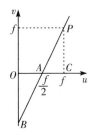

图 7.162

分析与解答 题中已知成像图线在 x 轴上的截距 $\frac{f}{2}$ 和点 P 的坐标,绘出的图像如图 7.162 所示.

由 $\triangle OAB \cong \triangle ACP$ 得

$$OB = CP = f$$

即 B 点坐标为 $(0, -f)$. 成像放大率为

$$m = \frac{|v|}{u} = \frac{f}{\frac{f}{2}} = 2$$

所以,物体通过凸透镜在同侧距透镜 f 处,得到一个放大 2 倍的虚像.

例题 3 物体放在透镜前 $u = 40$ cm 处,在离透镜为 20 cm 处得到一个虚像,求透镜的焦距.

分析与解答 由题中条件知成像图线在 x 轴上的截距为 40 cm,根据上题成虚像可知,它在 v 轴上的截距为 -20 cm,绘出的

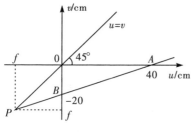

图 7.163

成像图线如图 7.163 所示.

在成像图平面上绘出辅助线 $u=v$,它与 AB 线的延长线的交点 P 的坐标,即等于透镜的焦距大小.由图可知,f 取负值,表示是凹透镜.

由图中可知 AB 线的斜率

$$\tan\theta = \frac{|OB|}{OA} = \frac{|f|}{|f|+u} = \frac{|v|}{u}$$

代入数据,得

$$\frac{|f|}{|f|+40} = \frac{20}{40}$$

所以

$$|f| = 40 \text{ cm}$$

例题 4 一物体放在透镜前 20 cm 处恰能得到放大 3 倍的像,试求该透镜的焦距.

分析与解答 成放大像必为凸透镜.成实像时,$v = 3u = 60$ cm;成虚像时,$v = -3u = -60$ cm.分别在直角坐标轴上取 $u = 20$ cm,$v = \pm 60$ cm 的三点,即可画出凸透镜成像的 u-v 图(图 7.164),过原点作分角线(图中未画出),它与两 u-v 图线的交点坐标即为 (f, f) 或 (f', f').从图线 ①、② 可知

$$m = \frac{f}{20-f} = 3$$

或

$$m = \frac{f'}{f'-20} = 3$$

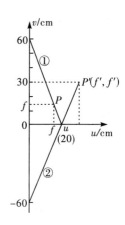

图 7.164

分别得

$$f = 15 \text{ cm} \quad \text{或} \quad f' = 30 \text{ cm}$$

所以,这个透镜的焦距可能取两个值.

例题 5 凸透镜的焦距为 f,试用图解法证明成实像时,物、像位置可以互换.

分析与解答 绘出透镜成像图线如图 7.165 所示,过原点绘分角线得交点 P,其坐标为 (f,f).由图可知

$$\tan\theta = \frac{OB}{OA} = \frac{v}{u} = \frac{v-f}{f} = \frac{f}{u-f}$$

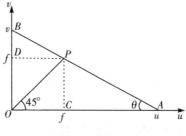

图 7.165

所以

$$\frac{v-f}{f} = \frac{f}{u-f} \qquad ①$$

如果把物距换成 u',相应的像距为 v',同样应该有关系式

$$\frac{v'-f}{f} = \frac{f}{u'-f} \qquad ②$$

显然,如果 $u' = v$,也就是第二次物距等于第一次像距时,则式 ② 中

$$\frac{f}{u'-f} = \frac{f}{v-f}$$

把式 ① 中左右各取倒数,为

$$\frac{f}{v-f} = \frac{u-f}{f}$$

因此有

$$\frac{f}{u'-f} = \frac{u-f}{f} \qquad ③$$

比较 ②、③ 两式可知

$$v' = u$$

这就是说,这时第二次的像距 v' 也一定等于第一次的物距 u.表明物、像位置可以互换.

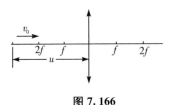

图 7.166

例题 6 如图 7.166 所示,光点在凸透镜的主轴上 $2f$ 外沿主轴向光心靠拢时,若某瞬间的速度为 v_0,试求该瞬间像点远离光心的速度.

分析与解答 一般情况下,物体瞬时速度的计算要用高等数学的微分法.为了能用初等数学求解,必须另辟蹊径.注意到本节开头的叙述,凸透镜成像中物、像的位置,都在以 P 点 (f,f) 为轴转动的直线与两坐标轴的交点上.因此,某瞬间光点沿主轴向光心靠拢的速度 v_0,相当于绕 P 点转动的这根长度可变的直线(棒)转动过程中棒端沿 u 轴的滑行速度.对应的像点远离光心的速度 v_0',同样可看作是这根棒端沿 v 轴的滑行速度(图 7.167).

根据上面从类比思考得来的分析,在画出的 u-v 图中,把光点速度 v_0 分解为 v_1 和 v_2,对应的像点速度 v_0' 分解为 v_3、v_4.由于这根直线绕 P 转动过程中长度是变化的,因此 $v_2 \neq v_4$,但棒上各处角速度相同,设为 ω,则

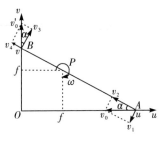

图 7.167

$$\omega = \frac{v_1}{AP} = \frac{v_3}{BP}$$

式中 $v_1 = v_0 \sin\alpha$,$v_3 = v_0' \cos\alpha$.代入上式得

$$v_0' = v_0 \tan\alpha \cdot \frac{BP}{AP}$$

由

$$\tan\alpha = m, \quad \frac{BP}{AP} = \frac{v-f}{f} = m \quad (m \text{ 为放大率})$$

得

$$v_0' = m^2 v_0$$

或

$$v_0' = \left(\frac{v-f}{f}\right)^2 v_0 = \left(\frac{f}{u-f}\right)^2 v_0$$

说明 由上面得出像点速度的表达式可知：

当 $u > 2f$ 时，$\left(\dfrac{f}{u-f}\right)^2 < 1, v_0' < v_0$（像速小于物速）；

当 $u = 2f$ 时，$v_0' = v_0$（像速等于物速）；

当 $f < u < 2f$ 时，$\left(\dfrac{f}{u-f}\right)^2 > 1, v_0' > v_0$（像速大于物速）；

当 $0 < u < f$ 时，$\left(\dfrac{f}{u-f}\right)^2 > 1, v_0' > v_0$（像速大于物速）．

上面从 u-v 图导出的像点瞬时速度表达式，能否适用于凹透镜、凹面镜、凸面镜等光具，读者仍可根据 u-v 图结合类比思考进行研究．

上面我们仅以几类图示和图像为主，侧重于物理计算的应用分别做了介绍．实际上，对具体问题的分析中，物理图示与图像往往彼此渗透、互相补充，各种图示和图像也交错应用，许多图像之间还常需进行变换（如从 s-t 图画 v-t 图，从 v-t 图画 a-t 图或 F-t 图，从 p-V 图画 p-T 图、V-T 图等）．应该认识到，只有深刻地认识了图，透彻了解图的联系，掌握了图的变换，才会灵活地、创造性地应用图，才能更好地发挥图的作用．

参 考 文 献

[1] 哈里德,瑞斯尼克.物理学[M].李仲卿等,译.北京:高等教育出版社,1965.

[2] 克莱茵.古今数学思想:第2册[M].上海:上海科技出版社,1979.

[3] 梁宗巨.世界数学史简编[M].沈阳:辽宁人民出版社,1980.

[4] 秦关根.法拉第[M].北京:中国青年出版社,1982.

[5] 谭树杰,王华.物理学上的重大实验[M].北京:科学技术文献出版社,1987.

[6] 阎康年.牛顿的科学发现与科学思想[M].长沙:湖南教育出版社,1989.

[7] 章立源.超导体[M].北京:科学出版社,1992.

[8] 陆瑛,罗辽复.物质探微:从电子到夸克[M].北京:科学出版社,1992.

[9] 白春礼.扫描隧道显微镜及其应用[M].上海:上海科学技术出版社,1994.

[10] 王溢然,王亮.图示与图像[M].郑州:大象出版社,1994.

[11] 程守洙,江之永.普通物理学[M].北京:高等教育出版社,2003.

[12] 刘普霖,褚君浩.黑暗中的半壁江山:红外[M].上海:少年儿童出版社,2003.

[13] 束炳如,何润伟.普通高中课程标准实验教科书:物理3－3(教师用书)[M].上海:上海科技教育出版社,2005.

[14] 李艳平,申先甲.物理学史教程[M].科学人文出版社,2007.

[15] 北京物理学会.物理学史专题讲座汇编[R].

[16] 上海市物理学会普及工作委员会.上海物理报(1－30期缩印本)[R].

后　记

　　记得笔者读初中时，数学老师曾绘声绘色地讲了一个著名的哥尼斯保(Königsberg)七桥问题.老师在黑板上画了一条河,河中有两个小岛,又用彩色粉笔画了七座桥,把两个岛及岛与河岸连起来,要求从任何一个岛或任何一岸开始,通过每一座桥正好一次,再回到起点.一石激起千层浪,教室里沸腾起来了,下课后同学们还在七嘴八舌地争着、画着,当然,结果都失败了.老师说,著名科学家欧拉(L. Euler,瑞士,1707—1783)在1736年已做出论证,这是无法实现的问题,欧拉并由此发展了一门新的学科——拓扑学.当然,当时是不可能懂的(今天,对此也知之甚少).但老师的话却意味深长:"一幅图,可能是一座丰富的宝库."

　　初版后这些年来,我们一直继续着对中学物理教学的实践与思考.尤其是参与了《课程标准》教材的编写,教学理念不断更新,对思维方法的认识也有了进一步的提升,为新一版的修改奠定了良好的基础.这次新一版全书由王溢然执笔撰写,其中也吸取了王亮老师提出的一些很宝贵的意见.

　　新一版中,内容的编排更趋合理也更为丰满.除了补充有关近代物理、高新技术的某些知识外,在应用部分做了较大的调整.新一版中将"应用"分为两节,分别对图示和图像结合具体问题予以介绍,这样更为充分和清晰.

后 记

  今天,当我们把这本小册子再次奉献给读者时,回味几十年前老师的话体会更深了.虽然我们书中的图(无论是图示还是图像)远远不如哥尼斯堡七桥问题的图那样神秘、深邃,但图的意义、功能、丰富的内涵、巧妙的应用,都同样是那样的动人和富有魅力.

  图是实际客体的抽象,图又直观、形象,人们创造了图,图又启发了人们,开发了各种图解法,扩展了图像应用的领域.如果本书能使读者通过识图、用图、变图,不仅更透彻地理解物理概念和物理规律,还在思维上产生了新的飞跃的话,作者将感到无比的欣慰.

作　者

2014 年春新一版定稿于苏州庆秀斋

中国科学技术大学出版社中学物理用书

初中物理培优讲义.一阶/郭军
初中物理培优讲义.二阶/郭军
新编初中物理竞赛辅导/刘坤
高中物理学(1~4)/沈克琦
高中物理学习题详解/黄鹏志 李弘 蔡子星
加拿大物理奥林匹克/黄晶 矫健 孙佳琪
美国物理奥林匹克/黄晶 孙佳琪 矫健
俄罗斯物理奥林匹克/黄晶 俞超 申强
中学奥林匹克竞赛物理教程·力学篇(第2版)/程稼夫
中学奥林匹克竞赛物理教程·电磁学篇(第2版)/程稼夫
中学奥林匹克竞赛物理讲座(第2版)/程稼夫
中学奥林匹克竞赛物理进阶选讲/程稼夫
高中物理奥林匹克竞赛标准教材(第2版)/郑永令
中学物理奥赛辅导:热学·光学·近代物理学(第2版)/崔宏滨
物理竞赛真题解析:热学·光学·近代物理学/崔宏滨
物理竞赛专题精编/江四喜
物理竞赛解题方法漫谈/江四喜
奥林匹克物理一题一议/江四喜
中学奥林匹克竞赛物理实验讲座/江兴方 郭小建
国际物理奥林匹克竞赛理论试题与解析(第31—47届)/陈怡 杨军伟
亚洲物理奥林匹克竞赛理论试题与解析(第1—19届)/陈怡 杨军伟